中国近现代翻译家
文艺思想研究

霍彦京————著

教育部职业院校外语教学课程思政研究专项课
题:课程思政视域下高师专科英语教育专业学生
师德培养探究(课题编号:WYJZW-2020-2050)

山西省社科联高校外语教学与研究专项课题:山
西应用型本科院校EAP课程建设研究(项目编
号:SXSKLY2022SX0060)

山西出版传媒集团🏛️三晋出版社

图书在版编目（CIP）数据

中国近现代翻译家文艺思想研究／霍彦京著. – 太原：三晋出版社，
2023.12

ISBN 978-7-5457-2895-8

Ⅰ. ①中… Ⅱ. ①霍… Ⅲ. ①翻译家–翻译理论–中
国–近现代–研究 Ⅳ. ①H059

中国国家版本馆 CIP 数据核字（2023）第 238302 号

中国近现代翻译家文艺思想研究

著　　者：霍彦京	
责任编辑：落馥香	
出 版 者：山西出版传媒集团·三晋出版社	
地　　址：太原市建设南路 21 号	
邮　　编：030012	
电　　话：0351-4922268（发行中心）	
0351-4956036（总编室）	
0351-4922203（印制部）	
网　　址：http://www.sjcbs.cn	
经 销 者：新华书店	
承 印 者：山西铭视速珑印刷有限公司	
开　　本：787mm×960mm 1/16	
印　　张：17	
字　　数：260 千字	
版　　次：2023 年 12 月　第 1 版	
印　　次：2023 年 12 月　第 1 次印刷	
书　　号：ISBN 978-7-5457-2895-8	
定　　价：68.00 元	

如有印装质量问题，请与本社发行部联系　电话：0351-4922268

自 序

(一)本书定题

在中国文化的浩瀚星海中,文学如点点繁星,熠熠生辉。隔着几千年的时光,依然照耀中华民族的历史长廊和精神空间。在这片星空下，有一群人"脚踏东西文化",不仅饮誉国内文坛,更是蜚声海内外,为中国文学甚至世界文学留下皇皇巨著。他们就是一代又一代的优秀翻译家。如果没有翻译家的努力,世界文明不可能如此绚丽多姿,各民族的文化也不会如此丰富多彩。中华翻译家在中华文化传承、中西文化交流中起到了举足轻重的作用。从古代支谦、道安等的佛经翻译,明清时期的西学东渐,五四时期的文学、社科类翻译,到今天的多语种《习近平治国理政》等,一代代翻译家的名字如闪耀的路标,为中华文明的延续发展、中外文化的交流互鉴,树立了一座座精神丰碑。2001年10月8日,北京大学世界文学研究所成立,莫言在成立大会上发表了题为"翻译家功德无量"的演讲。他指出:

翻译家对文学的影响是巨大的,如果没有翻译家,世界文学这个概念就是一句空话。只有通过翻译家的创造性劳动,文学的世界性才得以实现。没有翻译家的劳动,托尔斯泰的书就只能是俄国人的书;没有翻译家的劳动,巴尔扎克也就是法国的巴尔扎克;同样,如果没有翻译家的劳动,福克纳也就是英语国家的福克纳,加西亚·马尔克斯也就是西班牙语国家的加西亚·马尔克斯。同样,如果没有翻译家的劳动,中国的文学作品也不可能被西方读者阅读。如果没有翻译家,世界范围内的文学交流也就不存在。如果没有世界范围内的文学交流,世界文学肯定没有今天这样丰富多彩。

从莫言的评价中可以看到翻译家的重要性,文学翻译家在世界文学的形成与发展以及人类精神世界的丰富与拓展方面作出了杰出贡献。翻译家推动了中华文化的丰富与传承,中外文明的交流与互鉴,文学作品的译介也是双向的,即"引进来"与"走出去"并存。在中国翻译历史上,翻译家除了有自己的本职工作以外,还身兼翻译理论家、文学家等,他们不仅给我们留下了丰富的翻译文学作品、珍贵的历史资料,更留下了闪光的精神遗产。

近年来,经过长期的文献阅读和翻译实践,本人不断思考如何才能更深入地对翻译家进行研究。五千年的中华文明史上,近现代的中国在跌宕起伏中艰难生存,也在不断经历着伟大的变革,见证了中华大地的波澜壮阔。可以说,从近代开始,中国历史书就了一部翻天覆地的恢弘诗篇。伟大的时代诞生了灿若群星的历史伟人,他们也为伟大时代贡献了自己的丰功业绩,共同体现了历史发展的潮流和趋势,他们的卓越成就折射出时代的人心之所向,反映着人类前进过程中伟大的时代精神,他们中有伟大的革命家、思想家、科学家、文学家和翻译家,在自己的领域做出永世不朽的功勋,他们的光辉思想震古烁今,鸿才睿智垂范后世,是人类永远值得珍视的宝贵精神财富。

翻译离不开语言,但是翻译活动和影响都有文化因素在起作用,因此,翻译的难点不仅在语言,更在文化差异上。翻译承担了交流沟通的重任,在人类发展史上发挥着不可估量的推动作用,助力人类历史不断向前,增进世界各国相互理解、相互合作。同样,翻译在中国文化发展的进程中也扮演着非常重要的角色。近年来,随着翻译学科的设立,相关研究逐渐深入,通常包括翻译史、翻译理论和翻译实践,其实翻译研究涉及的深度和广度远超翻译研究本身,翻译是积极的文化构建,是社会发展的助推器。从过去的"翻译世界"到现在的"翻译中国",反映出中国的翻译活动不仅发生了巨大的变化,而且在这一过程中,改变自己的同时也改变着世界。譬如,古代的佛经翻译奠定了儒释道并存的宗教局面,佛寺建筑风格融入传统的中式庭院,佛教哲思影响了中国人的世界观和人生观,佛家语言渐渐渗透至汉语中,如般若、涅槃、菩提等，佛教文化走进文学，诞生了《西游记》，成为举世闻名的四大名著之一。再如，晚清时期，有识之士预见覆巢之下焉有完卵，于是希望通过翻译吸收西方文化，实现救亡图存、独立自强的自救之梦。新中国成立后，我国的工业建设开始起步，农业不断改进，随着科技的发展和社会的进步，我国的法制也逐步完善，这些都与翻译有着密不可分的关系，翻译促使我们向外学习、向内提升。纵观历史，一百多年的折戟沉沙，杰出的翻译家如一颗颗璀璨珍珠，他们在宏大的历史背景下承担起人民和时代赋予的历史使命，长期从事艰苦卓绝的翻译事业，为中华民族的强盛和人类的文明而奋斗。翻译家呕心沥血，奋力推开呼吸新鲜空气的"门窗"，在一定程度上参与了从旧中国到新中国的变革。

时代不同，历史使命不同，但相同的是翻译家的敏锐嗅觉。近代中国，翻译家并不是以翻译为职业的，他们站在时代的潮头，最先感受到了救亡图存的历史重任，心怀"天下兴亡，匹夫有责"之信念，通过不同形式和内容的翻译活动，极大地促进了思想文化的繁荣，以笔墨之力推动历史的车轮，在翻译史上留下了永恒的足迹。新中国成立后，中国的翻译事业蓬勃发展，在实现四个现代化的过程中，与世界的交流逐渐增多。进入 21 世纪，"中国文化走出去"成为时代命题，翻译家开始摸索如何"讲好中国故事"。在我国翻译史上，许多优秀的翻译家不仅有丰富的翻译实践经验，同时也从事文学创作活动，因此，他们既形成了自己的翻译理论，也凝结成独特的文艺思想。

文艺是一个时代的号角，它诞生于一定的经济、政治、社会条件下，也必然受到这些因素的制约。文艺形象的塑造可以折射现实生活，是社会存在的反映，所以文艺具有鲜明的阶级性、时代性与社会性。文艺的多样性又体现在文艺的种类、题材、内容、风格等多方面。文艺思想不仅是作者最直观的表达，更能体现一个时代的风貌，而且可以影响甚至引领一个时代的风气。因此，文艺思想是社会意识形态的基本表现形态之一，是社会存在的产物。

(二)关于本书

人类的进步、文化的繁荣都与翻译密不可分，不论如何估量它的意义都不为过。正如季羡林先生于1997年对翻译的体会和评价所说的：

倘若拿河流来作比，中华文化这一条长河，有水满的时候，也有水少的时候，但却从未枯竭。原因就是有新水注入。注入的次数大大小小是颇多的。最大的有两次，一次是从印度来的水，一次是从西方来的水。而这两次的大注入依靠的都是翻译。中华文化之所以能常葆青春，万应灵药就是翻译。翻译之为用大矣哉！

——季羡林

本书定题为"中国近现代翻译家文艺思想研究"，依然延续文学倾向，传承历史脉络，遴选从1840年鸦片战争以来近现代颇具影响力的翻译家作为研究对象，将他们放置于历史洪流的不同节点，概述他们的文学翻译活动，从他们的翻译文学中挖掘其文艺思想，弘扬翻译家群体对我国社会、政治、经济、文化、科技等方面的诸多贡献，简要勾勒我国翻译发展宏图的基本轮廓。虽然这些翻译家所处的时代不同，但他们既从事过文学创作，同时也精于文学翻译工作，而且他们都有自己的翻译主张、翻译准则，无不闪烁着我国传统文化的光芒，显示出我国文艺思想的传承和发展。

本书顺应历史发展，选取近现代(为体现完整性，部分翻译家及其翻译活动顺延至当代)十五位翻译家的个案，逐一呈现，一共分为六章。

第一章为导言，包括四小节。第一节聆听远古的呼唤，溯源翻译的前世今生；第二节回望救亡与启蒙的晚清民初，明确当时翻译的家国使命；第三节论述新中国成立后，中国的文学翻译开始百花齐放；第四节概述进入新时代，翻译事业得到了大发展。这一章简要梳理了我国翻译事业的进程，重塑我国翻译家的整体形象，凸显翻译事业对我国社会发展、文化繁荣、历史进步所起的重要作用。

第二章厘清核心概念，重点阐述文艺思想的内容和发展。近现代翻译家熟稔中外语言，深受中外文化浸淫，他们的作品必然体现中西文艺思想。因此，本章从西方文艺思想的发展讲起,第一小节详细分析了古希腊、古罗马与中世纪文艺思想;第二节以中国古典文艺思想的形成和变化为线索,展开论述;第三节讲述中国文艺思想的演进;最终回到第四节中国特色马克思主义文艺思想,这些思想无不贯穿于翻译家的翻译文学作品中。

接下来的三章分别讲述十五位翻译家,他们的生平和所处环境决定了每个人的理念和想法,在中外文化的影响下,他们的文艺思想又呈现出别样的特点,这些都在翻译作品中有所体现。

第三章的时间跨度为 1840 年至新文化运动时期的觉醒年代。第一位登场的是外交家陈季同,他因独特的身份,在清朝末年多次赴欧洲,成为中西文化交流的先驱。第二位是不懂外语却拥有许多译作的翻译家林纾,他像一阵风一样为国内匮乏的文学界吹来了西洋文学之风,使静默许久的国内文学界泛起了涟漪。第三位是中国近代译坛最早且最具影响力的西学译介者——严复,他的"信、达、雅"举世闻名,在中西翻译理论史上占据重要的地位。后两位是有"翻译圣手"之称的伍光建和晚清民初被提名诺贝尔文学奖的"怪人"辜鸿铭。

第四章论述脱胎于山河破碎的旧中国、憧憬新生的翻译家在开天辟地中架起新的文学桥梁。林语堂、张谷若、郑振铎、朱生豪和傅雷五位翻译家作为文学家,不仅自成一派,拥有自己的经典文学作品,而且译作颇丰,深刻影响了近现代中国文学的发展,国人对外国文学的了解大多离不开他们的作品。

第五章介绍在走向世界舞台的新时代,涌现出许多具有现代特色的翻译家。叶君健第一次为中国带来了适合儿童的世界文学,成为"中国的安徒生",为我们讲述影响几代人的《安徒生童话》。第二位是中国文学的英译巨匠杨宪益,"是真名士自风流"。紧随其后的是堪称"外语学人治业楷模"的王佐良,带领外语人经过不懈努力,创造出新时期外语学科蓬勃发展的崭新局面。第四位是勤于翻译的"老人"高健,他擅长英美散文汉译,不仅扎根山西外语教育,而且于 2005 年被中国译协授予"资深翻译家"的荣誉称号。最后一位翻译家如星辰般闪耀在东方甚至世界星空,他就是闪烁着"北极之光"的杰出翻译家许渊冲,这也是笔者一直梦寐以求为其撰写著作的一位大家。

第六章为《结语》。本书成稿仓促，笔者尚无能力穷尽百年翻译史上的所有翻译家，由于文献搜集不足，难免存在诸多缺点，希望在为读者提供有效价值的同时，也能得到相关研究者的帮助。

（三）我与翻译

我于 2002 年至 2006 年就读于山西大学外国语学院，荆素蓉老师和贾顺厚老师的翻译课令我终生难忘。大学四年间，有幸聆听名家讲座，如周恩来总理的翻译、"中国红墙第一翻译"冀朝铸先生（山西汾阳人），阵地翻译家高健先生（山西大学外国语学院教授）等，曾多次莅临山西大学分享翻译所得。

2011 年，成为北京林业大学外国语学院第一批翻译专业的硕士生，师从史宝辉院长，一边学习翻译理论和翻译技巧，一边为出版社做了大量的文学翻译和词典编纂工作，偶尔兼做会议口译和会展口译。两年间翻译量达三十多万字，其中汉译《布朗神父探案集》，还成为毕业论文的研究对象。

毕业后，我一边从事教学工作，一边继续翻译实践，2016 年翻译出版诺贝尔文学奖得主福克纳的小说《八月之光》，2019 年翻译出版诺贝尔文学奖得主约瑟夫·鲁德亚德·吉卜林的小说《少年与海》，2021 年翻译出版希腊思想家普鲁塔克的史书列传《希腊名人传》和《罗马名人传》。除此之外，还有科普类作品《达尔文航海日记》和《物理学》。在研读前辈翻译家的翻译理论和翻译作品的过程中，本人渐渐萌生了研究文学翻译家理论和实践的想法。2018 年，本人结合自己对诗歌的粗浅理解，运用六种翻译理论分析鉴赏唐代九位具有代表性的诗人的十八首诗词，出版《唐诗艺译理论研究》，发表与翻译相关论文 12 篇，主持、参与课题 5 项。

我与翻译结缘，徜徉于一代代优秀翻译家的妙笔生花中，也沉浸于这些翻译的睿智哲思中，《中国近现代翻译家文艺思想研究》一书不仅是我作为翻译人对伟大翻译家的致敬，也是我作为外语人对翻译理论与实践的微薄献礼，更是我作为中国人对世界文明交流互鉴所做的努力。

目　录

第一章 导 言

翻译从语言层面讲,是一种展示、塑造形象的话语建构行为;同时,翻译又是一种社会行为,架起不同文化之间交流沟通的重要桥梁。翻译将原作的形象反映在译作中,将源语文化中的形象投射在他者文化中。翻译使跨越文化的沟通成为可能,这是翻译在对外传播方面的价值所在。在世界经济全球化的今天,翻译发挥着十分重要的作用。翻译可以帮助更多的人了解其他国家的文化以及社会发展现状,也能够更好地将本土文化向其他国家与地区进行传播,甚至国家在世界场域中的形象,都与翻译息息相关。翻译可以增加本民族的文化对其他民族的吸引力和感召力,因此,发展翻译事业就是翻译本国实力。翻译不仅对中国,而且对世界各国都是必要的。

第一节 远古的呼唤:溯源翻译的前世

劳动创造了人类,而人类又在劳动中创造了语言。不同地域、不同民族形成了不同的语言,随着人类活动逐渐频繁,翻译在互相沟通中开始萌芽。从广义上讲,翻译是把一种信息转成另一种信息,其内容有语言、文字、图形等,甚至手势语的转化和符际间的沟通交流也可视为翻译活动。由此可见,翻译可以追溯至人类诞生的那一天。英国文论家理查兹(I.A.Richards)曾这样说过:"翻译很可能是整个宇宙进化过程中,迄今为止,我们所遇到的最复杂的一种活动。"(Richards,1953)(We have here indeed what may probabaly be the most complex type of event yet produced in the evolution of the cosmos.)从这个定义中,足见翻译的复杂性和悠久性。根据马祖毅先生考证,我国最早的关于翻译活动的记载见于《周礼》和《礼记》。(马祖毅,1998)

周公居摄三年,越裳以三象胥重译而献白雉,曰:"道路悠远,山川阻深,音使不通,故重译而朝。"故《周官》:"象胥掌蛮夷闽貉戎狄之国,使掌传王之言而谕说焉。"

——《册府元龟》之《外臣部·鞮译》

周公居摄六年,制礼作乐,天下和平。交趾之南,有越裳国以三象胥重译而献白雉,曰:"道路遥远,山川阻深,音使不通,故重译而朝。"

——《外臣部·朝贡》

从上面两段文字中我们可以看到,"周公居摄三年""周公居摄六年",两处记载越裳国使臣通过三位"象胥"的多重翻译进行交往,充分说明了翻译的必要性,也说明我国至少在公元前11世纪就已有了通过多重翻译而进行交流的史实。而文中关于"象胥"的这句话,便是世界上最早的3000年前的口译记录。所谓"象胥",是古代对于翻译官的称呼,主要用于对南方各地的翻译官的称呼。周朝时期,地域特征明显,人员各司其职,其他各方的翻译人员还有各种不同的正式称呼,如:

五方之民,言语不通,嗜欲不同。达其志,通其欲,东方曰寄,南方曰象,西方曰狄鞮,北方曰译。

——《礼记·王制》

从各种记载来看,古代对翻译人员的称呼还有"象寄""提译"等。我国从古至今都是一个多民族国家,而且各民族间的交流从未间断,其间,翻译人员又有了更加通俗的称呼,例如"舌人"。周秦两汉时期,灿烂的华夏文明闪耀于东方,出现百家争鸣的气象,翻译活动也相应增多。六朝以后的佛经翻译掀起了我国古代翻译的第一次高潮,涌现出如鸠摩罗什、玄奘等僧人翻译家。而"翻译"两字的连用,便是出现在南北朝时期关于佛经翻译的记载中。这一时期的翻译虽然以向国内译介佛经为主,但宗教精神对文艺思想的禁锢并不那么严重,不仅如此,僧人翻译家敢于借鉴本土文论,注意吸取传统文论与文章学的营养,使之植根于传统文化土壤之中,他们所用的术语与传统文章学、修辞学相通,同时能自觉融入中国传统文论的大系统。例如,隋代名僧彦琮在《辩证论》中提出翻译要例十条,这是我国现存第一篇正式的翻译论述。安世高是到中国传播禅法的第一位外籍僧人,翻译了多部佛经。前秦时代杰出的佛教学者道安一生研究佛学,同时重视戒律和禅法的解释,他对安世高所译的禅法书籍做过许多注释。

道安在前人翻译活动和佛经研究的基础上,综合整理了前代般若、禅法、戒律等内容,梳理零散的佛学思想,使其更加体系化,为后世佛学研究和派系归属奠定了基础。因此,道安也被尊为汉晋时期佛教思想的集大成者,他以古代目录学作为自己理论和实践研究的基础,其文艺思想也可从他所从事的佛经目录整理活动中窥见一斑。

中国目录学发展史存在着明显的阶段性,目录学史的分期既要从社会历史发展的角度特别是学术文化史的角度看,也要从目录学自身的发展出发,寻求发展的规律性。基于此,本文将目录学史分为古代、近现代、当代三个时代,古代目录学分为四个时期:初创定型期(春秋—两汉),经过先秦目录学的滥觞,最终形成了中国目录学的基本形态;分化求变期(魏晋—隋),中国目录学继承中求变,产生了由多种流派相互作用的复合形态;繁荣发展期(唐—宋),经过中古时期的目录学调整,逐渐得到官修目录、私家目录和史志目录三个系统的全面发展,形成古典目录学的理论建构;总结集成期(元—清),目录学虽然经过一次发展重挫和压制,到清代不仅得以迅速恢复,而且达到了全面总结,开创了古典目录学的集大成时期。近现代目录学因为时代的突变,进入到一个新旧矛盾冲突并逐渐融合发展的新历史时期。自从新中国成立之后,古典目录学在革命中获得了新生,现代目录学得到了前所未有的发展。

——柯平《关于中国目录学史研究的几个问题》

根据历史发展进程、道安所处社会环境及史料记载,他对佛经的整理效法于目录学。而道安基于佛经翻译开始的翻译批评也显然是受了从汉末曹丕《典论·论文》开始的自觉的文学批评的影响。根据确凿资料,最早提出“文学自觉”这一概念的是日本汉学家铃木虎雄先生(1878—1963)。1920 年铃木先生在日本《艺文》杂志发表了关于中国古代文艺思想的相关论述：

通观自孔子以来至汉末，基本上没有离开道德论的文学观，并且在这一段时期内进而形成只以对道德思想的鼓吹为手段来看文学的存在价值的倾向。如果照此自然发展，那么到魏代以后，并不一定能够产生从文学自身看其存在价值的思想。因此，我认为，魏的时代是中国文学的自觉时代。曹丕著有《典论》一书……评论之道即自此而盛。《典论》中最为可贵的是其认为文学具有无穷的生命。……其所谓"经国"，恐非对道德的直接宣扬，而可以说是以文学为经纶国事之根基。

——铃木虎雄《魏晋南北朝时代的文学论》

然而，真正对中国学界产生深远影响的"文学的自觉说"还是出自鲁迅先生的《魏晋风度及文章与药及酒之关系》（以下省略称《魏晋风度》），这是鲁迅先生的一篇演讲稿，收录于《而已集》中。

孝文帝曹丕，以长子而承父业，篡汉而即帝位。他是喜欢文章的。其弟曹植，还有明帝曹睿，都是喜欢文章的。不过到那个时候，于通脱之外，更加上华丽。丕著有《典论》，现在已失散无全本，那里面说："诗赋欲丽，文以气为主。"《典论》的零零碎碎，在唐宋类书中，一篇完整的《论文》，在文选中可以见到。后来有一般人很不以他的见解为然。他说诗赋不必寓教训，反对当时那些寓训勉于诗赋的见解，用近代的文学眼光看来，曹丕的一个时代可说是"文学的自觉时代"，或如近代所说是为艺术而艺术（Art for Art's Sake）的一派。所以曹丕诗赋做的很好，更因他以气为主，故于华丽以外，加上壮大。归纳起来，汉末魏初的文章，可说是："清峻通脱，华丽壮大。"

——《鲁迅全集》

可以说，鲁迅对曹丕的这段评价开启了建安"文学的自觉说"，在中国文学界产生了极大的影响。古代翻译家的文艺思想从一开始便体现了一定的开放性。他们的文艺思想主要体现在较短的序跋文章中。虽然大规模佛经翻译到北宋时基本结束，但是受宗教影响而进行的翻译却从未间断过。其间，由于国内局势动荡不安，统治者采取封闭政策，除部分少数民族地区的个别时期有过一些有组织的翻译活动（包括口译活动）外，国内较大规模的文字、学术翻译活动基本处于停顿。六百年后，第二次翻译高潮掀起，欧洲耶稣会士联翩来华，如意大利传教士利玛窦、高一志，法国传教士冯秉正、贺清泰等，带着罗马教廷向东方扩张的使命，首先影响了与他们相熟的中国学者，推动了这次翻译高潮。伴随天主教的传播，我国开始了以西方天主教为中心的翻译活动，但其规模远不能与佛教翻译相比，也未能产生什么重要的文艺思想。这时，一些传教士开始另辟蹊径，结交朝廷士大夫，以扩大影响站稳脚跟。意大利人利玛窦在士大夫中拥有良好的声誉，并且和他们建立了友好关系，为后来其他传教士进入中国打开了顺畅的通道，也开创了日后二百多年传教士在中国的活动方式，即一方面用汉语传播基督教，另一方面用自然科学知识来博取中国人的好感。利玛窦的传教策略和方式，一直为之后跟随他到中国的耶稣会传教士所遵从，称为"利玛窦规矩"。

公元 1593 年，徐光启第一次见到一幅世界地图，才知道在中国之外竟有那么大的一个世界，不仅如此，他第一次听说地球是圆的，一个叫麦哲伦的西洋人乘船绕地球环行了一圈，自此，徐光启开始"开眼看世界"。他与意大利传教士利玛窦共同翻译了古希腊数学家欧几里得的著名数学著作《几何原本》。徐光启作为明末清初的著名翻译家，将翻译范围从宗教扩大至自然科学技术领域；作为杰出的爱国科学家，他把欧洲先进的科学知识，特别是天文学知识和数学知识介绍到中国，成为科学文化运动的领导者，堪称中国近代科学的先驱者，在中国和世界科学史上都具有重要的地位。和徐光启同一时代的还有请译西方历法的李之藻、呼吁翻译西书的杨廷筠等。他们的翻译数量虽然不多，但意义极其重大，不仅为风雨如晦的晚清带来了先进的科技知识，奠定了科技翻译的基础，同时也为后人树立了爱国榜样。这些翻译家擅长骈体俪辞，辞藻优美，而且他们的文艺思想已逐渐跳出宗教翻译的藩篱，将翻译理论与爱国主义紧紧结合起来。

然而，18 世纪初，由于罗马教廷企图干涉中国内政，同时又有不少传教士违背了"利玛窦规矩"，不尊重中国传统礼仪和习俗，导致了原本重视西方科学的康熙皇帝的反感。雍正即位后，于 1724 年下令禁止天主教，同时采取闭关政策。这一政策的执行，直接影响到中外文化的交流和翻译事业的发展，也淡化了我国文艺思想中西方文艺思想的成分。

第二节 救亡与启蒙:晚清民初翻译的使命

1840 年,帝国主义如强盗般用枪炮撞开中国大门,从此拉开近代中国的序幕,也开始了旧中国苦难与挣扎、觉醒与拼搏并存的时代。因此,近代既是一个救亡时代,同时也是一个启蒙时代。救亡与启蒙,两者同时进行,互相促进。19 世纪 60 年代起,地主阶级的一些开明人士以"自强求富"为口号发起洋务运动,先后创办一系列近代军工企业和民用工业。在此影响下,一些商人开始投资近代工业,中国民族资本主义开始兴起,早期资产阶级分子开始从旧有阶级结构中分化出来。近代资产阶级满怀变革的期望,拉开了启蒙的序幕,为"五四"及以后的仁人志士扛起救亡大旗奠定了基础。笔者认为,这一时代不仅兼具救亡和启蒙的时代特征,同时也掀起了中国近代翻译的高潮。然而,尽管近代资产阶级非常努力,但由于自身的劣根性决定其无法真正完成救亡任务。即便如此,时代的烙印依然深深刻在这一时代翻译家的翻译作品中,他们的文艺思想也受时代特征影响,反映了时代的艰难与变革。

前文已提及,中国古代两次翻译高潮均离不开宗教翻译,因此,翻译家的文艺思想主要围绕宗教翻译展开。明末清初的翻译高潮中涌现出许多爱国人士,他们最有影响的翻译作品不是"圣教"类著作,而是西方科技类著作。徐光启、李之藻、杨廷筠等虽然也是宗教界人士,但翻译内容已开始突破宗教领域,涉足科技翻译。他们关心国家命运,深切感受到旧中国垂垂老矣,积贫积弱,希望发展科技、强国富民,通过翻译学习西方先进的科技知识,"师夷长技以制夷",取得最后的胜利,这些翻译家的作品所携带的思想特征已经从单纯的宗教虔诚发展到爱国主义精神。晚清时期,这条爱国主义血脉搏动得更为坚韧有力。绝大部分翻译家的文艺思想都已褪去宗教色彩,表现出强烈的救国图存特征。鸦片战争战败,魏源悲愤填膺,呼吁"师夷长技以制夷",在林则徐译作《四洲志》的基础上,编辑成百卷《海国图志》,展示了80 幅全新的世界各国地图,向国人介绍西洋的坚船利炮、先进的交通、商业和教育等新鲜事物，成为中国近代思想史、史学史、地理史上的一部杰作，对海内外产生深远的影响。尤其是魏源在该书中所阐发的"师夷"思想，对中国近代史上的洋务运动、戊戌变法具有极大的促进作用，并对日本明治维新起了积极的启蒙作用，因此，被誉为影响世界历史进程的辉煌巨著。《海国图志》所体现的文艺思想一方面是对中国历史变革和创新思想的继承，同时也在一定程度上影响了我国近现代的改革开放思想，对整个近代翻译文学都有相当大的影响。

鸦片战争打开了中国的大门，清政府在屡屡战败后被迫向敌人学习，寻找富强之道。因此，这一时期的翻译不可避免地涉及到当时清政府与西方列强的政治关系。赫曼斯认为，"从目的语文学角度看，所有翻译都会出于某种特定的目的，对原文文本进行某种程度的操纵"。(Hermans，1985)《天津条约》和《北京条约》等不平等条约的签订，推动了晚清翻译不得不转向国际法学的领域。洋务运动中，清政府成立了最初以培养洋务人才为目的的同文馆，这也是最早培养翻译人才的机构。当时，还有一些人发挥了不可估量的作用，即协助中国人进行翻译的洋传教士，如受聘于江南制造局的傅兰雅、京师同文馆的丁韪良等。晚清翻译活动经费主要来源于海关，因此近代翻译活动的赞助人还涉及当时海关、出版机构等。清政府和洋务派的译书活动，以及教会人士翻译的书籍，内容主要以天算技艺等为主。时势造英雄，艰难中孕育了康有为、梁启超、谭嗣同等力主革新不惜付出生命代价的一辈。戊戌政变、义和团运动，接二连三的动荡加速了清政府的衰败与灭亡，青年学子希望求学于海外的想法更加强烈，于是，"壬寅、癸卯间，译述之业特盛"。不过，此时的翻译不再注重对西方科技书籍的翻译，而主要以新思想输入为主，诞生了影响世界翻译理论发展的翻译家严复，他不仅能选译西方社科名著，还提出了著名的"信、达、雅"翻译理论。在内外交困的危机面前，林纾将一半的心血投入到西洋文学翻译中，开启了近代翻译外国文学的风气，成为反帝反封建的思想武器。

晚清翻译事业之所以能取得较快发展，维新派的文艺思想发挥了突出作用。例如，马建忠、高凤谦、梁启超等人突破洋务派及教会人士"只译格致类书"的狭窄格局，拓宽翻译范围，康有为、梁启超等人提倡快译和翻译日文书，严复、林纾、梁启超等人又带头开始翻译哲理书和文学书，使翻译出现了前所未有的新气象。民国初年,随着诗歌翻译的兴起,有关译诗的理论开始出现。此外,为了满足翻译人才的需求,出现了专门培养翻译人才、组织译者的机构公会等,相关的翻译理论和翻译思想也层出不穷。清末民初,翻译理论史上出现过两次较大规模的讨论。一次是严复与梁启超、吴汝纶等人就翻译的文体、语言等进行讨论,另一次是章士钊与吴稚晖、胡以鲁、容挺公等人关于译名问题的不同见解。翻译理论发展迅速,各家都提出了自己的翻译观点,如马建忠的"善译"说、梁启超的"译书三义"、罗振玉的"译书办法八端"、胡以鲁的"译名三端三十例"等。不过,影响最为深远的当属严复的"信、达、雅",这一理论几乎成为译界的"泰斗"级理论,尽管数百年来许多人提出质疑并且反驳,也只是表达方式的不同而已,实质并未改变,可见严复翻译理论的科学性所在。

民国时期虽然在时间跨度上非常短暂,但在中国历史上却是浓墨重彩的一段,而且这一阶段也是文坛和译坛明星迭出的时代。这一时期的文学大家往往也是翻译名家,他们大多形成了自己的翻译理论和文艺思想。在现代新文学运动的发展过程中,诞生了众多文学社团和文学流派,而翻译家的文本选择和思想倾向也基本与文学社团、流派相一致。这不仅是因为翻译理论与文艺思想之间本来就存在着某些内在的联系,同时也因为现代翻译家大多以各种文学社团、流派的成员身份活动在译学领域。《新青年》杂志的创办为我国新文学运动提供了舞台,最早形成的社团如新青年社、新潮社等也成为新旧文艺思想碰撞的阵地,民国时期译学理论的发展,与这些社团的代表人物密不可分,如胡适、周氏兄弟、刘半农、傅斯年等人成为民国时期翻译文学发展的主力军。20 世纪 20 年代最大的社团当属"文学研究会",该会推出大量中国本土文学和外来翻译文学,研究会主要负责人郑振铎、茅盾及其成员蒋百里、朱自清等,不仅著文学作品、译介他国文学,而且都对翻译理论作出了重要贡献。与"文学研究会"同期的"创造社"也在中国文学和翻译文学的发展中发挥了积极的推动作用,其代表人物郭沫若、郁达夫、成仿吾等人虽然译学观点相近,但是各自的文艺思想却独具特色。30 年代,中国左翼作家联盟成立,鲁迅和瞿秋白、茅盾等人成为联盟的旗手,为无产阶级革命文学翻译奠定了基础。此外,新月派的闻一多、陈西滢,论语派的林语堂等人,也为翻译文学的发展送来了一阵清风。

民国时期关于翻译文学的批评和讨论非常活跃，很大程度上促进了文艺思想的发展。例如，新文学运动者胡适、刘半农、罗家伦、傅斯年等人对林纾展开了激烈的批评，甚至将矛头指向严复及其翻译理论。这时，西方的人本主义成为"五四"思想革命以及"五四"文学革命的思想资源。究其本质，西方文艺复兴之后的人本主义（也称人文主义）代表了新兴资产阶级革命的思想，它提出"个性本位"的人本思想，即一切以人的意志、利益和欲求作为判断人自身的价值标准，反对禁欲主义的"神本"和封建专制，崇尚人的个体价值和尊严。人本主义与共产主义学说一起成为中国新民主主义的思想武器，是"五四新文化运动"中"拿来主义"的重要内核。所以，当周作人发表著名的《人的文学》，明确文学使命的具体目标之后，"人的文学"便成了一个专有名词。

我所说的人道主义，并非世间所谓"悲天悯人"或"博施济众"的慈善主义，乃是一种个人主义的人间本位主义。这理由是，第一，人在人类中，正如森林中的一株树木。森林盛了，各树也都茂盛。但要森林盛，却仍非靠各树各自茂盛不可。第二，个人爱人类，就只为人类中有了我，与我相关的缘故。墨子说，"爱人不外己，己在所爱之中"，便是最透彻的话。上文所谓利己而又利他，利他即是利己，正是这个意思，所以我说的人道主义，是从个人做起。要讲人道，爱人类，便须先使自己有人的资格，占得人的位置。耶稣说，"爱邻如己"。如不先知自爱，怎能"如己"的爱别人呢？至于无我的爱，纯粹的利他，我以为是不可能的。人为了所爱的人，或所信的主义，能够有献身的行为。若是割肉饲鹰，投身给饿虎吃，那是超人间的道德，不是人所能为的了。

此时，文艺思想最大的变革是作家开始发现自我，并在文学作品中彰显自我。这标志着"文以载道"的思潮已经过去，也代表五四新文学思想中"人"本位的确立。这一时期的"文学研究会"和"创造社"对中国现代文学的发展产生了重要影响。这两大社团的成员在从事文学创作的同时，翻译了大量外国文学作品，并且明确提出翻译的"主义"，即强调翻译的目的和指导思想。郑振铎和茅盾等人从小对社会、人生的艰辛有较深体会，又较早接受社会主义思潮影响，很自然地继承了《新青年》提倡的现实主义，重视文学的社会功能。他们认为理清"为什么要翻译？翻译给谁看"

的问题非常重要,强调译者要发挥积极主动性,选择适合当时国情的外国文学作品进行翻译,为中国文学的发展注入新的活力,引导国人接触先进思想。在文学语言方面,他们倡导适当"欧化",丰富汉语语言,增强汉语的表现力与生命力。郭沫若、郁达夫、成仿吾、张资平、田汉、郑伯奇等都有过赴日留学的经历,受国外浪漫主义以及唯美主义影响较深,成为新文化运动的健将。这些翻译家大多才华横溢,精通多国语言,由于饱受社会的压迫,具有较强的反抗性,提倡浪漫主义、社会写实主义理念等,在中国的现代文学史上具有难以撼动的地位。他们用大量文学实践和翻译作品为新中国的诞生作出了巨大贡献,同时也在广阔的文学舞台上展示了自己的文学才能,丰富了当时的文艺思想。

第三节 吐故纳新:文学翻译的百花园

1949 年 10 月 1 日,新中国成立,实现了中国从几千年封建专制政治向人民民主的伟大飞跃,是近代以来实现中华民族伟大复兴的里程碑,中华民族的发展从此开启了新纪元。随着中苏建交,中央决定从国家大局出发,全面实施和加强俄语教育。与此同时,我国同世界各国,尤其是同东方各国的交往逐渐增多,相关语种人才严重缺乏。为此,中央决定在继续办好俄语教育的同时,逐步加强其他外语教育的教学,为赶上世界科学先进水平而奋斗。翻译活动开始由国家组织,有系统有计划地翻译代表广大人民群众利益的马列著作。1953 年 1 月成立了马列著作专门编译机构——中央编译局,翻译了大量红色作品,如《马克思恩格斯全集》《列宁全集》《斯大林全集》《资本论》《国富论》等。在这段特殊的历史时期,苏联文学作品在中国的译介出现了空前的繁荣,无数中国青年痴迷于苏联的文学作品,《钢铁是怎样炼成的》《青年近卫军》《静静的顿河》等激励人们参与到社会主义建设的大潮中。苏联文学在中国蓬勃发展的同时,西方国家和日本的各类作品也源源不断涌入,如萧乾的译作《莎士比亚戏剧故事集》,翁显良的译作《午餐会》《百事通》《浮沉会合》等。

翻译作为中国走向世界、世界了解中国的重要桥梁,见证了中国的发展。翻译界呈现出比较活跃的景象，许多在文坛久负盛名的翻译家为年青一代的翻译工作者提供了多部可以借鉴的翻译作品，也撰写了许多关于翻译的文章，在他们的译作和翻译论述中不仅体现了自己长期的翻译经验体会，也可以让人们从中领略带有新中国新奋进特征的文艺思想。巴金提出了"一部文学作品译出来也应该是一部文学作品"的理念，既是对翻译文学的一种认可，也充分说明译者的责任不仅要翻译语言，更要保证译作的文学性和可读性，他还认为：

我觉得翻译的方法其实只有一种，并没有"直译"和"意译"的分别。好的翻译应该都是"直译"，也都是"意译"。

——巴金《一点感想》

著名作家老舍建议对优秀的译作应该像对优秀的创作一样设立奖项，这一点和巴金的观点相同，都是对翻译文学的重视。针对不同体裁和内容，老舍认为翻译活动的组织也应当有所不同：

谈到风格，最好是译者能够保持原著者的风格。这极不易作到。可是大概地说，一个作家的文章总有他的特点：有的喜造长句，有的喜为短句；有的喜用僻字，有的文字通俗；有的文笔豪放，有的力求简练。我们看出特点所在，就应下苦功夫，争取保持……

保持原著者的风格若作不到，起码译笔应有译者自己的风格，读起来有文学味道，使人欣喜。世界上有一些著名的译本，比原著还更美，是翻译中的创作。严格地说，这个办法也许已经不能叫作翻译，因为两种不同的语言的创作是不会天衣无缝，恰好一致的。这种译法不能够一字不差地追随原文，而是把原文消化了之后，再进行创作。不过，这种译法的确能使译文美妙，独具风格。林纾的译笔便多少有此特点。他虽没有保持了自己的风格，也不比原著更美，可是他的确表现了自己的风格。这种译法，用于文学作品，还是说得下去的。这总比逐字逐句地硬译，既像汉文又像洋文，既像语言又像念咒，要强一些。我不希望人人效法林纾，但于尽量忠于原文的原则下，能够译得有风格，还是好办法。过去，我们有些译文，使我感到外国大作家的创作不过是把语言罗里罗嗦地堆砌起来而已。这个影响不好。

——老舍《谈翻译》

叶圣陶在 1958 年 4 月 14 日的《人民日报》上发表了《谈谈翻译》，谦虚地说自己是"外行"，又说"但是外行想法也往往有足供内行人参考的，所以我不避外行之嫌"。他强调：

各种语言的语言习惯都是相当稳定的，咱们接受外来影响要以跟中国的语言习惯合得来为条件。

——叶圣陶《谈谈翻译》

周建人作为鲁迅和周作人的弟弟，是最早接受马列主义的自然科学家，公认的生物科学翻译家，中国难得的科学翻译人才，他将科普创作与科学翻译作为自己的人生志向，为中国的自然科学翻译和社会科学翻译发挥了重要作用，推动了中国科学事业的发展与进步。近代著名作家、戏剧家、翻译家李健吾从小喜欢戏剧和文学，著有长篇小说《心病》等，翻译了莫里哀、托尔斯泰、高尔基、屠格涅夫、福楼拜、司汤达、巴尔扎克等著名作家的文学作品，他认为翻译与创作一样难，翻译在某一意义上最后同样也是艺术。20 世纪 60 年代初，张中楹认为作品风格是不可译的，而且强调保持原风格是一件"非徒无益而又害之的工作"。他甚至还提出了机器翻译会影响翻译风格，足见其对翻译的发展颇有远见。刘隆惠认为文艺作品的风格是作家的主要思想和艺术特点的总和，它总是依赖于语言的一般规律而存在，决不是不可捉摸的。他指出：

风格只是"难译"，并不是"不能译"。关键是一要有认识风格的水平，二要有表现风格的能力。他承认对某些利用原文语言物质外壳（音或形）的独有的特点达成的艺术效果，译者是束手无策的。即使这样，也不是绝对应该放弃不译，而如能别出心裁，遵循着以形象译形象的原则，有时也能处理得非常好。

——刘隆惠《谈谈文艺作品风格的翻译问题》

在长期的革命斗争中，中国共产党的不少领袖人物也发表过自己的看法。周恩来总理在 1956 年 1 月 14 日作《关于知识分子问题的报告》，指出：

为了实现向科学进军的计划，我们必须为发展科学研究准备一切必要的条件，必须扩大外国语的教学，并且扩大外国重要书籍的翻译工作。

陈毅对外语和翻译工作也做过精辟的论述，1962 年发表在《外语教学与研究》

第 1 期上,指出:

> 不要把外语工作看得太简单,不要把外语工作看作技术工作。外语本身就是政治斗争的工具。掌握了外语可以把外国人的长处介绍到中国来提高我们中国的经济和文化。掌握了外语可以把我们中国的革命斗争经验介绍出去,扩大我们的革命影响,加强对帝国主义的打击。外语工作是政治而又带理论性的工作,从事外语工作要有很高的文化程度。文化程度不高,外语也是学不好的,做不了一个很好的翻译人员。

1954 年 9 月 28 日,我国现代军事翻译事业的开拓者和奠基人刘伯承为军队翻译工作者题词:

> 军事科学的翻译:在经验上,在理论上,必须有军事基本知识,才能钻研军事科学的本质;在俄文修养上,必须有掘发军事科学本质的能力;在中文修养上,必须有表达军事科学本质的能力。

不论是跨文化交际、文学翻译、外语教育还是军事翻译,抑或是翻译人才的培养,这些意见和论述在翻译界和学界均具有十分深远的影响。大浪淘沙,百炼成钢。一代一代的翻译人在危机中育先机、于变局中开新局。

第四节 融合创新:翻译事业的大发展

经过十年停滞,我国的翻译工作重新焕发生机,翻译工作者队伍空前壮大,新的文艺思想也在不断生成。改革开放后,集中力量发展经济成为国家的重要任务,国民经济得到显著提高,中国在国际舞台上地位日显。

> 外语是了解多样化世界的有效途径,是国民个人发展的关键能力,是社会开放包容的晴雨表,是国家现代化发展的必由之路。重视国家语言能力建设、发展外语教育已成为世界各国的共识,是全球化战略的重要内容。
>
> ——曾天山,王定华《改革开放的先声——中国外语教育实践探索》

百废待兴,百业待举,外语率先发声,借鉴外国先进科学技术,汲取人类优秀文明成果。对外翻译需求也极大增加,促使翻译理论和翻译实践不断发展。翻译自身的价值在新时代更加被彰显,随着中国文化"走出去"战略的推行,中国文化的外译数量与日俱增。这一时期的翻译内容空前多样化,翻译研究与新学科相结合,吸取其他相关学科的新成果。著名语言学家、翻译家王佐良运用词义学和文体学的原理研究翻译问题;语言学家王德春从当代语言科学的高度系统地论述了翻译,他充分肯定了翻译的"可译性"和"等值性"。这一时期,美学思想的研究成果也被广泛引入翻译研究中,美学原理对文学翻译有不可忽视的指导作用。翻译美学成为该时期翻译家文艺思想的最突出表现,系统地提出了翻译美学的范畴和任务、翻译的审美客体和审美主体、翻译中的审美体验的一般规律以及翻译的审美标准等问题。

进入新世纪,国内翻译开始转向"文化学",提倡与文化研究相结合。中国文化"走出去""走进去",成为时代主题,一直延续至今。翻译家的作品有助于正确认识翻译价值,作品中的文艺思想直接关乎如何选择中国文化"走出去"的策略、路径与模式,因而具有重要的理论与现实意义。中国文学受各民族文化滋养,蕴含中西文化精华,文学中的中国智慧可以影响世界的看法,加深对中国的了解,共同构建人类命运共同体。2009年法兰克福书展上,中国第一次以主宾国身份主持了这项国际文化盛事,向世界展示了中国文化出版的新气象。"中国文学走出去"立足中国精神,寻找世界不同民族精神的共鸣,是中国担当的生动体现。当然,"走出去"是为了更好地将世界优秀文学"引进来",最终实现不同文化的共同发展。2012年莫言获得诺贝尔文学奖,鼓舞了中国文学翻译和研究的发展。2013年,中国文学"走出去"的相关研究课题立项掀起高潮,有关中华典籍的文化外译主题成为一大特色,这是我国政府对文学译介出版高度重视、大力扶持的体现。"2017年,中国文学英译研究的立项达到了新的高峰,研究对象也有了很大拓展:除了《西游记》《金瓶梅》等古典名著,也开始涉及早先处于中国文学传统的边缘、较少有人谈论的科幻、武侠和先锋文学;目标语地区也从传统的英国、美国延伸到澳大利亚、新西兰。"(王颖冲,2019)目前,中国文学外译已经发展为一个不容忽视的翻译现象,大量的名家名作、译者译著开始进入国内外读者的视野,在融入世界文学的道路上迈出了坚实的一步。

与近代中国文学"走出去"不同,在全球化浪潮下,今天的"走出去"更具明显的主动性,翻译家越来越主动地发挥自身的海外推介作用,让东方精神的韵律跨越语言障碍,在世界民族语境中更广泛地得到认知,建构并扩大中国文学的国际传播和影响力,是中国翻译家义不容辞的历史责任。在"一带一路"建设进程中,翻译家勇于直面沿线国家不同的文化生态,汲取沿线国家深厚的文化底蕴,以胸怀世界的勇气和能力,包容文化差异、彰显大国情怀,通过中国文学的国际传播,推动沿线国家实现自身的发展。翻译家以构建国家形象为己任,他们的文艺思想处处体现了中华文化的自信、包容和开放,其中蕴含的中国精神,必将助力世界文化的多样性。

第二章　核心概念

文艺思想阐明了有关文学本质、特征、创作过程、发展规律和社会作用以及作品构成的基本原理,是文艺运动、文艺创作、文艺批评的经验的科学概括。产生于文艺实践的基础之上,它虽然有相对独立的历史,却无法离开文学艺术的土壤。文学艺术是一种复杂的社会现象,既是人类活动的一种独特形式,又是这种活动的特殊产物。文学涉及多种要素,如世界、作者、作品、读者、文化、历史、语言等。这些要素相互制约,形成多种关系,构成独特的精神财富。历史上各种文艺思想的区别在于这些要素之间的相互关系。不同的文艺思想,时而突出某些要素、侧重某种关系,时而突出另一些要素、侧重某种关系。历史总是螺旋上升式发展,经常有停滞甚至倒退,文艺思想的发展也是如此。随着人类社会的不断进步,人类掌握的真理也在不断扩大和加深,文艺思想总体呈上升发展趋势。

第一节 西方文艺思想概述

翻译家精通中外语言,深受中外文艺思想的影响,从而形成了具有个人特点的思想理论。因此,本书在厘清核心概念之时必须从国外的文艺思想谈起。

拉开古希腊文学艺术的帷幕,最先上映的是人类的童年时代。从石器时代到青铜器的普遍使用,原始公社经济生活和财产关系逐渐发生变化,影响了政治生活的变迁。在原始公社中,民主制是古希腊政治生活内部的主要形式,民众会议是公社的最高权力机构，与公社民众相关的重大事件需要通过全体公民大会进行讨论表决。此外，原始公社内部还设有长老议事会，由年高望众的族长组织，以风俗传统作为行事的准则。风俗传统等于后来的法律。《荷马史诗》表现的就是这一时期的生活。古希腊的文化主要以雅典为中心。雅典位于希腊中部，东、西两面临海，又有良好的天然海港，优越的自然条件带动了手工业、商业、贸易的发展。经济的发展促使政治发生变化，原来独立的城邦结成了部族，各部族围绕雅典变成了国家机构。雅典成为希腊的经济、政治、文化中心，阶级开始分化，民主制趋于成熟。

公元前5世纪伯利克里时代，古希腊文学艺术极为繁荣，史诗、戏剧、雕塑、音乐、建筑等都蓬勃发展。随后又出现了哲学高峰，其中最耀眼的是精彩而丰富的美学思想，许多学者试图对生活和艺术中的美学问题进行哲学探讨。毕达哥拉斯、赫拉克利特、德谟克利特等思想家从自然科学观点去解释美学现象，苏格拉底更从社会科学的角度去解释美学现象。当时，古希腊的美学思想还没有从哲学中分离出来，主要是对社会、自然的哲学思考，其中当然也包括文学艺术。这也正是随后发展起来的古希腊文艺思想所关注的问题。

西方文艺思想发端于柏拉图和亚里士多德的时代。苏格拉底是柏拉图的老师，而亚里士多德又是柏拉图的学生，他们三人一脉相承，并称"希腊三贤"，在古希腊文学、艺术、哲学领域作出过非凡贡献，影响了世界文艺思想的发展方向。在苏格拉底以前，希腊哲学主要研究宇宙的本源、世界的构成，即"自然哲学"。苏格拉底认为这些问题对拯救国家没有什么现实意义，于是转而研究人类本身，即人类的伦理问题，如正义与非正义、勇敢与怯懦、诚实与虚伪、智慧与知识、国家与治国人才等。后人称他的哲学为"伦理哲学"，奠定了西方哲学的基础，在哲学史上具有伟大的意义。苏格拉底没有著作，他的思想绝大多数体现在弟子柏拉图的《对话录》中。这本书采取的是漫谈、辩论的方式，以苏格拉底和别人的对话为内容展开，苏格拉底被塑造成理想中智慧的哲人形象，与各阶层人民对话，启发他们的心智，引导他们认识自己和周围的世界。这种对话体裁被后人称为"苏格拉底的对话"，发展为一种独立的文学形式。虽然学界对书中苏格拉底的真实性持怀疑态度，而且通常很难分清哪些思想是苏格拉底的，哪些是柏拉图的，但是，柏拉图对文艺的见解和看法涉及到文艺和社会关系,成为西方文艺思想的一座丰碑,直接影响了全世界文艺思想的形成与发展。

柏拉图的文笔流畅自如,在论证中善于运用想象、比喻,使文章富有诗意美,同时又有着咄咄逼人的逻辑追赶力,展现出浓厚的雄辩色彩。

——陈太盛《西方文论研究专题》

柏拉图的文艺思想带有强烈的哲学色彩,其最有价值之处在于完善的哲学理论,柏拉图认为事物存在于三种世界:理念世界、现实世界和艺术世界。

其中理念世界是唯一真实的存在,是本源,是第一性的,后面两个世界都是它的派生物,而艺术世界离真实最远,和它隔着两层,是影子的影子、模本的模本。因此从模仿的对象来看,文艺模仿的不是真理……对事物的正确判断需要理智,而情感情欲会误导人的判断。因此从模仿的心理基础来看,文艺迎合的是情感情欲这些人性中低劣的部分。柏拉图通过对诗人所模仿的艺术世界以及模仿的心理基础来说明文艺的表象模仿性和低劣性,否定其真理性和美感。

——赵文婷《柏拉图文艺理论研究综述》

亚里士多德师承柏拉图,主张教育是国家的基本职能之一,赞成雅典培养健美体格、和谐发展的人才,主张把天然素质、养成习惯、发展理性看作道德教育的三个源泉。亚里士多德一生勤奋治学,其著作堪称古代的百科全书。亚里士多德的著述内容丰富,他把科学分为理论的科学(数学、自然科学和后来被称为形而上学的第一哲学)、实践的科学(伦理学、政治学、经济学、战略学和修饰学)、创造的科学(即诗学)。亚里士多德的思想对人类产生了深远的影响。

与柏拉图相比,亚里士多德确是有自己独特贡献的,他从哲学家的立场,特别肯定了文艺的认识作用,提出了悲剧净化作用,强调了客观现实对创作的重要性,补充丰富了先师强调主体创造,注重教育作用、美感作用的原有理论。如果我们对他们师生二人予以辨证分析、综合考察,倒是能够看到一个能够较为全面地概括文艺现象、揭示文艺本质规律的理论体系。实际上,我们现在对文艺功能——认识、教育、审美——三大作用的概括,不是恰好可以在柏、亚的联合理论中找到本源吗?

——杨守森《柏拉图、亚里士多德的文艺观比较谈——兼与汝信、黄药眠诸先

生商榷》

亚里士多德师生的文艺思想对人类产生了重大意义,特别肯定了文艺的价值。在之后的西方文艺思想史上,第二个具有重要意义的里程碑是文艺复兴时代的文艺思想,这一时期的文艺思想体现出广泛多样的特点。中世纪教会否定文艺模仿现实,把文学艺术看做魔鬼,只会伤风败俗。文艺复兴时代的文艺思想发展了亚里士多德的模仿说,肯定了文艺的价值,认为文艺和哲学都能给人以真理,而且文学艺术能净化心灵,寓教于乐。文学艺术不只是模仿人的行动,而且也模仿心理活动甚至于自然界的一切事物,文艺复兴时代的文艺思想把文学艺术的对象扩大到人的生活的方方面面。文艺复兴经历了欧洲由封建主义到资本主义的过渡,这是一个伟大的历史转折时期,也是一个精神解放和思想酝酿的伟大时代,是文艺思想走向成熟期的一座桥梁。意大利的文艺复兴在十六七世纪之后已告消退,西方的文化中心也由意大利转向法国,在17世纪的法国形成了古典主义,又称"新古典主义"。虽然新古典主义有别于古罗马的古典主义,但是却摆脱不了后者的影响。因此,法国虽然实行中央集权君主制,却以罗马帝国为光辉榜样,披着罗马帝国的外衣,梦想恢复过去的光荣,并且借用罗马的古典主义建立自己国家的文学艺术。古典主义的文艺思想集中表现在布瓦洛的《诗的艺术》中,该书系统严密、规范周全,因此,受到新古典主义的推崇,而且对于新古典主义美学来讲,这本书可称得上"天衣无缝",它达到了那个时代所能达到的高度。不怪乎法国文艺家尼萨尔对其高度评价说:

《诗的艺术》不只是一个卓越的人的作品,还是一个伟大世纪的文学信条的宣言。只把它局限在诗作品上去应用未免误解布瓦洛的精神和《诗的艺术》的价值了。布瓦洛的教训不限于能以诗句表达出来的思想,也不限于诗的语言;它们扩及一切思想与一切思想的表达方式,推而广之,扩及一切以求真为理想的艺术。……《诗的艺术》表现着法国人在艺术方面的良知良能;它把一切都压缩成一般性的原则,每个读者按照他精神的广阔与细致的程度,都可以从这些原则中抽绎出若干推论,构成现代所谓之美学。

——李德军《布瓦洛〈诗的艺术〉论析》

1789年法国资产阶级大革命以后,欧洲各国纷纷掀起民主革命和民族解放运动,人的意志、情感等精神极度高涨。德国古典哲学竭力夸大人的精神的主观能动作用,法国空想社会主义幻想"立即解放全人类",英国经验主义美学特别重视想象、幻想、情感的作用。因此,到19世纪,西方最重要的文艺思潮当属浪漫主义和现实主义。浪漫主义文艺运动是法国大革命和由此而来的欧洲民主民族解放运动高涨的必然产物。1824年以后,法国浪漫主义文艺运动以作家雨果为中心,达到了世界高峰,雨果于1827年发表的《〈克伦威尔〉序言》是积极浪漫主义的美学纲领,至此法国浪漫主义经久不衰一直延续到19世纪后期。自19世纪30年代后,英法俄等国先后发展了批判现实主义,逐渐在欧洲形成现实主义文艺思潮。20世纪西方文艺思想具有鲜明的时代转型特征,现代性艺术精神向后现代性审美文化价值偏移。这一时期的文艺思想可分为两大阵营,一是"体验"性的审美现代性文论思潮,一是理论性现代性文论思潮。前者将人的体验、感性、直觉放在本体论的地位加以考察,揭示人的精神内涵以探寻艺术的本质和世界的审美本性,代表人物及理念有狄尔泰的生命哲学、尼采的唯意志主义、弗洛伊德和荣格的精神分析、海德格尔的存在主义等;后者偏重理性主义,更重视科学性、实证性和归纳性,代表人物有杜威的实用主义、维特根斯坦的分析哲学、卡希尔的符号学等。

文艺是凝聚传承文化的重要媒介和方式,忠实地记录一个国家、一个地区文化的发展、演进历程,通过形象的方式展示该地域人们对人生和世界的深刻思考,成为精神文化的重要内容。在国家、民族相互学习、相互借鉴以及相互融汇的过程中形成的文艺思想,创造了伟大的人类文明。世界各国的文学艺术既有共性,又有个性,是两者的统一。世界各国的文艺思想既揭示文学艺术的普遍规律,又探索了各自的独特规律。"了解和研究西方文艺理论并非照搬、移植。应该学习外国的长处,来整理中国的,创造出中国自己的、有独特的民族风格的东西。"(胡经之,2013)中国和西方的文艺思想既有共性又各有个性,互有优劣,各有短长。中国翻译家在学习外国语言的同时,受到外国文艺思想的影响,从而创造出中国自己的、特有的文艺思想。

第二节 中国古典文艺思想探源

文艺是一种社会意识形态,属于上层建筑。上层建筑是建立在经济基础之上的政治、法律制度和社会意识形态。恩格斯在《在马克思墓前的讲话》中指出:

一个民族或一个时代的一定的经济发展阶段,便构成基础,人们的国家设施、法的观点、艺术以至宗教观念,就是从这个基础上发展起来的,因而,也必须由这个基础来解释,而不是像过去那样做得相反。

——恩格斯《马克思恩格斯选集》第3卷

按照恩格斯的观点,经济基础决定和制约着文艺的内容和思想。远古时代,民智未开,生产力极度落后,人们的认知水平受到极大限制,在无法科学地解释各种事物起源的情况下,自然而然地认为大自然的千变万化都是由一种看不见的力量即神灵,在控制与支配,于是他们根据自己的想象,把所崇拜的各种外部力量拟人化,这些想象中的力量无所不能,可开天辟地、可移山补天、可解除灾害,但是由于没有文字记载,只能靠口耳相传保存民族记忆里的人和事,难免带有神话的怪异色彩,在世代相传的过程中又不断被赋予更多的幻想与内涵,最终就演变成了神话。在生产力极低的原始社会,生产关系是公有制,社会生活靠集体劳动的力量来维持,没有阶级和剥削,反映这种社会生活和社会情感的原始歌谣也非常淳朴。人类在社会实践的过程中创造的物质财富和精神财富的总和构成了人类文化。中国传统文化是典型的农耕文化,也叫农业文明,是我们祖先在农业生产活动中经验和感悟的结晶。中国人奉行辩证逻辑,认为认识外界事物的方法只需要靠引申、归类或类比,而且传统哲学认为人类是天地交合的产物,于是就有了"天人合一"的整体思维,同时非常重视人的主观能动作用。一部《周易》用"阴"和"阳"两个基本概念便概括了宇宙间的对立统一,成为最朴素的辩证法,而八卦更是包罗万象,既有自然万物,还有动物及社会伦理关系,体现出"天人合一"的理念。然而,中国传统哲学并没有把"一元论"作为思想追求的终极目标,而且中国思想界很少走入极端化的形而上学。

原始社会解体正好处于恩格斯所说的"野蛮时代高级阶段",而中国在这个时期的"英雄"就是三皇五帝。关于"三皇五帝"的说法最早出现于战国时期。先秦诸子百家争鸣,各个学派都借助上古圣人为自己的学说站台,后来逐渐将这些圣人们统称为"三皇五帝",这是远古祖先记忆与神话传说相结合的产物,是那些远古时代在人类文明初期作出伟大贡献的部落首领或氏族部落,他们或是创造出伟大的发明,或是战胜恶劣的自然环境,或是改进生产技术,或是取得重要战争的胜利。他们披荆斩棘,筚路蓝缕,带领人们走出蒙昧,在华夏大地上撒下了文明的种子。几乎世界上每个重要文明在历史初期都有一段神话传说时期,而中华民族又有祖先崇拜的传统,把这些伟大人物的记忆用带有神话色彩的传说一代代传颂下来。

史前文物、神话传说、礼乐制度、贵族生活方式等方方面面的文化产物中都蕴涵着文艺思想,展示了中国文艺思想的史前状态。到了阶级社会,生产资料私有,社会生活内容变得复杂起来,阶级矛盾成了社会生活的内容之一。通过对现有文献材料分析发现,中国文艺思想通常都将春秋时期作为开端,以"审美意识"作为讨论史前时代至商周时代审美现象的基点。我国第一部诗歌总集《诗经》收录了从西周初年到春秋中叶大约五百年间的作品。由于当时还没有创作署名的意识,所以作者不详,加上时代久远,关于具体的编者到底是谁也无确切依据可考,但是《诗经》大量运用比、兴手法,语言生动活泼,取得了显著的艺术效果,内容多以生动朴实的画面反映当时人民的生产、生活、斗争,表达喜怒哀乐的真情实感,既有对压迫者的血泪控诉,也有对美好爱情的快乐吟唱,这种"饥者歌其食,劳者歌其事"的现实主义创作方法成为我国现实主义文学传统的源头。战国时期以屈原为代表的楚国人创作了诗歌《楚辞》。《楚辞》创造性地利用汉语的虚词丈量和裁截诗句,构建出容量更大的文言节奏形式。此外,语气词"兮"作为《楚辞》的标志性符号,将诗句分为前后两半。

长太息以掩涕兮,哀民生之多艰。余虽好修姱以鞿羁兮,謇朝谇而夕替。既替余以蕙纕兮,又申之以揽茝。亦余心之所善兮,虽九死其犹未悔。怨灵修之浩荡兮,终不察夫民心。众女嫉余之蛾眉兮,谣诼谓余以善淫。固时俗之工巧兮,偭规矩而改错。背绳墨以追曲兮，竞周容以为度。忳郁邑余侘傺兮，吾独穷困乎此时也。宁溘死以流亡兮，余不忍为此态也。鸷鸟之不群兮，自前世而固然。何方圆之能周兮，夫孰异道而相安？屈心而抑志兮，忍尤而攘诟。伏清白以死直兮，固前圣之所厚。悔相道之不察兮，延伫乎吾将反。回朕车以复路兮，及行迷之未远。步余马于兰皋兮，驰椒丘且焉止息。进不入以离尤兮，退将复修吾初服。制芰荷以为衣兮，集芙蓉以为裳。不吾知其亦已兮，苟余情其信芳。高余冠之岌岌兮，长余佩之陆离。芳与泽其杂糅兮，唯昭质其犹未亏。忽反顾以游目兮，将往观乎四荒。佩缤纷其繁饰兮，芳菲菲其弥章。

——屈原《离骚》

《楚辞》提供了大量民间神话，发挥文人幻想，想象奇特，境界宏远，景象绮丽，开创了我国文学浪漫主义风格。此外，《楚辞》发展了比兴手法，升华为象征，借物抒情的诗性融合拓展了诗的深厚意蕴，如屈原笔下的香草、美人成为忠臣、贤君的象征，奠定了我国文学爱国主义的优秀传统。诗中极尽铺陈的叙事状物之法后来孕育出另一种韵文化的散文——赋。先秦散文百花齐放、百家争鸣的文化氛围促进了文学的繁荣，也迎来了文化光辉灿烂的时代，尤其是儒、墨、道、法几家学说，奠定了中国传统文艺思想的基础。

西汉设立官方音乐机构，即"乐府"，将歌功颂德的诗词谱曲配舞演唱，采集各地民间的歌谣以观民风。汉乐府民歌继承了《诗经》以来的现实主义传统，真实深刻地反映当时的社会现实，反映阶级剥削重压下的下层人民的悲惨生活，也有封建礼教和封建婚姻桎梏中的弃妇怨女，还有对爱情的大胆追求和矢志不渝的表白，东汉末年的五言诗批判并控诉现实，反映失意的士大夫在社会动乱到来之前的不安和苦闷，其中《古诗十九首》成为我国早期五言抒情诗的典范。从东汉末年到魏晋南北朝时期，中国的文艺思想经历了时局动荡，从富有现实性的"建安七子"过渡到陶渊明的归隐思想，如《桃花源记》描写的乌托邦式的美好生活环境就体现了对回归自给自足自然经济的向往，是一种逃避现实的态度。两汉时期佛教传入，刺激本土宗教——道教的形成，中国原有的鬼神方术思想借宗教的传播进一步盛行，于是志怪小说开始繁荣。《搜神记》作为志怪小说的代表，汇集了晋代以前的奇闻轶事，以"明神道之不诬",成为后世文艺作品的母题,如《干将莫邪》被鲁迅改写为历史小说《铸剑》,《董永》被演绎为当代的黄梅戏《天仙配》,关汉卿的《窦娥冤》是对《东海孝妇》的进一步拓展。与志怪小说不同的还有一类小说,专门记述人物逸闻琐事,鲁迅先生称之为"志人小说"。当时文人士大夫崇尚玄学清谈,放浪形骸,超然物外,最具代表性的作品是刘义庆的《世说新语》,该书汇集汉末至东晋的士族人物的逸事,善于抓取有特征的细节描写人物的个性和精神面貌。

唐宋文学起于激扬豪迈的格调,诗作大多抒发愤激不平之情和壮烈的怀抱,拓宽了诗歌题材,创造了中国诗歌的鼎盛时期。唐朝诗人群星璀璨,诗坛百花齐放,既有伟大的写实作品,也有幽居舒适的山水田园诗,还有金戈铁马嘶鸣的边塞诗。中唐以后开始逐渐流行词,延续了汉乐府以来合乐歌唱的传统,但直到宋代才被广泛接受。词人逐渐增多,词便成为与诗并驾齐驱的韵文体裁。这一时期还掀起了声势浩大的古文运动,倡导"文以载道,文以明道","为文立言,重在修养",涌现出著名的"唐宋八大家",他们的文章夹叙夹议,为散文开拓了新的园地,留下了大量脍炙人口的名篇佳作。宋代前后,手工业和商业的发展带来了都市的繁荣,为民间说唱艺术的发展提供了场所和观众。不断扩大的市民阶层对文化娱乐的需求又大大地刺激了这种发展,从而产生出新的文学样式——话本。话本是说话人所用的底本,有讲史、小说、公案、灵怪等不同类别,已初具小说规模。继唐诗宋词后,戏曲逐渐盛行。戏曲的成熟有叙事文学影响的因素,宋元话本的发达给故事情节的编制提供了经验,音乐唱词和散曲的套数都成为戏曲的必备要素。城市的发展和市民阶层的壮大为戏曲的演出创造了市场,对戏曲的成熟有促进作用。元杂剧中耳熟能详的戏剧作家当属关汉卿和王实甫。关汉卿的大部分剧作都在反映下层人民所受的冤屈,歌颂他们的反抗精神,其中《窦娥冤》是这类题材的代表作。关汉卿能够娴熟地驾驭杂剧的艺术结构形式,故事情节的展开具有强烈的戏剧性、典型性,峰回路转,曲折腾挪,在矛盾冲突中集中展示人物的性格,真实可信,生动鲜明。而王实甫擅长引用古典诗词,将优美的诗词佳句自然地融合在曲词中,描摹景物,渲染气氛,抒发情感,充分发挥了中国韵文讲究诗情画意、情景交融的特长。元曲继宋杂剧的滑稽搞笑之后开始适应观众的需要,或擅文采,或擅本色,争妍斗艳,使剧坛呈现出繁荣的局面。

明清是中国小说史上的繁荣时期。这个时代的小说从思想内涵和题材表现上来说,最大限度地包容了传统文化的精华,吸收了魏晋南北朝时期志人志怪小说的特点。明清小说伴随城市商业经济的繁荣而发展起来,打破了正统诗文的垄断,取得与唐诗、宋词、元曲并列的地位,在流传过程中又不断加入新的创作元素。明代经济的发展和印刷业的发达,为小说脱离民间口头创作进入文人书面创作提供了物质条件。明代中叶,白话小说作为成熟的文学样式正式登上文坛。明代的白话短篇小说模拟学习宋元话本,取得了辉煌的成就,更直接更广泛地反映了社会生活,爱情婚姻题材类作品反映了市民阶层的进步的爱情婚姻观念,批判了封建礼教的不合理性,歌颂了青年男女争取婚姻自主和幸福生活的斗争。还有部分作品具有较强的故事性,情节生动曲折,感情色彩鲜明,揭露封建统治阶级的罪恶黑暗政治和科举考场的腐败,反映人民的苦难。清代的阶级矛盾、民族矛盾和思想文化领域里的斗争,给小说创作以深刻影响。清初至乾隆时期是清小说发展的全盛时期,数量和质量、内容和形式、风格和流派与前代相比都有较大发展。清代小说虽有历史、传说等素材的借鉴,但作品多取材于现实生活,较充分地体现了作者个人的意愿。在结构、叙述和描写人物各方面也多臻于成熟的境界。

从宋朝开始的长篇小说达三百余部,短篇小说数以万计,通过动态刻画人物,语言生动,风格独特,以前所未有的广度和深度反映了当时社会生活的各个方面,成为人民群众认识社会和文娱生活的主要文学样式。这些白话小说不仅对中国后世的文学、戏剧、电影有巨大影响,部分优秀作品还被翻译成十几种文字,为世界文化交流作出了重要贡献,对日本、朝鲜、越南等国的文学创作产生过巨大影响。中国古代的叙事文学,到明清时期步入了成熟期,展示了广阔的社会生活场景、丰硕的艺术创作成果和丰富的社会政治理想,以其完备形式和丰富内容将叙事文学推向了极致,最大限度地包容了传统文化的精华,铸就了中国古典文学最后的辉煌。明清小说经过世俗化的图解后,传统文化以可感的形象和动人的故事走进了千家万户,使传统文化得到空前地发扬和丰富,在艺术形象和艺术细节的演绎中予以创造性的阐说。

综上可见,诸子百家时期,各种思想文化激烈交锋,各家学派积极传播自己的独特思想,形成百家争鸣的文艺氛围,他们的学术风格不仅对中国古代文艺思想的繁荣和发展产生了深远影响,同时由于注重实践和应用也推动了社会的进步。几千年来,中国传统文化养育了中国古典文艺思想,中国古典文艺思想又大大丰富了中国传统文化,使传统文化更具有深刻的影响力。中国古典文学是中国文学史上闪烁着灿烂光辉的经典性作品或优秀作品,它是世界文学宝库中令人瞩目的瑰宝。中国古典文艺思想以诗歌、散文、小说以及词、赋、曲等多种表现形式,以及各种文体中多种多样的艺术表现手法,使中国古典文学呈现出多姿多彩、壮丽辉煌的图景。

第三节 中国文艺思想的演进

甲午战争前,文艺思想家们面对内忧外患,继承"文以载道"的传统,力倡以文艺经世,承担起救亡启蒙、促进国家实现现代化的责任。甲午战争后,他们目睹民族危机的加深,更加重视加大西学东渐的力度,积极从西学中汲取营养,将此前的以文艺经世的理想具体转化为文艺启蒙,强调通过文艺改良民众,启蒙心智,参与社会和政治改革,以使古老的中国浴火再生。其实,虽然文人志士的具体思想路线发生了变化,但无论是以文艺经世,还是以文艺启蒙,实质并没有发生改变,中国文人向来坚持文艺必须为时代为社会服务。

1900 年前后,以梁启超为代表的改良派和以柳亚子、陈独秀为代表的革命派,掀起一场颇具声势的文艺改良运动。这场运动包括诗界革命、文界革命、小说界革命、戏剧改良、美术革命和乐界革命。虽然这两个派别在政治取向上有所不同,但他们都胸怀报国之志,因此才殊途同归,双方都非常重视文艺的社会功能,认为改良文艺的首要目的,就是更好地为思想启蒙服务,促进政治和社会变革,以挽救民族危亡。梁启超把小说与救国救民、改良政治紧密结合,希望通过改良小说的文风、语言、内容、主题等方面,达到革新道德、宗教、政治、风俗、学艺的目的,最终可以革新人心、人格,激励全民的爱国精神,实现政治改良的终极目标。于是,梁启超吸收西方文明,在文言文中加入外国俚语和俗语,语言浅近畅达,行文自由无拘、条理清晰,字里行间充溢着丰沛的情感,创造了一种"新文体"。他认为这种"新文体"可以唤醒沉睡的东方顽梦、激励民众奋起反抗。戏曲改良运动发轫于梁启超,后经陈去病、陈独秀等大力张扬。他们主张对戏曲的脚本、表演、服装和道具等进行全面改良,以达到通过戏曲启迪民众、改造社会的目的。1918 年,陈独秀把西方的写实主义引入中国绘画之中,希冀运用新的画风为思想革命服务。音乐界也曾发起一场可称为"乐界革命"的学堂乐歌运动,将西式音乐课程引入中小学课堂,以音乐启迪学生,为国家培养未来的合格公民。

虽然,这一时期的主流文艺思想是强调文艺经世、救亡启蒙,但依然还有一派认为不能给文艺赋予太多社会价值和功用任务,因为文艺有其独立的价值所在。例如,王国维深受康德美学影响,强调文艺的非功利性和独立价值。他说:

天下有最神圣、最尊贵而无与于当世之用者,哲学与美术是已。天下之人嚣然谓之曰无用,无损于哲学、美术之价值也。至为此学者自忘其神圣之位置,而求以合当世之用,于是二者之价值失。夫哲学与美术之所志者,真理也。真理者,天下万世之真理,而非一时之真理也。其有发明此真理哲学家或以记号表之美术者,天下万世之功绩,而非一时之功绩也。唯其为天下万世之真理,故不能尽与一时一国之利益合,且有时不能相容,此即其神圣之所存也。

——王国维《论哲学家与美术家之天职》

在王国维看来,哲学追求的是"纯粹之知识",文艺能够表达"美妙之感情",因此二者拥有神圣而尊贵的地位。从本质上来讲,文艺的美是不附带任何利害关系的,如果给文艺套上过多的功利目的,那么就像戴了紧箍咒一样不再自由,更加不可能闪耀独立的美学价值。王国维从文艺的非功利性出发,对中国文艺的功利传统进行了抨击。

至诗人之无此抱负者,与夫小说、戏曲、图画、音乐诸家,皆以俳优、倡优自处,世亦以俳优、倡优蓄之。所谓'诗外尚有事在'、'一命为文人便无足观',我国人之金科玉律也。呜呼! 美术之无独立之价值也久矣! 此无怪历代诗人多托于忠君爱国、劝善惩恶之意以自解免,而纯粹美术上之著述,往往受世之迫害,而无人为之昭雪者也。

——王国维《论哲学家与美术家之天职》

王国维认为中国文艺之所以发展不快，均源于古代文艺家忘记了文艺的神圣位置和独立价值，只是将其视为政治和道德的附庸，竭力在文艺中表达忠君爱国、劝善惩恶的内容。到了近代中国，人民食不果腹，尚且无法保证生命安全和基本的生活保障，根本无暇顾及文艺思想自身的价值和特点，只能借文艺去启蒙去抗争，因此，强调文艺功利论成为文坛主潮。从清末的龚自珍、魏源到身体力行参与到社会变革中的梁启超和陈独秀，众多文艺思想家强烈主张以文艺经世。到清末民初，启蒙成为文艺经世的核心内容，近代的文艺创作都在反映社会现实，为推动国家进步作出了卓越贡献。相比文艺功利论，王国维所倡导的文艺非功利论始终处于文坛边缘，但它深刻揭示了文艺的审美特性，因而也闪耀着夺目光辉。不过，文艺功利论和文艺非功利论之间的差异并非绝对。梁启超在强调文艺为社会政治服务的同时，也并未忽略文艺的审美特性；王国维在强调文艺非功利性的同时，也看重文艺对社会人生的永恒价值。可见，他们都希望通过文艺的熏陶和启蒙，使中国人在精神上更加先进更加强大。可以说，文艺功利论和文艺非功利论一起催动中国文艺思想从古典走向现代，在中华民族争取独立和追求现代化的过程中发挥了积极的作用。

甲午战争后，严复的《天演论》横空出世，震惊了混沌落后的封建社会，他把"物竞天择，适者生存"视为自然界和人类社会的普遍法则。根据进化论，人类历史是线性地、持续地向前发展，后胜于前，新好于旧，优胜劣败。清末民初，进化论作为最强有力的世界观，激励中国人为实现民族独立和国家现代化而发愤图强。康有为、梁启超、王国维、鲁迅和胡适等文艺思想家纷纷将进化论引入文艺领域，建构起文艺进化观，推动文艺创作弃旧图新，最终促成了"五四"文学革命的发生。吴汝纶是严复在学习桐城古文方面的导师。他既是严复《天演论》译稿的最初读者，他不仅对《天演论》进行过字斟句酌的润饰修改、删去表达不妥的语句，还为译稿拟写了各节的标题。在修改审校的过程中，吴汝纶对进化论表示认同，成为最早的传播者。在为《天演论》所撰序文中，他阐释了自己对进化论的深刻理解，也揭示了严译的目的在于保种。他说：《天演论》的要义在于赫胥黎于天择、物竞之外，强调以人持天、与天争胜。

严子之译是书,不唯自传其文而已。盖谓赫胥黎氏以人持天,以人治之日新卫其种族之说,其义富,其辞危,使读焉者怵焉知变,于国论殆有助乎。

——吴汝纶《天演论序》

在进化论的指引下,近代一些文艺家认为每个时代的文艺创作都有各自的特点,而且文艺的演进也是一个从低级到高级、从简单到复杂的发展过程。

凡一切事物,其程度愈低级者则愈简单,愈高等者则愈复杂,此公例也。故我之诗界,滥觞于《三百篇》,限以四言,其体裁为最简单。渐进为五言,渐进为七言,稍复杂矣。渐进为长短句,愈复杂矣。长短句而有一定之腔、一定之谱,若宋人之词者,则愈复杂矣。由宋词而更进为元曲,其复杂乃达于极点。

——梁启超《小说丛话》

文学乃是人类生活状态的一种记载,人类生活随时代变迁,故文学也随时代变迁,故一代有一代的文学。……每一类文学不是三年两载就可以发达完备的,须是从极低微的起源,慢慢的,渐渐的,进化到完全发达的地位。

——胡适《文学进化观念与戏剧改良》

居今日而言文学改良,当注重"历史的文学观念"。一言以蔽之曰:一时代有一时代之文学。此时代与彼时代之间,虽皆有承前启后之关系,而决不容完全抄袭;其完全抄袭者,决不成为真文学。愚唯深信此理,故以为古人已造古人之文学,今人当造今人之文学。

——胡适《历史的文学观念论》

吾辈以历史进化之眼光观之,决不可谓古人之文学皆胜于今人也。左氏、史公之文奇矣,然施耐庵之《水浒传》视《左传》《史记》何多让焉?《三都》《两京》之赋富矣,然以视唐诗、宋词,则糟粕耳。此可见文学因时进化,不能自止。

——胡适《文学改良刍议》

经过梁启超、胡适的诠释与弘扬,文艺思想的进化观最终战胜循环的、复古的文艺观,成为近代文艺思想史上的核心理念。近代一些文艺思想家根据文艺进化观来建构中国文学史,例如,王国维和鲁迅等以进化论为基础构建的文学史叙述范式，笼罩了后来百年间文学史的写作。康有为曾游历欧洲，品鉴了无数美术精品，对西洋画的写实风格极其赞赏，认为西洋画比中国画优异，应该采西洋画之长，来改良国画。他的弟子徐悲鸿在《中国画改良论》中说：

中国画学之颓败，至今日已极矣。凡世界文明理无退化。独中国之画在今日，比二十年前退五十步，三百年前退五百步，五百年前退四百步，七百年前千步，千年前八百步。民族之不振可慨也夫！"绘画"艺术复须藉他种物质凭寄，西方之物质可尽术尽艺，中国之物质不能尽术尽艺，以此之故略逊。

——徐悲鸿《中国画改良论》

维新派思想家提倡言文一致和白话文学，在文坛掀起一场声势浩荡的文学革命，以期达到文化普及和思想启蒙的目的。

社会之变迁日繁，其新现象、新名词必日出，或从积累而得，或从交换而来，故数千年前一乡、一国之文字，必不能举数千年后万流汇沓、群族纷挐时代之名物、意境而尽载之，尽描之，此无可如何者也。言文合，则言增而文与之俱增，一新名物、新意境出，而即有一新文字以应之，新新相引，而日进焉。

——梁启超《新民说·论进步》

到"五四"新文化运动时期，胡适为了树立白话文学在文坛的正宗地位，倡导用白话代替文言，为"五四"文学革命的发生奠下了一块重要基石。就在文艺进化观所向披靡之时，晚年的梁启超终于对其局限性作了省思，他说：

新事物固然可爱，老古董也不可轻轻抹煞。内中艺术的古董，尤为有特殊价值。因为艺术是情感的表现，情感是不受进化法则支配的，不能说现代人的情感一定比古人优美，所以不能说现代人的艺术一定比古人进步。

——梁启超《情圣杜甫》

文艺领域的进化论促进了中国文艺思想和创作的现代转型。直至今日，进化观依然对翻译理论的构建有极大的指导意义，如胡庚申教授以进化论为基础创立了生态翻译学理论，被学界誉为"开发本土学术资源的一面旗帜"。

立足于翻译生态与自然生态的隐喻同构，胡庚申运用学科交叉、相似类比、概念移植等方法，以生态整体主义为指导理念，从生态学的整体观出发，以华夏传统文化的生态智慧为立论支点，充分吸收东方"天人合一""道法自然""以人为本""适中尚和"的生态智慧,借鉴人类普遍接受的"适者生存""优胜劣汰"的基本原理,以"翻译适应选择论"为基石,重新审视翻译生态系统,构建了整体的翻译生态体系,揭示了翻译生态理性,提出了生态翻译伦理;回答了翻译本体研究关于"何为译"(翻译是译者适应翻译生态环境而对文本进行移植的选择活动)、"谁在译"(译者中心、译者责任)、"怎样译"(汰弱留强/求存择优、选择性适应/适应性选择)、"为何译"(译有所为)等翻译学的根本问题,并从生态理性视角对翻译的原理、过程、标准、策略、方法以及整个翻译生态体系做出了新的综观与阐述。

——顾俊玲、黄忠廉《胡庚申译学思想生成考》

近代八十年间,中西文艺思想逐步走向融合。那些开眼看世界的文艺思想家,或以中国文化为本位,吸收西方元素,重塑传统文艺思想;或以西方文化为主导,融汇本土资源,另铸新的文艺思想。前者中体西用,后者西体中用,二者通过中西由浅入深的融合,一批新的文艺概念得以初步形成。这些新的文艺概念为中国现代文艺思想史的系统展开奠定了基础。一代代文学家、艺术家等在近代新的文艺概念确立过程中,汲取外来的观念与固有的材料互相参证,在诸多方面为文艺立法作出了无与伦比的贡献。此处特引用王国维的三种人生境界作为本节结尾,既是对中国文艺思想演进的致敬,也是对人生追求的一种肯定。

"昨夜西风凋碧树。独上高楼,望尽天涯路。"此第一境也。"衣带渐宽终不悔,为伊消得人憔悴。"此第二境也。"众里寻他千百度,蓦然回首,那人却在灯火阑珊处。"此第三境也。

——王国维《人间词话》

第四节 中国特色马克思主义文艺思想

从五四运动到中华人民共和国成立,中国近代文艺思想的路径上出现了两条分支,一条是在近代文艺思想史中孕育的具有现代性的元素不断壮大,最终引起一场声势浩大的文艺革新运动,逐渐成为民国文坛主流;另一条是在近代文艺思想史中没有完全向现代转型的那部分文艺思想虽逐渐由强转弱，但仍然奋力争取生存空间。二者在长期的演进过程中时而冲突时而混融，成为民国文坛新的景观。这一时期的众多文艺思想家既对中国古典文艺思想有所继承，也有所创新。他们对古代的重要文艺范畴进行了深度诠释，在守望传统的同时有节制地吸收西方的一些文艺范畴来丰富传统文艺思想，他们也尝试用西方的一些概念来进行批评与研究，如美学、具体、抽象、理性、文学等，他们的思维方式也从传统的重直觉走向重逻辑条理。在风云激荡的八十年间，中国的文艺思想家们为争取民族独立和实现现代化，积极倡导中西融合，强调文艺合为时而著，用进化论指引文艺由旧向新，铸造崭新概念为新文艺奠基，有力推动着中国文艺思想从古典向现代转型。"五四"之后，守望传统的文艺思想家与现代文艺思想家一起，共同再造中华民族新的文明。

自"五四"文学革命起，马克思主义文艺学便开始在中国传播，逐步形成具有中国形态的毛泽东文艺思想，并在不同的历史阶段得到传承和发展，在古老的东方大地上生根结果。中国化的马克思主义文艺学自然而然地主导了中国共产党的文艺方针和文艺政策，对中国文学的繁荣和发展产生了极为深远的影响。1919 年 5 月，《新青年》出版了由李大钊主编的马克思主义研究专号，系统地介绍马克思主义的三个组成部分，至此，《新青年》成为传播马克思主义的主要阵地。1930 年 3 月，"中国左翼作家联盟"的成立标志着马克思主义文艺学中国化进入了一个新的历史阶段。瞿秋白不仅是左联的重要成员，而且后来成长为中共早期的主要领导人之一，他是马克思主义文艺学早期的主要传播者和奠基人之一，他最早系统地将马克思主义文艺理论译介到中国，为传播马克思主义文艺学作出了重要的贡献。瞿秋白以其深厚的俄文功底编了《"现实"——马克思主义文艺论义集》，包括《恩格斯论巴尔扎克》等著名的马克思文艺学论著。此外，瞿秋白还编译了《列宁论托尔斯泰》，翻译了《高尔基论文选集》等。这些马克思主义文艺学论著的译介开拓性地阐述了文艺的本质、文艺与政治的关系等。他曾指出文学是社会生活的反映，又反过来影响生活。

而一切阶级的文艺都不但反映着生活，并且还在影响着生活；文艺现象是和一切社会现象联系着的，它虽然是所谓意识形态的表现，是上层建筑之中最高的一层,它虽然不能够决定社会制度的变更,它虽然算起来始终也是被生产力的状态和阶级关系所规定的——可是,艺术能够回转去影响社会生活。

——瞿秋白《文艺的自由和文学家的不自由》

马克思文艺学融合了哲学、政治经济学、科学社会主义理论,以辩证唯物主义和历史唯物主义为基础,使得马克思主义文艺学不同于历史上其他文艺理论,它更具科学性、革命性和社会现实性。毛泽东作为坚定的马克思主义者,继承了马克思主义理论的哲学思想和马克思主义文艺学的文艺思想。作为无产阶级革命家和领袖,毛泽东文艺思想的形成还受到李大钊和鲁迅文艺思想的影响。鲁迅和毛泽东从没有见过面,但二人在许多重大的文艺理论问题上的看法高度一致,而且毛泽东在著作里多次提到鲁迅,而且给予了鲁迅最公正、最准确和最高的评价:

鲁迅就是这个文化新军的最伟大的最英勇的旗手。鲁迅是中国文化革命的主将,他不但是伟大的文学家,而且是伟大的思想家和伟大的革命家。鲁迅的骨头是最硬的,他没有丝毫的奴颜和媚骨,这是殖民地半殖民地人民最可宝贵的性格。鲁迅是在文化战线上代表全民族的大多数向着敌人冲锋陷阵的最正确、最勇敢、最坚决、最忠实、最热忱的空前的民族英雄。鲁迅的方向就是中华民族新文化的方向。

——毛泽东《新民主主义论》

当然,对毛泽东影响最大的还是马克思主义。毛泽东坚持马克思主义理论,并与中国的文艺实践相结合,产生了毛泽东文艺思想。在所有重大的文学理论问题上,毛泽东文艺思想都是和马克思主义文艺学一脉相承的,是马克思主义文艺学在东方传承的一个崭新的里程碑。在 20 世纪中国文学史上,毛泽东《在延安文艺座谈会上的讲话》(以下简称《讲话》)是一部极其重要的文艺理论著作,具有指导文艺实践的权威效用,成为中国共产党制定文艺政策的理论依据,指导着文学生产研究乃至我们的情感思维方式,时至今日仍作为重要的精神遗产发挥着巨大的影响。《讲话》不仅是毛泽东文艺思想的集中体现,也是马克思主义文艺理论中国化走向成熟的重要标志。艰苦的环境中,中国共产党领导着人民大众在文化方面取得了相当宝贵的发展经验。文艺是时代的产物,反映了一定时期的政治、经济、社会状况。延安文艺以抗战救亡为主题,服务于最广大的人民群众,与当时社会发展步伐密切相连,它的广泛传播为革命摇旗呐喊,激励着广大人民投身于革命的斗争中,与救国图存、人民解放的时代旋律相呼应。文艺作品是人类精神价值的体现,包含人类的审美理想,具有独立的价值。大批经典文艺作品,涉及小说、诗歌、戏剧等各种文学体裁,如《小二黑结婚》《王贵与李香香》《兄妹开荒》《白毛女》等将人民大众的生活和当时革命斗争紧密相连,真实反映了战争环境下中国的社会状况,给人民大众以革命必胜的信心和鼓舞。无论在何种条件与环境下,"党的领导是社会主义文艺发展的根本保证。党的根本宗旨是全心全意为人民服务,文艺的根本宗旨也是为人民创作"。(习近平,2015)这一点是始终保持不变的。坚持党的领导是营造和保障文艺发展的良好环境的根本。经济的繁荣、政治的稳定是文艺发展的基础,而走适应时代发展、符合文艺自身发展规律的道路则为文艺传播与持续发展提供了保障。新时期以来,中国社会状况发生了巨大变化,处于一个多元思想杂汇交融、文化观念大碰撞的时代,人们的价值取向、思想观念、精神心理等意识形态领域受到多种价值观念的影响。其中,文艺作为社会上层建筑中的意识形态层面,在当今的社会环境下,更应具有强烈的社会责任感,其所肩负的营造良好和谐的社会环境、增强社会凝聚力的社会责任依旧不容忽视。社会主义文学应该始终坚持走民族的科学的大众的路线,坚持为群众服务、为社会服务。

90年代以来,随着西方文艺理论在中国的引进和传播,诸多新的理论和方法融入到毛泽东文艺思想的实践中,有力地促进了中国特色文艺思想的深入发展。马克思主义文艺学来到中国,依据中国不同时期的历史条件,在文艺实践中渐渐中国化,形成具有中国特色的文艺思想。中国文艺思想按照马克思主义文艺学的基本思想,向着繁荣、健康和更加切合中国实际的方向前行,取得了伟大的成绩。马克思主义文艺思想在文艺领域的指导地位,推动了传统文艺的发展繁荣,建立了社会主义的意识形态,同时也进一步明晰了文艺发展的客观规律,理清了文艺与政治的辩证关系,坚定了"双百"方针的正确引导。

新时代,中国特色的马克思主义文艺思想得到了进一步提升,提出了一切以人民为中心的文艺创作导向。人民是文艺创作的表现主体,文艺要扎根人民,取材于现实,积极反映人民生活、表达人民心声;文艺创作是为人民服务的,文艺要鼓舞人民、启迪人民、引导人民、教育人民；人民是文艺作品的评判主体，要把对文艺作品的裁判权和审度权交给人民，让人民来鉴赏，让人民来评论。新时代马克思主义文艺创作要紧紧围绕"以人民为中心的创作导向"，勇于探索、力戒浮躁，创作出具有中国立场、中国风格、中国价值、中国情怀的伟大作品。当今世界各国交往频繁，全球化程度日益加深，这种国际环境也为中国文艺思想提供了更多元素，文艺工作者要讲好中国故事、传播好中国声音、阐发中国精神、展现中国风貌，让外国民众通过欣赏中国作家、艺术家的作品来深化对中国的认识、增进对中国的了解。

　　从本章中西文艺思想的发展历程可以看出，人类社会的交流互鉴从未停止过。在不断向外求索、向内发掘的过程中，中国形成了符合自己国情的文艺思想。中国特色文艺思想的形成并非一日一时之功，而且依然在成长发展的路上。它虽然植根于坚实的五千年文艺思想，但其中包含了佛经翻译带来的诸多影响；同时，不同时代的文人志士大胆吸纳西方文艺思想的精华，辩证融入本土文化思想。文艺思想的成长历程离不开翻译活动，而翻译活动也无时无刻不受到文艺思想的影响。这正是本书希望凸显的要义所在。

第三章 救亡图存看世界

晚清民初是中国历史发展中巨变的时期,这个时期既迥异于此前的任何朝代,堪称"三千年未有之变局";又与此后中国历史的发展密切相关,甚至可以说,其后中国历史的很多方面都是由那个时期决定的。在这个特殊的历史时期,中国被全方位卷入全球化旋涡之中,中国逐渐开始以一个民族国家的身份融入世界,从而带来了政治、经济、文化乃至意识形态方方面面的变革。中国先进知识分子更加关注国家和民族的命运,爱国保国报国成了他们的历史使命。他们把翻译当作拯救国家的途径,成为翻译活动的主力军。他们的文艺思想自然和救国强国联系起来,具有革命意义。

第一节 支离破碎的晚清民初

1840 年 4 月,帝国主义对中国发动了鸦片战争,使原本已经垂垂老矣的清政府雪上加霜,清朝统治力量开始衰落,西方列强通过武力获得在华利益。第二次鸦片战争使得清朝统治危机进一步加深,接二连三地被套上不平等条约的绳索,近代中国沦为半殖民地半封建社会。当时,小农经济虽然占据主导地位,但是随着西方列强的入侵,小农经济逐渐瓦解,资本主义开始缓慢萌芽,中国逐渐卷入资本主义世界市场。晚清时期,西方资本主义入侵进一步深化,列强在华设厂,洋务派创办企业,还出现了一批商办企业。中国出现了民族资本主义,也是中国社会经济发生重要变化的一个标志。洋务运动在一定程度上使清朝的国力得到短暂恢复和增强。在国内外双重压力的逼迫下,农民阶级发起了太平天国运动和义和团运动,严重打击了清王朝和西方列强。虽然在反帝反封建的过程中,中国农民是斗争的主力军,如太平天国农民革命战争和义和团反帝爱国运动就曾沉重地打击了帝国主义和封建势力,但因为没有无产阶级的领导,革命并不彻底,最终只能走向失败。从鸦片战争到1894年的甲午战争,中国逐渐沦为半殖民地、半封建社会,民族危机和国内的阶级矛盾日益加深。

甲午战争后,帝国主义加大向中国的资本输出和商品输出,进一步破坏了中国自给自足的自然经济,扩大了中国的商品市场和劳动力市场。甲午战争的失败和帝国主义瓜分中国的严重危机,促使了人们的觉醒。晚清时期的文化发生了转变,开始冲破封建主义的束缚,向西方学习并一步步探索。一批由官僚、士绅、商人和知识分子转化而来的资产阶级,纷纷提出设厂、开矿、自办铁路的要求,以抵制外国的经济侵略。《马关条约》准许外商在中国自由办厂,所以清政府也没有理由禁止本国商人投资新式企业。清政府工商政策的转变,进一步刺激了民间投资的积极性。鉴于此,中国出现了兴办工业的浪潮,民族资本主义得以初步发展。1898年(农历戊戌年),以康有为为首的改良主义者通过光绪皇帝推行资产阶级政治改革,史称"维新变法",变法103天后,在守旧势力的联合绞杀下,维新变法失败,但是这是中国近代史上一次重要的政治改革,也是一次思想启蒙运动,具有非常重要的作用,不仅促进了中国人思想解放,加速了腐朽势力的瓦解,同时也推动了社会进步和发展。

然而,新兴的中国资产阶级先天不足、后天亏损,又同帝国主义和封建势力有着密切联系,具有天然的软弱性和妥协性,因此并没有能力完成革命任务。随着中国资本主义的发展和革命运动的深入,一部分商人、地主和官僚投资新式工业,希望通过实业来救国。中国近代新经济和新的政治力量的发展,反映在观念形态上,产生了新文化,出现了反帝反封建的新文化运动。随着资本主义的形成,资产阶级改良运动在观念形态上形成了资产阶级新文化的启蒙思潮,改良派的启蒙思想同封建主义思想展开了一次大论战。资产阶级维新派与封建顽固势力围绕要不要变法,要不要兴民权、实行君主立宪,要不要提倡西学、改革教育制度,进行了一场激烈论战。这是资本主义思想同封建思想的一次正面交锋,形成了中国近代第一次思想解放潮流,为资产阶级改良运动做了舆论准备。维新变法时期,资产阶级改良派康有为、谭嗣同、严复等人都比较系统地提出了自己的哲学思想,标志着近代资产阶级哲学开始形成。改良运动破产后,到了 20 世纪初,中国民族资本主义开始初步发展,形成了资产阶级和小资产阶级革命思潮,为资产阶级革命做了舆论准备。资产阶级革命派孙中山以进化论为特征的哲学思想,达到了较高水平。1911 年 10 月 10 日辛亥革命爆发,在孙中山的领导下,革命风暴席卷全国,清朝统治迅速崩溃,次年 2 月 12 日末代皇帝溥仪被迫颁布退位诏书,结束了自 1644 年入关以来清朝长达 268 年的统治。然而,革命的胜利果实被袁世凯等复辟派篡夺,刚刚建立的中华民国再次陷入军阀混战时期,国家岌岌可危,民不聊生。

在旧民主主义革命过程中,曾涌现出一批先进的思想家和革命家,他们在传播资产阶级民主主义思想的同时,对自然和人类社会以及人的认识能力进行了解释,建立起中国近代资产阶级哲学,反映了新兴资产阶级反封建的要求,他们中的绝大多数是进化论的拥护者,同时又受近代西方自然科学和唯物主义的影响。在俄国十月革命的鼓舞下,爆发了伟大的五四运动,出现了新文化运动的高潮。新文化运动以民权、平等和达尔文的进化论为指导思想,以民主、科学为主要内容。新文化运动动摇了封建正统思想的统治地位,在社会上掀起一股思想解放的新潮流。新文化运动在中国传播了科学社会主义思想,在马克思主义的引导下,开展了彻底的不妥协的反帝反封建文化的斗争。李大钊、陈独秀等人在俄国十月革命和五四运动的启发下,先后接受了马克思主义唯物史观。马克思主义在中国传播的同时,西方资产阶级哲学,如杜威等人的实用主义、马赫的实证主义、罗素等人的新实在论、柏格森的生命哲学、叔本华的唯意志论、尼采的超人哲学等,也陆续传入中国。这些思想不同程度影响了翻译家的翻译作品和风格。

第二节 中西文化交流先驱——陈季同

他指示我文艺复兴的关系,古典和浪漫的区别,自然派、象征派和近代各派自由进展的趋势;古典派中,他教我读拉勃来的《巨人传》,龙沙尔的诗,拉星和莫理哀的悲喜剧,白罗瓦的《诗法》,巴斯卡的《思想》,孟丹尼的小论;浪漫派中,他教我读服尔德的历史;卢梭的论文,嚣俄的小说,威尼的诗,大仲马的戏剧,米显雷的历史;自然派里,他教我读弗劳贝、佐拉、莫泊桑的小说,李尔的诗,小仲马的戏剧,泰思的批评;一直到近代的白伦内甸的《文学史》和杜丹、蒲尔善、佛朗士、陆悌的作品,又指点我读法译本的意西英德各国的作家名著。

——曾朴《致胡适的信》

他身着漂亮的紫色长袍,高贵地坐在椅子上。他有着一副饱满的面容,年轻而快活,面带微笑,露出漂亮的牙齿。他身体健壮,声音低沉有力又清晰明快。这是一次风趣幽默的精彩演讲,出自一个男人和高贵种族之口,非常法国化,但更有中国味。……听众情绪热烈,疯狂鼓掌。

——罗曼·罗兰《罗曼·罗兰高师日记》

这个黄种人和"西方的真正英雄"以纯粹的法语说道:"我们有力量从你们那里拿走我们需要的东西,你们在物质文化的全部技术,但我们却不要你们的任何信仰,思想或者爱好。我们只爱自己并且推崇强力。我们不怀疑我们的力量,他比你们的力量要强大些。你们筋疲力尽了,在无休止的试验中,而我们,却要用你们实验的成果来强大我们自己。我们为你们的进步感到高兴,但我们并不参与其中,我们也不需要这样做。你们已经准备好了一切我们为了征服你们所需要的方法。"

——哥尔维策·海因茨《黄祸论》

1904 年,他曾以中国问题为题材用法文写成一部轻喜剧《英雄的爱》,毫无疑问,这是对法国文学的一个贡献。

他是巴黎文艺沙龙受欢迎的人,他用法语把许多富有魅力的中国民间风俗和文学作品介绍给法国人。

——法国当代学者巴斯蒂女士

一、个人生平及成果

陈季同(1851—1905),福建侯官(今福州)人,字敬如,也作镜如,号三乘槎客,英文名 Tcheng Ki-tong。陈季同从小失去双亲,体弱多病,和弟弟陈寿彭一起寄人篱下,相依为命。他天资聪颖,好学不倦,在兄嫂的帮助下得以学习四书五经等中国传统文化知识。1867 年,16 岁的陈季同考入福州船政局前学堂,学习造船技术。该学堂又名法文学堂,因为这所学堂的教员大多为法国教师,讲课多数用法语,教材也多为法文版本。陈季同在学堂刻苦学习,打下了坚实的法语基础,也表现出了出色的外语天赋。虽然身在外语学堂,但是陈季同的中国文化功底也非常深厚,尤其精通《汉书》。1873 年,陈季同从福建船政学堂毕业,随后留校任翻译。1875 年 4 月 18 日,陈季同因学生时期成绩优异,毕业后在学校办公所工作表现突出,因而受到沈葆桢推荐,远赴欧洲,游历考察英、法、德各国,奉命寻觅购买合适的"机船""新机"再回国。1876 年春,日意格带领陈季同等 3 人回国。虽然陈季同这次初访英、法时间不长,但对欧洲已有了初步的感性认识。回国后,陈季同撰写了《西行日记》,进呈总理衙门,受到高级官员尤其是李鸿章的赏识,于是,陈季同得以升至参将并加封副将衔。1877 年,福州船政局选派 35 名学生赴欧洲学习,陈季同再次出访,这次是以文案身份同留学团一同前往。李鸿章有意将他培养成一名外交人才,特别提出要他学习律例和公法。陈季同到达法国后,与马建忠一起受命进入巴黎政治学堂学习,同时担任留学肄业局文案和使馆翻译。除了学习,身为文案的陈季同还协助出洋肄业局监督李凤苞一起照管留学生,后来又和马建忠、罗丰禄一起,被郭嵩焘任命为帮办翻译,负责拟订翻译往来的外交文书,随同公使出席各种公私社交场合并担任口译。在巴黎的一年多时间里,陈季同做了许多工作,如递交国书,到法国外交部呈送总理衙门照会,以武官身份和各国驻法武官一起佩刀骑马,参加规模盛大的阅兵式,参观万国奇珍会、兵器博物馆、天文馆、矿务学堂等活动,并陪同郭嵩焘前往德国参观克房伯兵工厂。这些经历都让陈季同眼界大为开阔,思想更为活跃开放。平日里，陈季同喜欢读报纸，关注法国经典作家及其作品，尤其敬仰法国剧作家莫里哀，而且自称是"莫里哀的弟子"。此后，陈季同又跟随驻德公使李凤苞赴德国柏林就任。到德国两个月后，他就加入了由各国驻德外交人员和德国官员组成的葛西努俱乐部，并从中了解欧洲的政情军机、经济状况以及社会民意。此后，陈季同升任驻德国及法国参赞，代理驻法公使，同时兼任比利时、奥地利、丹麦、荷兰 4 国的参赞。国外从政的经历和背景使陈季同除了法文造诣极高之外，还精通英、德、拉丁文，并对法国文学、法典和欧洲社会有了较深的了解。在柏林的 6 年中，陈季同因个人能力和人际交往魅力受到了德国上层的欢迎，颇受德国皇帝弗里德里克的赏识，二人还曾一同骑马、散步，并一起讨论对社会科学、政治经济以及文学的看法。陈季同与"铁血宰相"俾斯麦的关系也极为密切，在中法战争期间，还争取到俾斯麦对中国的暗中支持。1884 年，陈季同升任清朝驻法国使馆参赞，协同李凤苞与法国外交部交涉。1885 年，陈季同通过蒙弟翁的协助，与法方代表秘密谈判，积极谋求结束中法战争。同年 8 月，陈季同被法国政府授予"一级教育勋章"，这在当时是一种非常珍贵的荣誉。19 世纪 80 年代始，陈季同开始创作，用法语写作出版了大量作品，向欧洲人民全景介绍中国的历史、社会、文化、家庭、娱乐与爱情等。陈季同的作品在很大程度上纠正了当时许多欧洲人对中国的歧视与污蔑，他自己还成了国际刊物的封面人物。1891 年，陈季同因私债问题被革职查办，不得已回国。一到福州，他就被逮捕押往天津。在这件事情上，陈季同不仅获得了法国舆论的支持，而且在李鸿章的帮助下最终还清了欠款。不久，陈季同又官复原职，被李鸿章委以重任。上任后，陈季同所做的第一件事就是勘测疏导永定河，建议在卢沟桥以上南岸建设减坝。中日甲午战争后，李鸿章指派陈季同赴台湾任布政使，和李经方一起与日本桦山大员商谈台湾交割日本事宜。陈季同到达台湾后，台湾人民誓死保台而不愿割地。陈季同甚为感动，于是，陈季同和丘逢甲等人决定采用民主体制"自主立国"，拒绝接受《马关条约》有关割让台湾、澎湖的条款。10 月 21 日，日本侵略军占领台南，台湾民主国遂告结束，历时 4 月有余。保台计划未果后，陈季同返回上海。虽然最后期望落空，但是其爱国精神令人钦佩。1897 年，陈季同与弟弟陈寿彭在上海合办《求是报》，以引进西学、倡导维新为主要内容，他一直担任翻译主笔，为维新运动的发展作出了贡献。晚年时期的陈季同,供职于南京江楚编译馆书总局,负责报刊的编辑和西书的翻译,主持编辑了《南洋官报》《南洋日日官报》等报纸,其志在于向国人传播西方新知识,开启民众的智慧,以挽救垂危的中华民族。同时,陈季同还积极地参与各种社会活动,1898 年支持创办中国首所女学堂——上海中国女学堂,发起成立戒烟公会,许多维新派人士与开明官员均积极参与其中。他的法国妻子赖妈懿也在学堂中任洋提调一职。陈季同的一生,在欧洲度过了 16 年,在法国的时间尤其长。因此,陈季同在欧洲认识了很多上流人士,结交了很多报刊的主笔和艺术家,领略了很多欧洲国家的风土人情,这大大拓宽了他作为一名外交官的文化视野。陈季同笔译活动十分丰富,他将大量中国古诗与传奇故事译成了法文,还将部分法国法典与小说译为中文。他先后为五位驻欧公使及一位访欧专家担任口译,在外交口译历史上几为空前绝后之记录。此外,他还在翻译的不可译性(尤其是译诗)及翻译忠实性两个方面,提出了自己的看法。陈季同从事翻译活动三十余载,是一位出色的外交家、翻译家。精通外国文学与中国文学的陈季同成为中国比较文学的先驱,也是以法文写作与译介中国优秀文学的第一人。1905 年,陈季同去世,终年仅 54 岁。

陈季同是一位紧随时代步伐的、积极向上的、进步的民主政治思想家,同时他也是一位旅欧多年、经验丰富的外交官,是当时我国不可多得的外交人才。他的一生充满对祖国无限的热爱,这种爱使陈季同时刻心系祖国维护祖国的利益,时刻为祖国的富强与摆脱列强的侵略而奋斗。身受中西方文化熏陶的陈季同,既表现出对中华民族传统文化的挚爱与忠诚,也表现出对西方先进文化的向往与追求。他在政治上追求政治民主化,但又割舍不了对清王朝最高统治者的拥护之情,割舍不了对封建传统的固守之情。在文化方面,陈季同认识到中国传统文化教育的落后性,主张文化教育的目的是要培养适应社会发展所需要的人才。此外,陈季同还主张各民族文化之间应和平交流、不断融合,共同为世界文明的发展而贡献各自的力量。在经济方面,陈季同对晚清时期的传统商业模式表示担忧,同时指出教育模式的落后性导致经济人才的不兴,直接导致经济商业的落后。因而,他主张清政府应向西方学习,引进西方先进科学技术、商业模式、文化教育甚而政治制度等内容,以此来发展我国的经济,使之繁荣与富强。作为经验丰富的外交家,陈季同依据当时的国情与国际形势,提出了"不卑不亢"的外交理念。在爱国心的感召下,为了国家和民族的利益,陈季同与外国列强据理力争,在外交上做到了"不卑不亢"。他的一些外交理念和行为,在一定程度上已经流露出现代国家之间的交往理念与行为。同时,针对腐朽的清政府表现出的"自大盲目"与"惧外媚外"外交思想和行为,陈季同也不吝批评。作为一位和平主义者和民族主义者,陈季同十分反对西方国家暴力侵略其他弱小国家的行为,他希望各个民族之间能够和平共存,中西方国家和民族之间应该摒弃战争、消除误会,相互合作、共同努力,利用各个民族的优秀文明成果,造福于人类。

鸦片战争以后,"天朝上国"失去昔日的光辉,中国与世界的关系和实质都有了深刻的变化。清政府闭关锁国的大门被西方列强用坚船利炮强行打开后,作为西方近现代文明发展中心之一的法国及其思想文化开始通过不同路径进入中国。于是中法之间的文化交流也在冲突和融合中展开。伴随法国传教士在中国传教,法国宗教及非宗教文化也开始进入。但是,由于中国传统文化对外来宗教有着天然的强烈排他性,传教士们传播福音、发展教徒的过程并非畅通无阻,于是他们发现除传播宗教精神外,若要吸引民众、强化自身的影响力,必须辅以其他方式,如兴办慈善机构、学校和医院等,所以他们不仅带来了先进的西医科学,同时,也带来了先进的医院制度和医疗教育,他们认为这样才能实现传教的目的。西学东渐过程中,各类先进人士对法国文化的译介对中国主流文化影响更为重要。随着中法交流规模不断扩大,19 世纪中叶,法国涌现出一些著名的汉学家。但是,由于语言障碍和文化误读,传教士对中国的了解和认识有很大的局限性和片面性,当时只有一小部分法国人了解中国的思想文化,大部分法国人还普遍存在认识误区,觉得中华民族是一个堕落的、不道德的民族;中国人非常邪恶、残酷,在各方面都很下流。在此背景下,陈季同作为晚清外交官,开始了他在法国的外交生涯。同时,作为中法文化交流的使者,他开始撰写出版一系列法文著作,在法国产生了深远的影响。1884 年,陈季同出版了《中国人自画像》,产生了不同凡响的轰动。陈季同与法国政治家甘必大交往密切,甘必大十分欣赏陈季同的才能。在甘必大的推荐下,陈季同结识了许多法国社会名流,如法国经济学家勒普来、法国剧作家拉比什。受拉比什的影响,陈季同尝试运用西方戏剧形式进行创作,于 1904 年出版独幕轻喜剧《英勇的爱》。此外,还写作了《中国人的戏剧》《中国故事集》《中国人的快乐》《黄衫客传奇》《巴黎人》《吾国》等法文著作,比辜鸿铭要早二十年,也比林语堂早了将近半个世纪。陈季同的法文著作并不拘泥于一种文体,戏剧、小说、随笔等体裁都有涉及。为了增加法国读者的阅读兴趣,他用非常法国化的叙述来讲述中国文化的内容,用轻松幽默的语调议论中西文化的差异,以自己独特幽默的语言魅力征服了许多西方读者。

二、陈季同翻译观及文艺思想

两次鸦片战争后,西方列强在从中国攫取了庞大的政治与经济利益,曾经向往这个古老文明的国度,如今却将这个国家踩在脚下肆意蹂躏。陈季同长期生活在欧洲,更能深刻地了解到西方列强对于中国的蔑视。西方列强认为中华民族在各方面已经堕落成一个腐朽的、道德败坏的民族。陈季同意识到这是闭关锁国的恶果,认为应该先去除隔膜,因此提倡大规模的翻译,包括将国外的名著通过翻译引进国内,同时将中国的重要作品、中国文化介绍到国外,让西方真正了解中国,以期消除国外普通民众对中国的偏见和误解。于是,陈季同尝试将清代著名短篇小说集《聊斋志异》中的《青梅》《香玉》《辛十四娘》等 20 余篇故事译成法文。

陈季同认为《聊斋志异》中的故事虽然短小却生动有趣,最能完整体现一个国家的风俗习惯,能完美地表现一个民族的内心生活和愿望,也能表现出一个民族理解幸福的独特方式。于是,1884 年,他以《中国故事》的名字出版《聊斋志异》译本,受到法国民众的欢迎,并于次年转译成英文在伦敦出版。陈季同还尝试向西方介绍中国传奇类小说,将在中国脍炙人口的唐代传奇小说《霍小玉传》进行加工,改写成欧式长篇小说《黄衫客传奇》进行发表。除了将中国文学译介到西方外,陈季同还用法文创作了许多作品,如 1884 年的法文版《中国人自画像》全面涵盖中国人家庭、宗教与哲学、婚姻、妇女、祖先崇拜、社会阶层、育婴堂、教育、《诗经》、古典诗歌等生活各方面,将中国社会和生活直接呈现在西方读者面前,以期西方能够更好地了解中国、中国人以及中国文化。为便于西方理解和接受,陈季同在描述中国人的习俗时,突破性地运用西方人的思维方式和思维习惯进行创作,鲜明地表达了对于中国的爱戴之情，也对西方的一些习俗进行了批评，并指出西方与东方文明之间的异同。陈季同本人也是一位优秀的诗人，熟稔中文与法文的他在书中还专门介绍了《诗经》和唐诗。他也因此成为最早向西方介绍中国诗歌的中国人。1890 年，陈季同在《中国人自画像》的基础上，将其中的《娱乐》一章进行颇为详尽的描写，专门出版《中国人的快乐》一书，将中国人传统的端午、中秋、过年等节日介绍到西方，并对中国人的娱乐活动及仪式，如风筝、灯船、园艺、狩猎、垂钓、赛诗、弈棋、茶会、毽子、投壶等进行了详细的描写。1896 年，陈季同出版《中国戏剧》，用法文向西方介绍中国传统戏剧的内涵和精髓，对中国戏剧的历史、种类、角色、表演方法等进行系统、生动、风趣的解说，并从多方面将中国戏剧与欧洲戏剧进行比较，为西方研究中国戏剧提供了重要的参考。此外，陈季同还发表了《我的祖国》《中国人笔下的巴黎》《英雄的爱》等多篇法文作品，不愧为近代以来把中国文化用外国文字介绍给西方的第一人，为西方带来真实而丰富多彩的中国文明。

陈季同前半生长期生活在欧洲，致力于将中国文化传播介绍到西方的工作。回国后，陈季同开始将西方的文学，尤其是法国文学，通过翻译引入中国。他决定将法国的《拿破仑法典》翻译成中文，以帮助当时的国人了解西方法律。从《求是报》创刊号开始，陈季同便锲而不舍地连载其所翻译的法典，包括《法兰西民主国立国律》《拿破仑齐家律》《法兰西报馆律》等共计 12 篇法典。这是中国人第一次尝试独立翻译《拿破仑法典》，在当时颇具影响力。除了法律方面的著作，陈季同还翻译出版了大量法国的名家名作，如法国著名浪漫主义文学运动代表作家维克多·雨果的《九十三年》等，连载法国作家贾雨的半纪实性长篇小说《卓舒及马格利小说》、剧作家莫里哀的《夫人学堂》、法国自然主义文学流派领袖左拉的《南丹与奈依夫人》等作品。在陈季同的教诲影响下，其弟子曾朴也走上了研究翻译法国文学的道路，并将陈季同尊称为法国文学的导师、我国研究法国文学的第一人。

《黄衫客传奇》是陈季同以唐代蒋防的《霍小玉传》为蓝本创作的一部长篇小说，讲述了李益与小玉的爱情悲剧。原著《霍小玉传》是一篇三千多字的短篇小说，陈季同深受欧洲文学的影响，将其改编为 150 页的长篇小说《黄衫客传奇》。原著《霍小玉传》主要讲述陇西书生李益和艺伎霍小玉相恋相爱的故事，李益考中状元后,在母亲的安排下迎娶名门望族的卢小姐。霍小玉痴情等待李益几年,最终李益在黄衫客的挟持下被带去,小玉悲愤交集,怒斥李益,一个美丽多情的女子就此香消玉殒。而李益也活在小玉的诅咒报复中,终不得安生。陈季同对文中的人物性格和故事情节做了很大的改动。《霍小玉传》里的男主人公李益是个"虚词诡说、日日不同"的负心汉,他前后不一、寡情薄义促使霍小玉走向死亡。而《黄衫客传奇》中的李益变身为一个善良真诚但被母亲逼迫得身不由己的软弱男子。李益性格软弱、优柔寡断,在母亲的严厉逼迫下,最终和霍小玉双双死亡,成为发人深思的悲剧,作者对封建婚姻制度和家族制度进行了强烈控诉,歌颂了两个人忠贞而又唯美的爱情。该书不仅是陈季同对传奇小说的译介,同时也是一次成功且有新意的再创作。

例1

原文:Nankin, capitale de la Chine, présentait depuis quelques jours une agitation extraordinaire. On était au commencement du printemps, dans cette charmante saison, pendant laquelle l'Asie lointaine se pare de mille fleurs aux formes étranges, aux brillantes couleurs.

Sortis en foule de la ville remuante et pleine de bruit, les promeneurs s'étaient répandus dans les campagnes, sur les rives verdoyantes du Yangtzé - Kiang, véritable mer d'eau douce, où des milliers de voiles couraient comme des oiseaux blancs.

Contemplés du haut d'une colline, la ville et les environs présentaient un panorama d'une beauté incomparable. Le fleuve Bleu, large et calme, apparaissait comme un immense ruban de lapis-lazuli, incrusté dans le tapis vert des plaines cultivées.

Au centre de cette masse d'eau, dans une île, se dressait la cime arrondie du King-Chan, ou Mont d'Or, qui émergeait de son rideau de saules pleureurs, gigantesque corbeille de verdure.

Sur l'îlot, pas un mouvement, pas un bruit, qui rappelât la présence de l'homme. Parfois seulement on aurait pu entendre un murmure lointain, coupé, à intervalles égaux, par des sons métalliques:les bonzes priaient dans le monastère, construit au pied de la montagne, dont les cloches annonçaient aux fidèles l'office de Bouddha.

陈季同在《黄衫客传奇》的开篇描写了当时的首都——南京。风光明媚、繁花竞放的时节，走出熙攘喧嚣的城市，来到扬子江畔的郊野，大海般宽广的江水，数千帆船像白鸥一样在江水中起伏摇曳，从山岗向下俯瞰，江水壮阔而宁静，有如一条巨大的蓝色缎带，镶嵌在绿毯般的田畴之间。江水间浮起一座小岛，金山耸立其上，山间垂柳掩映，好似一只巨大而青翠的花篮。迷人的初春花红柳绿，煞是好看；小岛对岸，远处时而会传来悠扬的梵呗，钟声夹杂其中，那是山脚寺庙里的僧人在念经礼佛……陈季同仿佛一位画家，用尽其调色板中的所有色彩，勾勒出一副美不胜收的春景图，给读者展现了一个有山、有水、有寺庙的美丽中国城市。

例2

原文：Sur un fond de verdure, se dé tachait un portrait, dont l'original devait être remarquablement beau. C'était un homme assez âgé déjà, car de longs cheveux blancs encadraient son visage parfaitement régulier. Tous ses traits exprimaient en même temps une bonté parfaite et une énergie plus qu'humaine. Drapé dans une longue robe jaune et armé d'un arc et de flèches, il semblait darder sur le jeune homme ses yeux superbes et le regarder jusqu'au fond de l'âme.

Lorsque le chant cessa, Li – Ys'approcha de sa fiancée et lui exprima sa joie de lui avoir découvert une nouvelle qualité.

En se redressant, de nouveau il regarda, bien involontairement, le portrait.

《霍小玉传》中的黄衫客长相英俊、身手不凡、来无影去无踪、高深莫测，属于中国古代豪侠的标准形象，在无辜百姓有困难时，总能够挺身而出、行侠仗义。而陈季同笔下的黄衫客由豪侠转为虚无的想象。李益几次眼前出现黄衫客的幻影：李益被母亲逼着和卢小姐成亲拜堂时，在昏迷中觉得透过一层面纱，看到一张曾经微笑着的面容，而面容上却凝结着可怕的怨恨，此人正是黄衫客；当他心乱如麻、理不清思绪地被朋友逼着见小玉时，他仿佛又看到了黄衫客在前面指引着他们向小玉家走去；当他病倒救治无望时，黄衫客从天而至，同小玉一起出现，这时的李益好像解脱了似的死去了。黄衫客像座大山无形地压着愧对小玉的李益，只有死亡才能让李益从身体的折磨和精神的痛苦中解脱出来。例2中李益第一次见到黄衫客的画像，觉得那位老人的目光似乎一直在注视自己，直穿心灵。画中的男人身处绿茵间，这是一位上了年纪的男子，他身披一件黄袍，肩背弓箭，面容十分端正，在高大的白马衬托下，身形轮廓十分亲切，又比一般男人精力充沛。男子眼神傲然射向李益，好像一直要看穿他的心底。

《黄衫客传奇》是陈季同传播中国文化、增进中欧交流的重要成果，它用文学的方法交流，以美的情感、美的形象、美的语言感染读者，加强了作品传播的范围和效度。该书包含丰富的文化内容，涵盖海量的文化信息，让人在一部小说中看到大千世界，作者谙熟西方语言和西方文化，用欧洲人能够接受、乐于接受的方法来讲解中国，最大限度地消除了欧洲人对于中国文化的陌生和隔膜。《黄衫客传奇》是中国文学对外交流的一部示范之作。

例 3

原文:La salle était toute drapée de rouge et décorée de bannières flottantes, de même couleur. Sur les étoffes, on voyait partout des caractères ou des figures symboliques, représentant le bonheur et les félicités du mariage. Des panneaux de soie rouge envoyé s par des parents et des amis étincelaient d'inscriptions en lettres d'or, à l'adresse du premier élu et du jeune époux.

Partout des lampes suspendues, des lampions en verre de couleur à franges de perles et des lanternes en colle de poisson offrant l'aspect du verre dépoli, illuminaient toute la pièce.

La porte principale donnait sur la rue. Elle était grande ouverte, et l'on pouvait apercevoir à l'extérieur deux énormes lanternes de forme globulaire, qui, fixées sur la marquise, éclairaient la facade de la maison. Elles portaient en grosses lettres le nom de Li−Y et les titres du marié. Entre les deux, une étoffe tendue sur un cadre de bambou était découpée à sa partie supérieure, de facon à figurer trois sommets de montagnes qui portaient des images représentant diverses scènes de la vie de famille, ainsi que les caractères *bonheur, honneur et longévité.*

La première cour était remplie de chaises à porteurs, qui avaient amené là les invités.

Dans la deuxième, le cortège du vice-roi attendait la fin de la cérémonie et le départ du maître.Sur les galeries qui la bordaient de part et d'autre,on voyait,d'un côté,les musiciens,qui,au moment où l'époux entrerait dans la salle,devaient entonner la joyeuse mélodie connue sous le nom de *Félicitez te marié*.

陈季同在第十六节描写了李益的婚礼。虽然这场婚礼是在李益母亲的威逼下，以及李益神志不清的情况下举行的，但是整个婚礼的流程还是比较完备的。大厅中挂满红色绣金彩带，上写祝福和喜庆的话语。亲友送的红绸带上绣着光灿灿的金字，祝福状元及第与新婚之喜。明灯高悬，珍珠流苏五彩玻璃灯和鲤鱼戏水琉璃灯照得房间如同白昼。朝向街道的正门大开，门外挂着两只巨大的写有"李益婚礼"字样的圆形灯笼，灯笼中间竖写"福禄寿"，照亮了宅院正面。两只灯笼之间，在竹架上竖有彩布，上面是三座鳌山，绘有代表不同家庭生活场景的画面，还分别写着"福禄寿"。这段正面描写了中国婚礼的风俗习惯，侧面也对受封建家长包办儿女婚姻这一旧制度提出了质疑。风俗习惯反映的是一个民族的生活方式，是这个民族在长期的社会历史发展中逐渐形成的社会现象，它能反映出现实的社会关系、民族的精神气质。

陈季同改编蒲松龄的《聊斋志异》，在此基础上翻译出版了法文版《中国故事》，该书忠实于原著，准确刻画国人风貌和社会习俗，特别保留了小说主人公的性格和中国古典诗歌。在意译占主导的晚清时期，陈季同的翻译只是相对直译，加之他以文言文为译出语、法语为译入语，这决定了他在将文言文翻译为法语时无法做到"字对字"的直译。文言文言简义丰，语序和西文相差甚远，译为法语时需要更长的篇幅以解释和增添必要的内容，所以陈季同选择了简练的笔调，概括整合了非关键性的内容。

例 4

原文:Un soir,comme il venait de chanter une des plus belles pièces de son recueil,il apercut par le sabord,une ombre qui semblait se balancer en écoutant.Il n'attacha d'abord aucune importance à ce fait,mais l'ombre mystérieuse revenait toutes les fois qu'il chantait; en regardant attentivement par un beau clair de lune,il apercut une très jolie fille de son âge, qui se sauva en se voyant découverte.

《中国故事》目的在于引导西方了解中国人的性格与风俗,而非将原作内容事无巨细地展现,故此译者降低了译作的忠实程度,对非主要人物和内容作出了适当删改与合并。例4出自《白秋练》,女主人公为白鳍豚精,白鳍豚是中国特有的物种,现代法语一般表达为"中国海豚"(dauphin de Chine),生活在19世纪的法国人对这种生物相对陌生,于是陈季同将之译为西方小说中常见的"美人鱼"(sirène)。此外,诸如"真君""道士"等与道教相关的职业,陈季同借用基督教中"神甫"(prêtre)一词予以替代,避免欧洲读者理解困难。主人公慕蟾宫是商人之子,生性喜读诗书,常常月下吟诗,引来白鳍豚精秋练的爱慕。原著中,慕生经常见到窗外的身影,起初不以为意,后在某天月下吟诗时发现了白秋练。《中国故事》将这些情节合并到一晚(Un soir),将"辄见窗影憧憧"调整到事发当晚,并充分利用法语中从句和现在分词的表达方式,将动作全部集中到"他"(il)这一主语上,在不遗漏主要信息的前提下使叙事更为紧凑。

《中国故事》并非忠实的翻译,但也非完全的改编,而是介于两者之间,译者受语言、文学、文化和历史等影响,有选择地进行意译和改译。语言尽量贴近法语表达习惯,消减了原著中的异域性,反映了译者消除隔阂、建立"世界文学"的思想主张,避免优秀文学作品拘泥于语言和国别的不同,从而促进中西文化的交流与会通。长期的旅欧生活使陈季同倍加怀念祖国,试图通过译作重温少年时的美好岁月,重现祖国淳朴善良的风俗民情。同时,陈季同身为外交官,痛心于欧洲社会对中国的歪曲,力图反抗西方对中国大规模的诋毁。为避免误解、纠正偏见,他修改了《聊斋志异》中的部分场景,删减了原著中暗示社会黑暗和触犯西方文化禁忌的内容,带有明确的文化传播意识,承载着宣传中国经典文学和重塑国人形象的使命和期待。

在弱国无外交的晚清时期,陈季同用自己的声音向西方介绍中国,并以"矫枉"为重要方式,努力寻求如何与西方进行对话。作为中西文化交流的使者,陈季同开辟了中学西传的先河,成为了中西文化交流的典范,推动着该进程的进一步发展。同时,陈季同作为一名外交家,他无处不为国家利益考虑,并通过不懈的努力及独特的个人魅力,在一定程度上消除了西方对中国的偏见与傲慢,为中西文化交流及晚清中西关系作出了卓越的贡献。

第三节 不通外文的翻译家——林纾

我这一次发现自己宁可读林纾的译文，不乐意读哈葛德的原文。理由很简单那，林纾的中文文笔比哈葛德英文文笔高明得多。

林纾译书所用文体是他心目中认为较通俗、较随便、富于弹性的文言。它虽然保留若干"古文"成分，但比"古文"自由得多；在词汇和句法上，规矩不严密，收容量很宽大。

我们看得出林纾在尝试，在摸索，在摇摆。他认识到，古文关于语言的戒律要是不放松，小说就翻译不成。

林纾的翻译所起的"媒"的作用，已经是文学史上公认的事实……我自己就是读了他的翻译而增加学习外国语文的兴趣的。商务印书馆发行的那两小箱《林译小说丛书》是我十一二岁时的大发现，带领我进了一个新天地，一个在《水浒》《西游记》《聊斋志异》以外另辟的世界。

——钱锺书《林纾的翻译》

林琴南译的小说在当时是很流行的，那也是我所嗜好的一种读物。……他在文学史上的地位是不能够抹杀的。他在文学上的功劳，就如梁任公在文化批评上的一样。……林译小说中对于我后来的文学倾向上有决定的影响的，是 Scott 的 Ivanhoe，他译成《撒克逊劫后英雄略》。这书后来我读过英文，他的误译和省略处虽很不少，但那种浪漫主义的精神他是具象地揭示给我了。我受 Scott 的影响很深，这差不多是我的一个秘密。我的朋友似乎还没有人注意到这一点。

——郭沫若《我的童年》

林先生的新乐府不但可以表示他文学观念的变迁，而且可以使我们知道五六年前的反动领袖在三十年前也曾做过社会改革的事业。我们这一辈的少年人只认得守旧的林琴南，而不知道当日的维新党林琴南。只听得林琴南老年反对白话文学,而不知道林琴南壮年时曾做很通俗的白话诗,……这算不得公平的舆论。

——胡适《林琴南先生的白话诗》

"以彼新理,助我行文",这就是林纾西洋小说翻译的基本逻辑,显然,这种逻辑与中学为体、西学为用的精魂完全一致,可以说是古文为体、西稗为用。以古文为体,所以坚信古文;以古文为体,所以又感古文不足;以西稗为用,而目的仍在古文。当他理性地将古文的骄傲收拾起来,思考起怎样拯救古文命运的时候,西洋小说也就自然地由证明的力量,摇身变作拯救的力量。与之相应,西洋小说也就不仅可以看到古文,而且也可以高于古文。小说中有古文的影子,构成了拯救的基础;小说高于古文,则提供了拯救的可能。

——罗书华《作为救赎力量的林纾翻译小说》

一、个人生平及成果

林纾(1852—1924),福建闽县(今福州)人。幼时名群玉、秉辉,长大后字琴南,号畏庐,别署冷红生,晚年自称补柳翁、践卓叟。据说他在参加礼部试时始用林纾之名(邱菽园,1960)。林纾出生于一个小商人家庭,童年时家境贫寒,幸亏父亲林国栓经常随盐官去建宁办理盐务,才攒下一些积蓄得以买屋安置全家。林纾5岁时,父亲租了一艘船,在运盐途中不幸触礁,生意失败债台高筑。后来,林父只身一人赴台经商也遭遇亏损,至此,全家只能靠母亲和姐姐做女工勉强度日。林纾从小爱学习,但是捉襟见肘的经济条件根本无法满足他读书买书的愿望, 只能捡旧书或者借书抄读。1870年,林纾的父亲和祖母相继病逝,由于悲伤过度,林纾经常吐血,直至数年。弟弟林秉耀为补贴家用,也重走父亲之路,远赴台湾开始经商,谁料当时正值疫病流行,不幸染病身亡。听闻噩耗的林纾悲痛不已,接二连三的亲人离他而去。尽管身心俱疲,但贫病交加的他依然刻苦学习。

1882年,30岁的林纾中举,之后他一边读书一边赴礼部考进士,但七次考试屡试不中。1884年8月,法国军舰炮轰停泊在福州马尾港的中国舰队,致使福建水师死伤700余人,听闻此事的林纾在街头与朋友林述庵抱头痛哭。后来,钦差大臣左宗棠来福州督办军务,他又与朋友冒死拦道上书,控告昏官谎报军情。1895年,清廷签订丧权辱国的《马关条约》，他与朋友周仲辛又冒死拦下左宗棠递上状纸，控告船政大臣失职、谎报军情贻误战机。从这两件事情上可以看出林纾满怀爱国赤诚，丝毫不畏强权，不顾自己的个人安危，为国家为人民奔走呼号。此后，林纾又创作了许多抒发忧国情怀、讽刺时局腐败的诗歌。1898 年，林纾再次赴京参加礼部会试。期间，在好友李宗言的侄子李宜龚的引荐下，林纾与"戊戌六君子"之一的林旭会晤，并与高凤岐等人到御史台上书谏言，请清帝下罪己诏，并抗议德国侵占我胶州湾，但是三次上书均被驳回。同年六月，林纾前往杭州执教。不久，戊戌变法失败，林旭等"六君子"被杀，林纾得知消息后悲痛欲绝。

1901 年，50 岁的林纾举家迁往北京，担任金台书院讲习，在各校任教，受京师大学堂校长李家驹邀请，任教于京师大学堂，历任该校预科和师范馆的经学教员。1911 年，辛亥革命爆发，结束了清王朝数百年的统治。年近 60 的林纾无法理解辛亥革命之举，还没等完全适应，军阀混战又让他更加失望，他对革命越来越反感。林纾在辛亥革命后思想趋于保守，与他曾经接受维新变法的思想有很大关系。他一直对资产阶级改良运动抱有幻想，坚信改良运动才是救国的唯一道路。本就对辛亥革命不以为然的林纾看到中华民国建立后时局一直动荡不安，这使得他对革命更加失去了信心。1912 年，林纾被《平报》聘为编纂。此后在该报纸上发表了大量的诗文和译作，借此表达对时局的关注和担忧。林纾大力倡导用国货与外货抗衡，呼吁发展生产。例如，他提倡科学养蚕，设立女子养蚕学堂，培养养蚕人才，这充分体现了一介书生想通过实业来救国的梦想。1913 年，由于与京师大学堂的魏晋派不合，林纾辞去教职，在生命的最后十年里开始大量著书译作。

据说，林纾的翻译工作始于 1897 年。当时，林纾 46 岁，夫人刘琼姿病逝。夫妻二人感情颇深，爱妻离去使他终日郁愁寡欢。次年，朋友们为帮助他排遣愁苦，约他一起出游，并且介绍他认识了刚刚从法国学成归来的王寿昌（子仁）。这是他第一次听说小仲马《茶花女》的故事。在王寿昌的邀约和朋友们的鼓励下，他与王寿昌一起翻译了法国小说《巴黎茶花女遗事》。该书一经面世取得了巨大成功。此事极大地提高了林纾翻译外国文学作品的兴趣和信心，至此开启了他的翻译事业，并一发不可收拾。至于他的译作到底有多少，并无确凿依据可考。但是，林纾在近代文化史上的贡献不可磨灭,他最多、最集中地介绍了西方文学作品,是其他译者无可企及的。当然,林纾的翻译离不开他的口译合作者,现有的研究资料表明约有 20 人为其口述,其中参与小说翻译的共计 17 人,他们分别是王寿昌、魏易、陈家麟、曾宗巩、王庆骥、王庆通、李世中、毛文钟、严璩、林骐、叶于沉、力树萱、陈器、林凯、胡朝梁、廖绣昆、魏翰。没有他们,林纾的翻译就根本不可能实现。

翻译出版《巴黎茶花女遗事》后不久,林纾与学生林长民等人在杭州创办《译林》月刊,1900 年 12 月 22 日,林纾为该刊写的序中明确表达了自己的翻译思想:

今欲与人斗游,将驯习水性而后试之耶?抑摄衣入水,谓波浪之险可以不学而狎试之,冀有万一之胜耶?不善弹而求鸮灵,不设机而思熊白,其愚与此埒耳!亚之不足抗欧,正以欧人日励于学,亚则昏昏沉沉,转以欧之所学为淫奇而不之许,又漫与之角,自以为可胜。此所谓不习水而斗游者尔!吾谓欲开民智,必立学堂;学堂功缓,不如立会演说;演说又不易举,终之唯有译书。

——林纾《译林叙》

林纾以游泳为例,提出学习的重要性。然后比较了中西方不同的学习现状,欧洲人发奋图强,而亚洲人却混沌昏沉,不仅不思进取,盲目自大,对欧洲人嗤之以鼻,就像"不习水而斗游者"一样愚蠢。他认为如果想"开民智",必须办学校,而办学校耗时太久,不如演说宣讲,而演说宣讲欧洲先进知识必须通过翻译才能实现。

呜呼!今日神京不守,二圣西行,此吾曹衔羞蒙耻、呼天抢地之日,即尽译西人之书,岂足为补?虽然,大涧垂枯,而泉眼未涸,吾不敢不导之;燎原垂灭,而星火犹嚼,吾不能不然之!

——林纾《译林叙》

这段极富激情的表述流露出他强烈的爱国热情。他希望以个人之力"广译东西之书",虽然大河几近干涸,但是他依然要尽力去疏导还未枯竭的泉眼;虽然燎原大火即将熄灭,但他绝不能听之任之,必须复燃星星点点之火星。这是文弱书生对救亡图存最直接的践行。从这篇序文以及其他大量的译作序跋中,我们可以看出林纾的翻译活动并非学界所认为的那般肤浅,即仅为分散对亡妻的思念之痛。林纾作为近代翻译家,一直强调爱国与救世是翻译的社会功能,而且在作品的选择上,也体现了他对国家兴亡的关心,例如他在 1901 年 9 月所译的《黑奴吁天录》就是希望国人通过黑奴的悲惨遭遇,引以为戒,并能振作士气,为爱国保种贡献自己的一份力量;《撒克逊劫后英雄略》是专门为黄种人所译,目的是唤醒人们的敬畏警惕之心。

光绪三十二年六月六日(1906 年 7 月 26 日)为《雾中人》写的译序中,他写道:

余老矣,无智无勇,而又无学,不能肆力复我国仇,日苞其爱国之泪,告之学生;又不已,则肆其日力,以译小说。其于白人蚕食斐洲,累累见之译笔,非好语野蛮也。须知白人可以并吞斐洲,即可以并吞中亚!

他希望中国人能拿起武器,甚至希望自己的译作能让国人当成一本兵书去读,因为这本书中记述了不少行军作战的实例。直至辛亥革命以后,虽然他渐趋消沉,但在 1913 年 2 月 2 日发表的《译叹》一文中仍说:

呜呼!《译叹》何为而作也?叹外人之蔑我、铄我、蹂践我、吞并我。其谬也,至托言爱我而怜我,谋遂志得,言之无检,似我全国之人均可儿侮而兽玩之。呜呼,万世宁可忘此仇哉!顾不译其词,虽恣其骂署轻诋,吾人木然弗省,则亦听之而已。迨既译其词,讥诮之不已,加以鄙啰;鄙骂之不已,加以污蔑;污蔑之不已,公然述其瓜分之谋,而加我以奴隶之目。呜呼! 此足咎外人乎? 亦自咎耳!

——林纾《译叹》

他认为,只有通过翻译外国作品,才能让国人了解列强的凶恶与阴谋;而外国之所以敢欺负我们,就是因为我们不了解对方,忽视了翻译的作用。当然,林纾过分夸大翻译的社会功能,并未找到正确的救国道路,但他将翻译工作视为爱国的“实业”的思想,是十分可贵的。

二、林纾翻译观及文艺思想

从林纾翻译作品可以看出,小说翻译已经不仅仅是林纾个人文学活动的一部分,更是他作为晚清文人的一种爱国壮举。他将翻译看作“实业活动”,希望通过文字可以经世济民,这一点恰好体现了他是支持维新变法的,希望通过改良与实业来救国,希望自己的译作能够获得激劝人心、改良社会的实际功效。这种寄希望于小说翻译以致用的实业思想,作为林纾的一种自我价值定位,同近代由龚自珍、魏源等发扬光大的经世致用的文艺思潮有密切的联系。林纾翻译西方小说对中国近现代文学发展产生了重要影响,也进一步奠定了他在近现代文学史上的地位。林纾促进了西方文学在中国的传播,为文学转型提供了助力。他在中西文化碰撞中的文化选择体现出自己的文艺立场,在介绍外国文学时结合了世界文学视野与民族文化思想,他的大部分翻译作品都蕴含着热烈的爱国主义思想。林纾生活的年代正是新旧交替的历史时期,林纾一方面受过传统封建教育的洗礼,另一方面又掺杂了积极进步的改良主义思想。虽然林纾的思想在今天看来带有明显的落后特征,然而林纾毕竟继承了屈原、杜甫、范仲淹等中国古代优秀知识分子的文艺思想传统,拥有最朴素的爱国主义情怀,对待国家和人民可以舍生忘死。

林纾将西方文学引入中国,为促进中国的发展作出了不可估量的贡献。他让中国知识分子和一些一流作家有机会接触到外国文学并鼓励他们学习外国文学,以促进本国文学的发展。自从林纾译本出现以来,对林纾的翻译文学提出了许多批评,但是在那个年代,他的作品非常受欢迎。

任何翻译活动都必须服务于社会,使社会受益。因此,社会效益是检验翻译的意义、翻译的质量和翻译的价值的标尺。在这个前提下,我们就可以确立以下原则:(一)目的语的可读性原则;(二)目的语的文风时尚性原则;(三)目的语的文体适应性原则。

——刘宓庆《新编当代翻译理论》

林纾的翻译文学为当时的民众呐喊,服务劳苦大众,提倡"兴女学",批评种种歧视、戕害妇女的行为,林纾在反思国家落后的原因时,发现女性问题也是强国保种的重要组成。他选译了许多言情小说,希望可以借此唤醒女性的反抗精神,倡导女性女权,但是他也呼吁要有客观冷静的态度,不能将某些恶习当成女子解放的体现。例如,《巴黎茶花女遗事》在短时间内被重印了几次,严复甚至评价"可怜一卷《茶花女》,断尽支那浪子肠",道尽该书在清末民初的受欢迎状况。

例1

英文:The hair, black as jet, waving naturally or not, was parted on the forehead in two large folds and draped back over the head, leaving in sight just the tip of the ears, in which there glittered two diamonds, worth four to five thousand francs each.

译文：修眉媚眼，脸犹朝霞，发黑如漆覆额，而仰盘于顶上，结为巨髻。耳上饰二钻，光明射目。

根据原文，我们可以发现并没有提到 Marguerite 的眉眼和面颊，译者却补充了"修眉媚眼""脸犹朝霞"，这2个额外添加的四字词使得读者眼前一亮，仿佛一位中国古代美女婀娜多姿跃然纸上。"black as jet"一句，"jet"指"用来制作珠宝的黑色硬石"，而在汉语里形容黑色多用"漆黑"，这一点充分体现出中西方思维的差异在语言描述中的反映，如果林纾忠实地翻译了"黑石头"，那中国读者可能根本无法联想到黑石头的美，因此译者按照汉语习惯译为"发黑如漆"，这样的译文更符合中国的审美标准和传统诗学，"worth four to five thousand francs each"一句省去未翻，耳环的价值并不会增添或减少 Marguerite 的美，反而言简意赅地为读者刻画了一位美人，表现了一种非常细腻的中国美。

例2

法文：Elle était élégamment vêtue; elle portait une robe de mousseline tout entourée de volants, un châle de l'Inde carré aux coins brodés d'ore et de fleurs de soie, un chapeau de paille d'Italie et un unique bracelet, grosse chaîne d'ore dont la mode commencait à cette époque.

英文：She was elegantly dressed; she wore a muslin dress with many flounces, an Indian shawl embroidered at the corners with gold and silk flowers, a straw hat, a single bracelet, and a heavy gold chain, such as was just then beginning to be the fashion.

中文：丽人著单缣衣，轻情若披云雾，上覆肩衣，以金缕周其缘，杂花蒙焉。用意大利草织为冠，腕上宝钏缺口，络以金链，光华射目。

与林纾译文相比，英文版更加忠实于法文原著，究其原因是英国和法国之间的文化差异较小。而在中文版本中，我们可以找到当时中国读者所熟悉的服饰和饰物，如"缣衣""肩衣""金缕""宝钏"等。英文版的最后一词"fashion"在今天看来是非常熟悉的词"时尚"，但在当时的年代，并没有出现该词的对等译文，包括林纾本人在内的中国读者都不熟悉"时尚"这个词。但这句话是对 Marguerite 整体服饰的一种总结,林纾将其翻译为"光华",也是对前文着装配饰的概括,不失为一种妙译。他连用多个四字短语,符合中国人的审美标准,适合中国人传统的诗学。这样的翻译方法体现了林纾对母语极深厚的基础,自然健全的语感使译文的语句结构在双语转换中摆脱了形式的束缚,获得了灵活的对应,语感使结构转换具有更大的选择性和语义契合的贴切感,可以大大改进译语的可读性。

文学翻译是一种阅读和重写。因此,虽然许多人评价林纾的作品属于"误译",但实则是创造性的翻译,是两种文化之间的一种调解。林纾承担了跨文化调解人的角色,把源语言的文化转化为目标读者能够接受的文化。换句话说,他"误译"了单词和句子,但是完全符合目的语国家的文化,而且受到了读者的认可和欢迎。关于林纾翻译小说中的语言系统,后人定性为"古文",而林纾自己也常把小说类比为古文,那么就不得不提及当时的桐城派文风。桐城派是清代最大的散文流派之一,是当时的文学主流,虽然林纾曾直言自己并非桐城弟子,但是他的古文风格与桐城派的文风基本一致,即雅洁。"雅洁"一方面使桐城古文文从字顺、语言纯洁;另一方面使其文辞"洗练朴素、自然光辉"。(王运熙等,1985)

清末,文学翻译刚刚起步,可以说是林纾开启了大规模外国文学的译介,因此它并不像佛经翻译那样不仅拥有悠久的翻译历史,而且也已形成一套比较完整的翻译策略和翻译标准。因此,林纾译本中几乎每一章都有大量不同程度的删减,一直受到一代又一代评论家的批评,认为这是林纾版本的主要缺陷。学者们认为如此删减是对原文的不忠实。但是,结合当时社会发展和对外交往的匮乏,从读者接受视角来看,这样的删减是完全可以接受的。在翻译《黑奴吁天录》时,林纾将原著所有章节的标题序号全部删掉。因为他在翻译过程中意识到西方小说和中国传统章回体小说是存在差异的,西方小说并没有单独的章节题目,如果按照中国传统章回体小说的形式划分章节,会给国内读者造成错觉,认为西洋小说与传统小说没有什么区别。

例3:

It was a stormy, windy night, such as raises whole squadrons of nondescript noises in rickety old houses. Windows were rattling, shutters flapping, the wind carousing, rumbling，and tumbling down the chimney……

例4：

Miss Ophelia，as you now behold her，before you，in a very shining brown linen traveling-dress，tall square-formed，and angular.Her face was thin，and rather sharp in its outlines；the lips compressed……

例5：

After all，let a man take what pains he may to hush it down，a human soul is all awful ghostly，unquiet possession for a bad man to have.Who knows the metes and bounds of it? Who knows all its awful perhapses——those shuddering and trembling，which it can no more live down than……

为了实现"雅洁"之效，林纾在翻译实践中不仅固守传统文献语言优美的特点，同时也非常注重选词炼句，当原文不简洁、不精炼时，林纾就会进行删减，但是这是一种文化调解的方法。中国古典文学强调精练，习惯以小说情节吸引读者，很少关注环境和心理描写，林纾认为过多的讨论和描写趋于枯燥，会影响读者的观感和阅读兴趣，因此中文版略去当时认为是不重要的部分，如例3、例4、例5中细腻的心理描写和景物描写部分。其次，林纾的译文以文言文为主，文言文善于表达志向和高尚情操，但这也是其局限性所在，文言文无法恰当地表达微妙的心理活动和景物描写。

对宗教方面内容的省略是林纾译文的另一个特点。《黑奴吁天录》原著作者斯托夫人是美国十九世纪中期著名的女作家，她出生在康涅狄格州的一个基督教家庭，父亲奉行清规戒律，要求自己的儿子长大后成为像他一样的传教士；女儿长大后一定要嫁给传教士，基督教在作者幼年时代的脑海中就留下了深刻的烙印。正如父亲所愿，斯托夫人嫁给了一位出色的牧师兼神学院教授，并且还是著名的《圣经》研究学者。因此，她的家庭环境决定了她写作时一定会有许多宗教方面的考虑，林纾之所以省略原著中的某些宗教内容，除了他本人不信教以外，更主要是认为原著中的宗教内容和中国传统文学的题材内容不符，在《黑奴吁天录》的例言中，林纾表明了他对宗教内容的看法。

是书为美人著。美人信教至笃,语多以教为宗。故译者非教中人,特不能不为传述识,识者谅之。

是书言教门事孔多,悉经魏君节去其原文稍烦琐者。本以取便观者,幸勿以割裂为责。

——林纾《黑奴吁天录》

鸦片战争以清军战败而告终,清政府被迫与侵略者签订了丧权辱国的条约,中国深深地陷入了民族危机的泥潭。1894 年中日甲午战争后清政府再度割地赔款加重了中国的民族危机。面对触目惊心的国难,任何一个有良知的中国人都不会袖手旁观,更何况像林纾一样饱读诗书并立志报国的中国人。林纾意识到了启蒙心智接受西方教育的的重要性,看到了翻译的社会效益,于是他把翻译提高到了非常重要的地位。他希望通过翻译,开启民智,锐意革新,求得民族独立自强;他希望能为同胞寻得一条光明之路。林纾不仅在译序中多次强调他并不因为从事翻译而相信外国的宗教之类,而且他提出要对国外那些坏的东西或不适应中国国情的东西要保持警惕。他尤其强调,我们要翻译,要学习西方,但不能学西方的强盗行为。

吾恒语学生曰:彼盗之以劫自鸣,吾不能效也。当求备盗之方。备肤箧之盗,则以刃,以枪;备灭种之盗,则以学。学盗之所学,不为盗而但备盗,而盗力穷矣!

敬告诸读吾书者之青年挚爱学生:当知畏庐居士之翻此书,非美黎恩那之得超瑛尼,正欲吾中国严防行劫及灭种者之盗也!

——林纾《雾中人》译序

这番序言不仅表达了林纾对侵略我中华大地的帝国主义强盗的无比憎恨,而且他提出的"学盗之所学,不为盗而但备盗"的原则,是对林则徐等人提出的"师夷长技以制夷"思想的重要补充。"域外小说的输入,以及由此引起的中国文学结构内部的变迁,是二十世纪中国小说发展的动力。可以这样说,没有从晚清开始的对域外小说的积极介绍和借鉴,中国小说不可能产生脱胎换骨的变化"。(陈平原,2005)在中国近代小说由古典走向现代的过程中,林译小说在思想主题、小说艺术形式的译介、文学理论的革新、小说类型的丰富上,都扮演过重要角色,起到了承前启后的作用。

社会文化、社会和个人的价值取向都会影响中国文学,晚清的翻译家们选择了改写翻译,林纾也不例外。尼采谈到翻译时,也曾表示:

Indeed translation was a form of Conquest.Not only one omit what was historical;one also added allusion to the present and, above all, struck out the name of the poet and replaced it with one's own——not with a sense of theft but with very best conscience of the imperium Romanum.

——Robinson, Douglas.*Western Translation Theory: From Herodotus to Nietzsche*

尼采认为翻译其实是一种形式上的征服。译者不仅可以省略带有历史性的一些东西,还可以赋予现实新的内涵。林纾深受传统儒家文化的影响,他倾向于将基督教教义改写为中国的伦理道德价值观,在他的翻译中,传统的儒家观点取代了基督教。

例 6

原文:She added high moral and religious sensibility and principle,carried out with great energy and ability into practical results.

译文:恒人仁爱,特托空言,而爱密柳之为人,实于行为中推见仁爱。

原文中的 Mrs.Shelby 不但天生气度宽宏,充满博爱精神,而且具有崇高的道德原则和宗教信仰,并且不遗余力地将这些理念和信仰贯彻到实际行动中去。林纾不仅删去和翻译目的无关的宗教信仰,同时将 Mrs.Shelby 描绘成一位温婉贤惠的大家闺秀,用"仁爱"来代替"宗教",这种"仁爱"思想又不乏中国儒家传统道德的气息,使译文更贴近读者,很大程度上减少了中国读者对外国文化的排斥,这些既是林纾想要传达的,也符合当时读者的期待。

例 7

原文:"Well,"said Eliza, mournfully, "I always thought that I must obey my master and mistress,or I couldn't be a Christian."

译文:意里赛曰:"以吾之意,必以主人之礼事之,惟命是听。"

儒家的"忠、孝、礼、义"思想影响着一代又一代的中国人,林纾没有把"我不可能是基督徒"一字不差地翻译成中文,反而翻译成带有儒家思想的内容,这样能保证国人读者更容易理解并接受。

例8

原文:and said,in a determined tone,'Now,John,I want to know if you think such a law as that is right and Christian?'

译文:怒诘之曰:"尔今日持论,究竟果合公理与否,请以明示。"

林纾翻译的主要目的是救国和教化,所以他改写了大量与基督教相关的内容,以迎合他的读者需求,林纾将"a law as that is right and Christian"翻译成"公理"。林纾将基督教的术语翻译成当时汉语的文本系统,这样做能够更接近中国读者,以便宣扬他的政治观点。如果一部作品中充满了奇思妙想,读者可能无法接受。林纾翻译小说中处处体现了思想启蒙的重要意义。启蒙就是要扫除蒙蔽、破除成见。凡是启蒙运动都必须具备三个特性:理性的主宰;思想的解放;新思想新知识的普及。(张申府,1999)西方近代思想启蒙运动于封建社会瓦解的废墟上诞生,经过扩散传播形成一场推动西方资产阶级革命的思想运动。旧中国内外忧患的客观现实决定了与西方启蒙思想摆脱不了关系。西方的侵略加速了中国封建专制的崩塌,西方启蒙思想也成为晚清知识分子对外反抗殖民帝国主义的理论武器。林纾试图将西方先进的意识形态引入中国,但是由于他自身受旧制度的限制和影响,而且自己也没有学过外文,并没有系统深厚的西方文化积淀,因此在翻译的过程中多采用省略或删除的减译法。然而,林纾在翻译时,并非一味地选择省略译法,在他认为必要的时候,会对文章进行增译。

例9

原文:Her first glance was at the river,which lay like Jordan between……

译文:此水殆即吾之约旦河耶(约旦河者,古有犹太人,被埃及王大肆威虐,困苦万状。续有西摩者领之出险,为约旦河所沮,而河之对面为迦南,迦南则另有所属,埃及之威不能至。犹太人将不为其所窘,故意里赛言此以自况):

由于英汉两种语言属于不同的语系,差异甚大,因此英译汉(汉译英亦然)的过程充满矛盾与冲突,往往让人踟蹰再三,脑汁绞尽。翻译要真正达意、流畅、可读,译者就需使出"十八般武艺"来,并能"逢山开路,遇水搭桥"。就翻译的过程而言,这一路上并非都是长驱直入之举,也颇多曲折颠顿之旅,且要频频"迂回、包抄"。

——何其莘等《笔译理论与技巧》

原文中仅有寥寥数语,但是林纾却补充了约旦在《圣经》中的文化内涵,如果没有当初林纾增译约旦河的内容,当时的国人不仅感到困惑,而且也许会推迟对世界另一端文化现象的理解。此处林纾所用到的阐述解释就属于何其莘等人所说的"迂回、包抄"类手段,不仅翻译了语言,同时扩大了译入语读者的文化面。

例 10

原文:He fetched me a good sum, too, for I bought him cheap of a man that was 'bliged to sell out; so I realized six hundred on him…'

译文:"五曩者市得贫家奴,既转鬻,得剩金六百元。　盖吾业贩奴而处奴弗刻,今汤姆如此之善,固应厚吾值,特吾业近拙滞,不能出重资,奈何!"

"盖吾业贩奴而处奴弗刻,今汤姆如此之善,固应厚吾值,特吾业近拙滞,不能出重资,奈何!"这句在原著中是不存在的,林纾把它加到了他的小说中,但此处并非随意添加。林纾感受到了中华民族所面临的亡国灭种危机,为了激起民众的反帝意识而进行大量的翻译。在原文中,虽然奴隶贩子同意有一些质量好的好奴隶可以卖个好价钱,价格不错,他还是不同意这笔生意,这可能会让读者感到困惑,然后林纾增译了部分内容来帮助读者理解译文,揭示了奴隶贸易的狡猾本质。

例 11

原文:Mrs Shelby Was a woman of a high class, both intellectually and morally. To that natural magnanimity and generosity of mind which one often marks as characteristic of the women of Kentucky……

译文:爱密柳者,贵家女也,识力高旷,心术惠懿,硁脱沟之第一闺秀也。

例 12

原文:

Tom sang the words of a well-known Methodist hymn——

"I see a band & spirits bright,

That taste the glories there;

They all are robed in spotless white,

And conquering palms they bear."

译文：

汤姆又唱曰："吾仰睹天女衣裙之明丽兮，若有银云为之被也。长裙缟然其如鹤兮，执杨柳其依依也。"

  林纾的翻译具有非常鲜明的"以中化西"的归化特点。在翻译研究领域，美国翻译学者韦努蒂最早提出"归化"(domestication)与"异化"(foreignization)两种策略，最早出现于德国语言学家、翻译理论家施莱尔马赫(Schleiemlacher)于 1813 年宣读的一篇论文中。译者采用目的语文化所认可的文化和语言规范，保证译文流畅通顺，更贴近目的语读者的喜好和接受能力。在例 11 和例 12 中，林纾的归化译法在当时发挥了非常重要的作用，以本土文学文体同化西洋小说，恪守中华文化的中心地位。林纾是一个对文学艺术有着极高鉴赏力的人，林纾翻译手法灵活多样，通过省略、删减、增加注释、改写等技巧使译文更贴近汉语文化和汉语语言特色，贴近中国读者的喜好，带入具有中国特色的一些意向和表达，如"贵家""闺秀""天女""杨柳依依"，这样既可以吸引读者，便于理解，也可以引发共鸣。

  中国传统文学中不乏宣扬忠君报国的作品，但这种传统的"爱国"思想是基于"天下"的观念，是为封建君主利益服务的，而林纾翻译作品中的爱国思想体现的却是现代的"民族国家"意识。在帝国主义疯狂侵略与残酷压迫下，在民族生死存亡的重要关头，林纾的译书和言辞直击人心、振聋发聩，具有深刻的现实意义，能够极大地激发国人的民族意识和爱国之情。林纾对君主专制深恶痛绝，认为它桎梏了人们的思想，是社会黑暗、政治腐败之源，他积极支持通过变法求得民族与国家的复兴强盛。林纾和合译者选择翻译了一些以专制亡国为主题的小说，如林纾希望通过《英孝子火山报仇录》使国人认识到专制和愚昧相生相伴，最终会导致国家覆灭；翻译《滑铁战血余腥记》打开民主与科学之窗，希望民主之风使旧中国重焕生机，将帝国主义列强赶出中国。长期的翻译实践使他能够辨认出外国文学家的风格，诚如他自己所言："今我同志数君子，偶举西士之文字示余，余虽不审西文，然日闻其口译，

亦能区别其文章之流派,如家人之足音。其间有高厉者,清虚者,绵婉者,雄伟者,悲梗者,淫冶者"。(吴俊,1999)

　　林纾的译作对中国现代文学发展作出了巨大的贡献,作品中出现的新理念和价值观是对传统关键的挑战,这也是林纾翻译小说的初衷,他希望通过翻译文学更新和改造那个时代落后蒙昧的思想观念,这在当时封闭的中国社会引起了巨大的反响。如果说《巴黎茶花女遗事》唤醒了青年的反封建意识,那么《黑奴吁天录》是对救亡保种的呼唤。他的作品拓展了中国人的艺术事业,改变了长期以来国人轻视小说的传统观念,提高了小说在整个文学体系中的地位。林纾近二百部翻译小说为中国引进了大量外国文学,他的翻译策略不仅改变了中国传统章回体小说的模式,而且在翻译中经常使用第一人称叙事,为中国近现代文学作出了巨大的贡献,使近代小说的创作在形式和技巧方面都有了新的改观。林纾是中国长篇小说创作形式上的改革者,他的文艺思想影响了国人的文学观念,改变了中国小说的传统,革新了国人的伦理道德观念,向现代化迈进了一步。

第四节 寂寞的启蒙先知——严复

　　纪念严复缅怀先哲历史功绩,对弘扬爱国主义精神、促进民族全面复兴和祖国统一大业有着重要意义。

——习近平同志向第六次严复学术研讨会致贺信

　　自从一八四〇年鸦片战争失败那时起,先进的中国人,经过千辛万苦,向西方国家寻找真理。洪秀全、康有为、严复和孙中山,代表了在中国共产党出世以前向西方寻找真理的一派人物。

——毛泽东《论人民民主专政》

　　严复在那时选书的标准同译书的方法,至今还觉得很可佩服的,在甲午战败后深重的民族危机中,将西学"探本溯源",有针对性介绍给国人的,唯有严复一人,而且,从严译中分明可以看到,他谋求的不是修修补补,而是根本上的变革。

——蔡元培

《天演论》出版之后，不上几年，便风行到全国，竟做了中学生的读物了。读这书的人，很少能了解赫胥黎在科学史和思想史上的贡献。他们能了解的只是那"优胜劣败"的公式在国际政治上的意义。在中国屡战屡败之后，在庚子、辛丑大耻辱之后，这个"优胜劣败"的公式确是一种当头棒喝，给了无数人一种绝大的刺激。几年之中，这种思想像野火一样，延烧着许多少年人的心和血。"天演""淘汰""天择"等等术语都渐渐成了报纸文章的熟语，渐渐成了一班爱国志士的口头禅。还有许多人爱用这种名词做自己或儿女的名字。陈炯明不是号"竞存"吗？我有两个同学，一个叫作孙竞存，一个叫做杨天择。我自己的名字也是这种风气下的纪念品。

——胡适《四十自述》

我们可以大胆地说：1895 年(光绪二十一年)这位 43 岁的北洋水师学堂校长，对于西洋学问造诣之高，对于西洋社会了解之深，不仅远非李鸿章、郭嵩焘、张之洞等洋务派人物可比，就是那些甲午战争前曾经到过外国的维新派人物，如王韬、郑观应、何启之流，甲午战争后领导整个维新运动的人物，如康有为、梁启超们，也都不能望其项背。

——王栻《严复与严译名著》

他最后只成为了中国历史上一颗耀眼的彗星。他的悲剧就是在当时特殊环境下，他是唯一有能力了解西方浩瀚的哲学思想的中国人。但老天爷开了中国一个大玩笑，让他止步于"天演论"和以英国哲学思想为主的翻译工作。如果他向右进一步就能进入孕育军国主义的斯宾塞思想，向前进一步就能进入孕育现代法治化主义的康德思想，向左一步就能进入孕育了社会主义的黑格尔马克思思想。但是，当时甚至到如今的中国都难以理解他深邃思想，从而造成后继无人的窘境，因此使得他的止步，让今天的中国都缺乏一个指导中国往何处去的哲学思想，只有读懂严复的悲剧，才能理解中国如今的悲哀。

——郎咸平

一、个人生平及成果

严复(1854—1921)原名宗光,字又陵,后改名复,字几道。于 1854 年 1 月 8 日在福州市南台苍霞洲出生,祖籍侯官(今福州),又称严侯官,原名严传初。家族世代行医,父亲严振先希望儿子能求得功名,非常重视对他的教育。严复 5 岁时进入私塾,1863 年师从同乡著名宿儒黄宗彝。黄宗彝强调"为学汉宋并重",汉学指的是清代考据学派以训诂、考据等实证方法治经;宋学主要指包括程朱理学和陆王心学为代表的宋明理学注重形而上理论体系的构建和对经籍章句义理的阐发。这种兼容并蓄的治学态度对严复产生了终身的影响。父亲在严复 14 岁时去世,全家陷入经济窘迫的境地,再无力供严复拜师入塾就读。 严复的传统教育告一段落。同年,严复以第一名的成绩考入洋务派左宗棠、沈葆祯所创办的福州船政学堂,学习英文、造船和驾船等航海术。在严复所处的时代,虽然这种职业类学校并不被传统学子看好,但是学校提供的经济待遇还是吸引了许多寒门布衣子弟。在校五年,严复学习了英文、数学、物理、化学、地质学、天文学、航海学等诸多课程,为他日后能游刃有余地处理不同语言与文化打下了基础。1871 年,严复以最优异的成绩毕业。毕业后,严复随军舰实习,曾到过新加坡、槟榔屿、台湾地区、日本等地。1877 年,严复作为第二批公派留学生前往英国格林尼茨海军大学深造。留学期间,他还曾到法国游历。这两年时间虽短,但严复不仅在课堂上积极学习西方自然科学知识,还在课余阅读大量西方人文社科学术著作,实地考察英国的政治、法律、教育等机构,加深了对西方政治经济体制和思想理论浪潮的认识。当时的英、法两国是西方社会科学最发达的地方,而且处于资本主义迅速发展的阶段,就在这时,严复的思想上播下了资产阶级民主主义的种子,与中国驻英大使郭嵩焘结为忘年之交。在郭嵩焘的举荐下,严复被英国官方作为教育类人才培养,成为唯一一名没有随军舰实习的中国海军留学生。此外,他的英语水平在留学期间也得到了迅速提升,为其后来从事翻译工作奠定了扎实的基础,并且对他一生的思想发展产生了极大的影响。1879 年,严复学成回国,任福州船政学堂的教习。翌年,又被李鸿章调到天津担任北洋水师学堂的总教习(教务长),但是,1880 年至 1900 年的 20 年间,严复始终未受到李鸿章的重用。1889 年,严复升任总办(校长),改名严复,字几道。虽然看似顺风顺水,但他在思想上却日益感到苦闷。工作中,严复和李鸿章相处也并不愉快。二人性格不合,思想观念也不同,致使严复更加苦恼。李鸿章性格温和保守,坚持保留传统的制度和思想,只学习西方的科学技术,严复性情刚直,孤傲气盛,立志积极引入西学。仕途不顺让严复产生了自我怀疑,他甚至后悔自己学了外语,一度想回头走科举老路。他先后四次参加乡试,均以落第告终,但他也借此巩固和扩展了自己的儒学基础,对中国经学、考据学和八股文有了更深的了解。仕途坎坷与科举失败加速了严复对官场生态和科举制度的反思,这也是他后来批判传统的官僚和考试制度的根源。他一直在追求中西之间的平衡或者持中。他一方面大力引进西方概念,同时也坚守许多传统价值。严复曲折的求学经历、官场失意甚至感情经历都对他形成自己的文艺思想有很大的影响。1879 年开始,严复度过了一段比较清闲和平静的职场生活,得以在教务之余研习西学。 十年间,严复阅读了英国学者斯宾塞的《社会学研究》(*The Study of Sociology*)、《伦理学原理》(*Principles of Ethics*) 和白芝浩(Walter Bagehot)的《物理与政治》(*Physics and Politics*)。1893 年左右,他开始翻译宓克(A.Michie)的《传教士在中国》(*Missionaries in China*)。

直至甲午海战中国惨败,严复的许多海军挚友壮烈牺牲,使他惊醒和激奋起来。严复的生平促使他萌生了融合贯通中西文化的使命感。在传播西学的过程中,严复始终醉心儒经,体现出自己既深且厚的"儒学性格"。儒家文化大力倡导的"经世致用""忠心"的思想更是深入严复的骨髓。他连续发表了几篇政论文,阐述改良主义思想,宣扬西方的科学、民主和文化,反对封建专制制度,强调"开民智",用西学来提高国民素质,逐渐使国家富强起来。严复提倡通过创立议院和推广西学的方法来救亡图存。而最使他一举成名的,是他在 1897 年发表的译著《天演论》(赫胥黎原著)。1895 年至 1909 年,严复先后译成了《天演论》《原富》《群学肄言》《群己权界论》《社会通诠》《法意》《穆勒名学》和《名学浅说》,合称为"八大译著",1931 年被商务印书馆列入"严译名著丛刊"。严复穷其一生追求真理,系统地引进和介绍了资产阶级知名学者对自然科学、社会学和政治学的相关论述,并在译著中融入了自己的政治理念和哲学思想,成为中国近代翻译大家,系统介绍西方思想、文化、制度的第一人。严复在这些译著中投入了半生积淀的才华，有他对国家民族危机的关切，对传统文化学术的批判，以及喷涌而出的救国热情。严复的译著有 20 本，但其中影响最为深远的当属《天演论》，这本书里"物竞天择、适者生存"一时成为仁人志士的救国宣言，也正是在这本书中，严复提出了"信、达、雅"的翻译理论，引领了后世国内外译界。

甲午战败，宣告了洋务运动的失败，亡国灭种的民族危机进一步加深。同年，康有为、梁启超等人"公车上书"，维新派正式登上历史舞台。严复虽然不是维新派成员，但是作为一名爱国人士，他一直在身体力行地推动新的变革。严复通过翻译西方著作、普及西学，对大众进行思想启蒙。民族危机的加重激发了严复发声，1895 年 2 月至 5 月间，严复连续在天津《直报》上发表多篇政论文，分析时局，提出向西方学习制度文化，进行社会改良。他以西方现代文明为参照，一针见血地指出当前危机的实质是文明危机、文化危机和学术危机，他肯定了西方文明"学术则黜伪而崇真，于刑政则屈私以为公"（王栻，1986），批判中国政治制度和学术传统的不足。对此，他也借助西学提出了自己的救国理论，相比激烈的社会革命，渐进式的社会改良是更为稳妥的选择，"是故国之强弱贫富治乱者，其民力、民智、民德三者之征验也。必三者既立而后其政法从之"。（王栻，1986）

1897 年 11 月，严复与王修植、夏曾佑在天津共同创办新式报刊——《国闻报》，成为宣扬维新思想的阵地，也使普通民众有机会了解国内外时事。维新变法运动失败后，《国闻报》于 1898 年 9 月停刊。据考证，严复曾经在该报上发表了 27 篇时评，是严复创作高产期的又一体现。在全社会弥漫着亡国灭种危机之际，严复的《天演论》以"物竞天择、适者生存"来解释中国的困局，指出要通过变革以适应新的生存环境，因此《天演论》也成为维新变法运动的思想武器之一。1901 年至 1902 年间，严复翻译了英国古典经济学家亚当·斯密（Adam Smith）的自由主义经济理论巨著《国民财富的性质和原因的研究》（*An Inquiry into the Nature and Causes of the Wealth of Nations*）（简称《国富论》*The Wealth of Nations*，严复译为《原富》），综合性地介绍了西方的自由主义政治和经济理论、民主与法制的理念，为国家富强提供了政治、经济、法律等多方面的建议。1903 年严复译介了英国政治思想家穆勒（John Stuart

Mill)的著作《论自由》(*On Liberty*),针对中国传统士大夫排斥自由和部分进步人士主张无限自由的两种极端现象,借西方学者的理论界定真正的"自由"(严复译文中写作"自繇")。在《译凡例》中,严复号召中国民众"争自由":

> 贵族之治,则民对贵族而争自由;专制之治,则民对君上而争自由;乃至立宪民主,其所对而争自由者⋯⋯乃在社会,乃在国群,乃在流俗。

——严复《群己权界论·译凡例》

1904 年至 1909 年间,严复的另一部译作《法意》由上海商务印书馆出版,介绍了西方民主与法制的理念,为中国法制体系的近代转型绘制了蓝图,对中国的政体改革和法治建设在思想启蒙的层面上具有相当的推动作用。甲午战争和辛亥革命间,严复翻译了大量西方先进思想的论著,这是维新派占据政治历史舞台的时期,严复积极支持君主立宪但是对激进的革命派始终持保留态度。1911 年,辛亥革命爆发,虽然推翻了清政府的统治,但也无法改变军阀混战的动荡,严复对新政府大为失望,指责共和革命不合时宜。后来又倒向袁世凯政府,于 1917 年公开表示支持张勋复辟。晚年严复也因此受到指责,认为其思想保守落后,完全不似从前的先进。当时,国际社会正处在第一次世界大战战情胶着的时刻,苏俄社会主义运动如火如荼,国内新文化运动蓬勃发展,严复虽然事实上引领思想潮流,但是精神上却落入迷惘和消沉的状态。1921 年 10 月 27 日,严复抱憾离世。

> 徒以中年疏忽,一误再误,致所成就,不过如此。

——严复《遗嘱》

可见,严复是一个"尴尬"的角色,他赞许西方的民主、自由思想,却难以割舍中国传统的伦理纲常,并不排斥纳妾甚至吸鸦片。他大力倡导引进西方的科学知识,但对宗教信仰又怀有深深的敬畏和迷恋,严复很难以任何一种主义概括,他始终是一个孤独的人。严复一生都在寻找矛盾和冲突的"统合之道"。虽然,他后来思想落伍,晚年对新文化运动持反对态度,但当时他却确实是向西方寻找真理的先进的中国人的代表。

二、严复翻译观及文艺思想

严复主张翻译要紧随时势需要，事有缓急，一定要有针对性。

计学以近代为精密，乃不佞独有取于是书，而以为先事者，盖温故知新之义，一也；其中所指斥当轴之迷谬，多吾国言财政者之所同然，所谓从其后而鞭之，二也；其书于欧亚二洲始通之情势，英法诸国旧日所用之典章，多所纂引，足资考镜，三也；标一公理，则必有事实为之证喻，不若他书，勃窣理窟，洁净精微，不便浅学，四也。

——严复《原富》

严复在翻译《天演论》时，提出了中国近代最有名的"信、达、雅"翻译理论。

译事三难：信、达、雅。求其信，已大难矣。顾信矣不达，虽译犹不译也，则达尚焉。海通以来，象寄之才，随地多有；而任取一书，责其能与于斯二者，则已寡矣。其故在浅尝，一也；偏至，二也；辨之者少，三也。

——严复《天演论·译例言》

三国时，支谦在《法句经序》中引用老子、孔子作为依据，提出"信""达""雅"；严复引用儒家经典《易经》和孔子的有关论述作为自己立论的根据，按翻译的内在规律和关系排列组合，明确而自觉地提出"译事楷模"（即标准）。可见，中国的翻译实践离不开传统文章学的土壤，这是中国传统译学理论的特点之一。"信、达、雅"的翻译理论言简意赅，继往开来，意义重大。郁达夫甚至将这三字奉为翻译界的金科玉律，周作人极其敬重"信、达、雅"的权威。除了这三字理论外，严复在翻译主导思想方面的论述等，也是我国近代翻译理论的精华。当时，中国文化界受"中学为体，西学为用"的影响很深，很多向西方学习的人士往往把目光投向科技翻译，希望"师夷长技以制夷"。严复毕业于英国海军学校，精通工程技术科学，但他意识到空谈技术并不符合中国的实际需要，因此他把主要注意力转到西方的社会科学和学术思想上，引入西方社会科学理论专著。严复提倡翻译西方社会科学，直探资本主义命脉，严复还提出了重视"译才"的思想，支持开办译书局，翻译课本，统一译名等。他一心爱国忧民，以非凡的见识引进新的世界观和方法论，梦想振兴民族和国家。

本书前文提到林纾翻译小说时,将原著中的标题悉数删去,这样就避免给读者造成中西小说都属同类章回体小说的误会,与之相反,严复在翻译赫胥黎的作品时不仅增加原著章节,而且还对章节及标题进行编译。赫胥黎的原文是带有注释的演讲稿,没有分成章节。如果直接依照原文体裁翻译,不利于在近代中国社会传播,尤其当时的读者对西方的学术著作和思想尚没有深厚的功底,许多人对西学知之甚少或一无所知。因此,从传播的途径和效果来看,严复做了适当的处理。

例1

	章节	1	2	3	4	5	6	7	8	9	10	11	12	13	14	15	16	17	18
天演论	卷上	察变	广义	趋异	人为	互争	人择	善败	乌托邦	汰蕃	择难	蜂群	人群	制私	恕败	最旨	进微	善群	新反
	卷下	能实	忧患	教源	严意	天刑	佛释	种业	冥往	真幻	佛法	学派	天难	论性	矫性	演恶	群治	进化	—

严复的译文分为2卷35篇,即卷上(导言)和卷下(论),前者分为18篇,后者分为17篇,帮助读者理清和掌握译著的思路,而且给各卷各篇附以标题,统领思想内容,别具匠心,该书在当时取得了极好的传播效果,影响了一代文化精英,促进了清末知识分子中形成新思想的共同体,对西方现代性思想的传播起了推动作用。

例2

原文:It may be safely assumed that,two thousand years ago,before Caesar set foot in southern Britain,the whole country−side visible from the windows of the room in which I write,was in what is called "the state of nature." Except,it may be,by raising a few sepulchral mounds,such as those which still,here and there,break the flowing contours of the downs,man´s hands had made no mark upon it;and the thin veil of vegetation which overspread the broad−backed heights and the shelving sides of the coombs was unaffected by his industry.The native grasses and weeds, the scattered patches of gores,contended with one another for the possession of the scanty surface soil;they fought against the droughts of summer,the frosts of winter, and the furious gales which swept, with unbroken force, now from the Atlantic, and now from the North Sea,at all times of the year;they filled up,as they best might,the gaps made in their ranks by all sorts of underground and overground animal ravagers.One year with another,an average population,the floating balance of the unceasing struggle for existence among the indigenous plants, maintained itself.It is as little to be doubted, that an essentially similar state of nature prevailed,in this region,for many thousand years before the coming of Caesar; and there is no assignable reason for denying that it might continue to exist through an equally prolonged futurity,except for the intervention of man.

译文:赫胥黎独处一室之中,在英伦之南,背山而面野。槛外诸境,历历如在几下。乃悬想二千年前,当罗马大将恺彻未到时,此间有何景物。计惟有天造草昧,人功未施,其借征人境者,不过几处荒坟,散见坡陀起伏间。而灌木丛林,蒙茸山麓,未经删治如今日者,则无疑也。怒生之草,交加之藤,势如争长相雄。各据一抔壤土,夏与畏日争,冬与严霜争,四时之内,飘风怒吹,或西发西洋,或东起北海,旁午交扇,无时而息。上有鸟兽之践啄,下有蚁壤之啮伤。憔悴孤虚,旋生旋灭。菀枯顷刻,莫可究详。是离离者亦各尽天能,以自存种族而已。数亩之内,战事炽然,强者后亡,弱者先绝。年年岁岁,偏有留遗。未知始自何年,更不知止于何代。苟人事不施于其间,则莽莽榛榛,长此互相吞并,混逐蔓延而已,而诘之者谁耶?

由于原文是演讲稿,目的是传递信息、辩证观点、感染和激励听众,所以赫胥黎大多以第一人称讲故事,陈述自然界的原初状态及人类拓荒与征战带来的变化,表达自己对进化论及伦理的思考,实现教育和启发、影响和改变的目的。不同于林纾小说翻译多用第一人称,严复在《天演论》中主要用第三人称的语气,读起来相对比较客观。开篇将第一人称"I"补充为原著作者赫胥黎,以赫胥黎的口吻来开启论述,令读者眼前一亮,营造西学传播的氛围。译者的语言观决定了他的翻译策略的选择。严复精通中西语言与文化,熟知语言差异,但由于严复翻译的目的在于传播西方思想,启蒙民众,因而翻译时偏向使用归化法,以便帮助读者更好地理解原著的思想。严复在语言选择时,和林纾一样偏桐城派古文,这种选择是经过深思的,严复模仿秦汉古文句法、大量使用四字格词语,文笔酣畅,读起来朗朗上口。

窃以谓文辞者,载理想之羽翼,而以达情感之音声也。是故理之精者不能载以粗犷之词,而情之正者不可达以鄙俗之气。中国文之美者,莫若司马迁、韩愈。而迁之言曰:"其志洁者,其称物芳。"愈之严复的语言观与翻译言曰:"文无难易,惟其是。"仆之于文,非务渊雅也,务其是耳。

——王栻《严复集》

严复为了更好地表达西文的"意"而选择了秦汉古文,因为在严复心中,中国文极其美,唯有秦汉古文才可以实现译文之"雅"。严复把语言看作工具和载体,用先秦古文翻译西方经典,把西方的思想纳入了微言大义、玄虚、古奥的中国语言哲学中,给西方思想带上了浓郁的中国哲学风格。

晚清时期,儒学依然是中国社会的主要意识形态。虽然西学东渐风盛行,但是中国士大夫受众对西学所持的文化心态比较复杂,既好奇又疑虑,部分士大夫甚至对西方文化怀有敌意。为了达到传播西方先进思想这一翻译目的,严复基于自身的中西学知识对源语文本的内容作了一定程度的改写,使西方文化适应中国士大夫的儒家文化背景。对于宗教相关内容的翻译,严复和林纾既有相似也有不同的处理方式。林纾处理基督教内容时,或删减或转化为儒家学说。严复不仅在西学中融入了儒家的济世情怀,还尝试借助译文扩大士大夫对西方宗教的认知语境。面对源语文本中的圣经文化元素,严复在翻译过程中增添和改动了一些词、短语、句、句群、段,以诠释和深化原作的宗教寓意。他将自己的视域带入文本视域里,成功地实现了视域融合,改良本土文学,变革现实社会,使译文被受众所理解和接受。

例2

原文:But these considerations do not help us to see why the immense multitude of irresponsible sentient beings, which cannot profit by such discipline, should suffer; nor why, among the endless possibilities open to omnipotence —that of sinless, happy existence among the rest—the actuality in which sin and misery abound should be that selected.

译文：而高高在上者，必取而空乏、拂乱、茹苦、困殆之者，则又何也？若谓此下愚虫豸，本彼苍所不爱惜云者，则又如前者至仁之说何？且上帝既无不能矣，则创世成物之时，何不取一无灾无害无恶业无缺憾之世界而为之，乃必取一忧患从横水深火烈如此者，而又造一切有知觉能别苦乐之生类，使之备尝险阻于其间，是何为者？

　　严复生活在清朝末年，从小接受儒家文化，他还曾留学英国，既熟悉西方社会的思维习惯和宗教文化，也了解士大夫与西方读者在学术积淀上的不同，也深知士大夫在阅读译语文本时会遭遇的理解障碍。因此，严复多处采用增译策略，增添源语文本中并未说明的宗教文化信息，阐述自己对某一特定宗教问题的看法。赫胥黎说他无法理解为什么上帝不创造一个祥和幸福的世界，而是在世界中注入了诸多不平和痛苦，让世人饱受磨难。严复将原文的陈述句均改为疑问句，并在第三句中反问。其中，"创世成物"一词是严复添加的译文，出自《圣经·创世记》，可见严复深谙基督教教义，通过增译也可以看到严复对基督教持亲和态度，力图借助翻译让受众进一步了解基督教文化。

例3

原文：When the Christian religion, two centuries ago, became unhappily divided into Catholic and Protestant, the people of the north embraced the Protestant, and those of the south adhered still to the Catholic.

译文：景教之行，自其溯至今千七百年矣。两期以往，不幸分宗出焉，于是名其故者曰公教，公教云者，谓宜普用而大同者也；名其新曰修教，修教云者，去其腐败，号复本然者也，然而北部之民则从其修教，南部之民则仍其公教。

　　原文只是说二百年前，基督教在发展过程中分为天主教和新教两派。严复增添了背景知识"景教之行，自其溯至今千七百年矣"，对基督教成立的时间做了简单说明，旨在为受众普及相关的基督教背景知识，弥补语境视差，进行文化补偿，有助于降低受众理解的难度。此外，严复又对这两派进行了阐释，增加了"公教云者，谓宜普用而大同者也"和"修教云者，去其腐败，号复本然者也"的译文。严复将时代性问题视域与文本固有的视域融合在一起,充分发挥了理解的应用性。他秉持译书救国的理念,借解读西方新旧教的冲突向受众暗暗地阐释了自己维新变革的理想,为处于困境中的中国知识分子指出了前进的方向。严复的翻译迎合了那个时代旧文人的口味,他们可以从熟悉的古文开始,迈出涉足西学的第一步,这件事在当时有着重大意义。中国古代文人一向有重视笔墨文字的传统,严复的译著能为那个时代的文人所接受,其文笔的典雅是一个重要因素。

可以说,《圣经》塑造了英国。不论是人们的日常对话,还是革命家、哲学家或文学家的作品,《圣经》里的文化元素都随处可见。严复译著的原作者大多为英国学者,文本自然摆脱不了《圣经》色彩。然而,清末知识分子对于《圣经》文化元素颇为陌生。以利玛窦为主的耶稣会传教士曾经提出"适应策略",主张传教士要习得当地语言,融入当地文化。严复受耶稣会适应策略的影响颇深。他结合自身所处的文化语境对源语文本做出新的解读,根据士大夫受众的期待视域和认知语境调整翻译策略,灵活运用儒释道典籍用语让译文适应中国环境,会通中西。为了传播西学和异域文化,严复也像林纾一样,借用儒释道词汇或教义平行替换基督教的内容,在本土文化和《圣经》文化之间形成最佳关联,自成一派,别具一格。

例4

(1) 原文:The man who left on the memory of those who witnessed his life and conversation, such an impression of his moral grandeur, that eighteen subsequent centuries have done homage to him as the Almighty in person, was ignominiously put to death, as what?

译文:其人生前言行,赫煊纯懿,为闻见者所不能忘,身死近二千年矣,为人类所尊亲,崇拜之情,同于天帝。

在中国文化语境中,"帝"是最高天神,在中国人看来,上帝不仅管理自然界的万千现象,还统治政界,影响社会的进步发展。虽然 the Almighty 和"天帝"有同有异,并不能完全实现语义对等,但是基督教崇尚一神论,God 是至高神,而中国的皇权高于神权。这也是儒家思想和基督教最大的交汇点。严复为了使士林精英接受西方思想,弱化了原文的宗教色彩,将 the Almighty 翻译为"天帝",意在隐射儒家传统学说。

（2）原文：Much as the young clergyman in want of a benefice, feeling deeply the spiritual destitution of a suburb that has grown beyond churches, busies himself in raising funds to build a church, and probably does not, during his canvass, understate the evils to be remedied.

译文：年少教士，贫而觊一地之住持，则太息言其民之失教，奔走募乞，以建神堂。

严复将 clergyman 译为道家典籍用语"教士"，还结合上文语境增添了"觊一地之住持"。青年牧师执掌新教堂后，其社会地位也随之提高。严复不仅将牧师建立新教堂的目的显化，还用"教士"和"住持"把佛老文化和基督教文化结合起来，突破了原文至上论的藩篱，发挥了译者的主体性和创造性。

佛教源于印度，其基本教义包括人人平等和因果报应等。道教是中国本土宗教，具有深厚的哲学内涵。道教徒无忧无虑，乐天知命，与儒教徒的高度责任意识和道德情感形成了互补。此外，道教信奉老庄，主张以乐观积极的态度处理玄学和超自然问题。这三大宗教深深地影响了中国民众的精神、文化和社会生活。严复也不例外。他在译著里频频使用三大宗教的典籍用语，大义微言，对原文进行另类阐释，以使目标读者能理解和接受西方学术思想和宗教文化，并对西方学术研究情况有大致了解。严复的译法极大地提升了跨文化交际的有效性，提高了译本的可接受性。文化因素是每一种语言都必不可少的组成部分，源语文化和目标语文化有天壤之别，为了便于清末知识分子基于自己的文化前见发挥想象力，理解基督教文化的核心理念，严复借用中国传统文化术语类比基督教文化术语，融合中西，传播异域文化。严复将三大宗教文化中的核心概念与基督教神学概念加以类比，不仅融合了中西文化，向受众传递了原文的主要信息，还借助翻译给中国传统文字注入了新的生命力，为术语的民族化界定作出了杰出贡献。

严复的翻译方法与实践在今天看来仍有很大的参考价值和指导意义。无论是国外优秀作品和科研成果引进来，还是中国文化走出去、讲好中国故事等重大战略的实施，都可以从严复的翻译作品及翻译标准中借鉴更多，从传播学的视角来部署和安排，力求起到事半功倍的效果，切实提升传播效果，加强文化互动，增进相互理解与友谊。严复的作品中反映出来的文艺思想在近代中国社会掀起了播撒和学习进化思想的热潮，为晚清社会带来了西方先进的科学思想和文化营养，在半封建半殖民地的晚清掀起了革新图强的思潮，在学科分类、意识形态、文白转型、出版传媒、晚清学界及翻译论考等方面做出了有益的探索，积累了经验教训，泽被后世。严复的翻译出版活动为中国学术思想带来了一些重要思想和名词概念，并逐渐被汉语所吸纳，进而融入中国文化，推动了我国晚清以来相关学科领域的细化与分化，诸如"天演""计学"等诸多新概念、新名词在当时也为读者带来思想上的新体验，虽然大多数严译术语最终未能沿用至今，但就当时社会而言，严译无疑是一种创举，有助于晚清学科拓展及文人治学，极大地促进了相关学科的研究与发展。新思想与新言语相辅相成，共同推进了哲学思想与语言的发展。梁启超、李大钊、胡适、康有为、鲁迅这些对于中国近现代发展具有重要贡献的文人学士，都不同程度地吸收了严复译著中的西方先进思想，并在此基础上形成自己的思想，极大地推动了中国近现代化进程。

第五节 翻译界之圣手——伍光建

早年中国翻译界中，除严几道（复）、林琴南（纾）等而外，当数伍光建（君朔）矣。

——康有为

其中弟子，无得意者。伍光建昭扆有学识，而性情乖张；王劭廉少泉笃实，而过于拘谨。二者之外，余虽名位煊赫，皆庸材也。

——严复《与熊纯如书札》

我以为近年译西洋小说当以君朔所译诸书为第一。君朔所用白话，全非抄袭旧小说的白话，乃是一种特创的白话，最能传达原书的神气。其价值高出林纾百倍，可惜世人不会赏识。

——胡适《论短篇小说》

自是译述《西史纪要》，文笔效左氏。又创为语体，译法国《侠隐记》《法宫秘史》，读之者以为类施耐庵《水浒》。数书出,世重之,语体遂大行。复(即严复)译书谓用近世利俗文字,求达难,而光建此后所译书,百数十种凡亿万言,乃皆用所创语体,此异于复者也。综光建所译:或统述欧西文化;或分述语文、科学、哲学、政治、经济、社会真谛。其体裁则论说、批评、史传、小说、剧本、童话、随笔俱备。选材皆寓深义,而于说部尤慎,非徒取阅读者,此又有以异于林纾所为也。

——夏敬观《伍光建传》

他以自己对原著的透彻理解和对本国语言的高超驾驭能力,融会贯通原著所处时代的学术成就,从而使他的翻译体现了罕见的创造性。他完全懂得在近代中国这一文化转型的特殊时期,自己这一代译家的历史使命之所在,他期望以自己对文化的理解通过他古雅的译文来影响中国近代文化的变革。他在文体上的"后顾式"——这种翻译上强烈的个人风格,使伍译创造了中国翻译史上的独特风景线,使他能以一位传统学者的身份,以自己独特的半文半白的译文,占据译坛长达三十多年之久,与"五四"后成长起来的新一代翻译家,共同创造出上世纪二三十年代西书中译史上的名著时代,这就是伍译的意义和价值所在。

——吴欣《伍光建译著特色及其影响评述》

一、个人生平及成果

伍光建于 1866 年出生于广东新会。字昭扆,谱名于晋。家境清贫,幼时就读于麦园村乡塾,天资聪颖,勤奋读书,明于思辨,颖悟冠郡,而志趣不凡。1881 年,十五岁的伍光建以优异的成绩考入北洋水师学堂第一届驾驶科,接受了十分严格的外语和专业训练,每次考试都位列第一,受到总教习严复的赏识,最终以第一名的成绩毕业。1886 年,受严复举荐,伍光建成为清政府第三届公派留学生,赴英国格林尼治皇家海军学院深造,受教于英国学术界素负盛誉的兰博德、皮尔逊等人,一年后转入伦敦大学学习,系统地学习了数学、物理、天文等方面的知识,兼学欧美文学及历史。五年后,仍以第一名的成绩毕业,后又入英伦大学研究院从事物理学的研究。课余,伍光建对历史、哲学、文学等深感兴趣,进行了广泛的阅读和深入的研究。

1891 年,伍光建学成回国,执教于母校北洋水师学堂,为总办严复先生所倚重,成为其得力助手。与此同时,伍光建开始研究中国文学、历史、哲学等。1894年中日甲午战争,伍光建激于义愤,慷慨请缨,然而,由于他双目近视,未被调遣。1895年,他随吕增祥(中国驻日使馆参赞)东渡日本,襄理洋务。吕增祥是李鸿章的"三循吏"之一,学问渊博,诗文书法样样精通,而且曾辅助严复翻译西方著作。伍光建在吕增祥的影响下,也开始学习文哲思想,博览中西典籍,后来伍光建娶了吕增祥的长女吕慎仪为妻。

1898年,伍光建应邀为汪康年在上海创办的《时务日报》(同年改名为《中外日报》)撰稿,该报通过社论、副刊、插画等形式针砭时弊,揭露官场腐败,关心民众疾苦,同时大量介绍西方科学文化,翻译一些外国文学作品。当时,虽然林纾的桐城派古文翻译小说非常流行,但伍光建却大胆尝试用白话进行翻译,成为中国第一个使用白话文翻译西方名著的译者。伍光建在留学英国期间访问了十多个国家,这使他能够洞察西方社会的进步步伐,深知文字作为文化载体也必须随文化内容的更新而变化。为了寻找适应新内容的新形式,伍光建开创了近代白话翻译的先例。他以"君朔"署名,陆续在《中外日报》上发表译作,令读者耳目一新。针对人们渴望更多了解西学新学的实际需要,伍光建选译了一些体现进化论观点的作品。伍光建独创性的白话译文,比白话文运动至少早了十年,因此有学者称之为"前瞻性"的白话文翻译,而伍光建翻译的文学作品通俗易懂,颇受大众欢迎,他因此在中国翻译界享誉盛名,赢得"翻译界之圣手"的美誉。

1896年,上海南洋公学(即交通大学前身)创办。1899年6月聘请伍光建为提调兼任师范院教席(即今"教务长"一职)。执教时,他深感理科教材的陈旧、零碎,绝少适当课本,于是殚精竭虑,用两年时间,编写了力学、水学、磁学、声学、动力学、静电学、热学、光学等九种物理学教材,并由商务印书馆出版发行。"物理学教材九种"是我国当时第一部最先进、最完善、最系统的教材,被清朝廷学部列为中学、师范学堂的物理学教科书。此后,伍光建还陆续编写了《帝国英文读书》(五卷)、《英文范纲要》《英文习语辞典》及《西史纪要》(二卷)等英语教材。其中,《西史纪要》被商务印书馆总编辑张元济认为是"国内第一部西洋通史",对于当时国人学习外语起了极大的作用。伍光建在1902年底辞去南洋公学提调一职,离开南洋公学。

　　1905 年，清政府派端方、戴鸿慈等五大臣前往西欧和美国考察宪政，伍光建任一等参赞兼字译、口译。出访期间，伍光建发表多次演说，义正辞切，谈吐温雅，外国听众无不惊叹折服。此次出行使伍光建对西方政治与文化有了更多的了解。回国后，伍光建历任学部二等咨议官、海军处顾问、海军处一等参赞官、军枢司司长等职务，陆续编写了物理、化学、英语等学科的教科书，多年的留学生活和严格的专业训练使伍光建具备了较高的英文阅读和听说能力，这为他从事专门的翻译工作打下了良好的基础。

　　1909 年宣统元年，严复与伍光建均因翻译思想方面的巨大声望，双双被清政府御赐"文科进士出身"。"师生同榜"的现象前所未有，一时传为美谈。在翻译作品和翻译见解方面，二人既有相似又有不同之处。严复所译作品体现出译者对社会的深刻洞察，是西学与中学融会贯通的典范之作。伍光建在这点上的确难以望其项背。但既为师生，伍光建对严复的思想也有所继承。更为重要的是，作为近代留欧学生的优秀代表，二人都对近代中国的文化建设和发展作出了不可磨灭的贡献。近代中国社会孕育了留学生群体，留学生又以译书、办学等活动把西方的科学技术和文化思想引入中国，中国文化也因此而更加丰富。

　　次年，伍光建任海军部顾问官。1911 年，伍光建、张元济等发起成立中国教育会，伍光建任副会长。民国成立后，他历任南京临时政府财政部参事、国民政府行政院顾问、外交部条约委员会委员等职。1923 年后，伍光建任复旦大学教授，并在商务印书馆主持"英汉对照名家小说选"。

　　1929 年 3 月，伍光建任中国驻美国公使伍朝枢的秘书。1931 年 6 月，随伍朝枢离任归国。随即退休并迁居上海，专门从事翻译工作。可以说，退休是伍光建翻译事业的分水岭，退休之前，伍光建忙于公务，翻译只是他的业余兴趣和爱好；退休之后，伍光建全身心投入翻译，翻译成了他的事业和生命，很少出门游玩，连与家人也很少交谈，每天译书常达万字。

　　1943 年 6 月 12 日，伍光建心脏病发，逝世于上海杜美路寓所。1980 年，人民出版社整理了伍光建先生尚未出版过的 19 部短篇小说，辑录成《伍光建翻译遗稿》出版。其子伍蠡甫在遗稿的前记写道："（伍光建）从事翻译则始于十九世纪九十年代，起先是业余性质,二十世纪三十年代逐渐转为专业,先后达五十多年,所译文学、历史、哲学等方面的书一百三十余种,近一万万字。"伍光建一生笔耕不辍,翻译了大量的经典名著,对西方先进思潮的传播、科学思想观念和思维方法的倡导,都发挥了深刻而广泛的积极影响,伍光建的翻译数量十分可观,选题广泛,视野开阔。他认为"了解西洋,介绍西洋,不等于盲目崇拜西洋"。作为翻译界一代宗师,伍光建和妻子吕夫人一生恩爱,育有 3 个孩子,其中儿子伍蠡甫也是著名的翻译家、文学家和国画家,与父亲伍光建一起被人们称为"中国译坛双子星"。

伍光建是中国古典文化的饱学之士,深谙中国古典哲学家高度凝练简洁的笔法。伍光建的翻译以直译为主,由于精通西文,因此能对景物及心理的描写有所压缩,对于与正文内容无关紧要的句子加以删节,原文的长句子也被分解成若干短句。尽管做如此大的改变,但整体翻译却仍能保持原作的风格。他在英国留学以及对欧美多国访问期间,对西方社会习俗、文化传统与艺术理念有广泛接触与深刻研究,这些学识修养决定了他在翻译西方文学名著时一定会走出一条自己的西书中译之路。他独创"别具一格,朴素而风趣"的白话文,早于"五四"白话文运动十年,他以此语言转化欧化的语言,比较符合读者的审美习惯。伍光建特有的敏锐感受和文字的锤炼是无人可及的。

纵观中国近代翻译史,伍光建开创白话文翻译之风,译著范围涉及文、史、哲等,译著近亿字。然而,伍光建清心寡欲、淡泊名利,只把翻译当作深爱的事业、启迪民智的手段,并无一丝著书立说、名流千史的私心。伍光建在晚年退休后,便一头扎进书堆,翻译了大量文史哲著作,却无意留下关于翻译理论的著作或文章。他的女儿伍季真曾回忆父亲晚年时,每日清晨即起,除吃饭外都会坐在书桌旁译书,很少出门游玩,连与家人交谈也很少,每天译书常达万字。如果不是对翻译事业的纯真赤子之心,实难坚持。

伍光建一生译著等身,按翻译内容可分三大类:教科书类、社会科学类和文学类。他所译的第一部书就是 1902 年在南洋公学任教时与李维格合译的教科书《格致读本》。该书由英国莫尔旦所著,分四十课,内容以一对英国儿童兄妹问答的方式讲述自然常识、植物学的大略,语言浅显易懂,为社会所肯定。这本书与后来中学堂、师范学堂使用的《物理学教科书》都为中国近代科学的启蒙教育作出了卓越的贡献,对中国英语教育也具有非常重要的意义。随着时间的推移,作为一个在文、史、哲方面具有深厚素养的大译家,伍光建的兴趣慢慢转向世界文学名著的翻译。他以自己独到的眼光选择了相当数量的世界经典,如英国休谟的《人之悟性论》、斐尔丁的《大伟人威立特传》、狄更斯的《劳苦世界》、萨克雷的《浮华世界》、谢立丹的《造谣学校》、荷兰斯宾诺莎的《伦理学》、意大利马基雅弗里的《霸术》、法国马德楞的《法国大革命史》、俄国阿戚巴瑟夫的《山宁》等。在翻译过程中,伍光建形成了自己的一套翻译理论。他认为先得正确理解原文,才能使译文准确,正确理解就是通过原文字面看到原作精神。在译文中,伍光建从不采取"斤斤于字比句次"的直译,而是采取适当的删、削、并、合。伍光建非常重视读者的接受能力。他知道,随着时代的变化,读者群体也在不断演变,教科书的编译经历使他更敏锐地意识到,潜在的读者群体比已有的读者群体更为重要。他那种略带文言韵味的白话小说给读者带来耳目一新的感觉。

二、伍光建翻译观及文艺思想

评价翻译作品,我们自然不能脱离原著而孤立地去欣赏译作,以现代翻译的"等值标准"去衡量。伍光建所处的时代是一个意译盛行的时代,就质量的综合标准来看,伍光建以自己对原著的透彻理解和对本国语言的高超驾驭能力,融会贯通原著所处时代的学术成就,从而使他的翻译体现了罕见的创造性。在近代中国这一文化转型的特殊时期,他认识到自己这一代译家的历史使命之所在。他期望以自己对文化的理解,通过他古雅的译文来影响中国近代文化的变革。他在文体上的"后顾式"——这种翻译上强烈的个人风格使伍译创造了中国翻译史上的独特风景线,使他能以一位传统学者的身份,以自己独特的半文半白的译文占据译坛长达三十多年之久,与"五四"后成长起来的新一代翻译家,共同创造出上世纪二三十年代西书中译史上的名著时代。作为传统学者出身的翻译家,他一生为社会贡献了如此丰富、优秀的西方文史哲等名家名作译本,在当时的中国,对西方先进社会思潮的传播、优秀文学的欣赏、科学思想观念和思维方式的倡导、独立自主人格的培养、进步道德观念的树立、保守落后社会风气的改造等都发生过深刻而广泛的积极影响,因此,伍光建不愧为名垂史册的一代宗师。伍光建当时在翻译界威望极高。胡适感叹:"近三十年来,能读英国文学的人更多,然英国名著至今无人敢译。还得让一位老前辈伍昭扆先生出来翻译《克兰弗》,这也是我们英美留学生后辈一件大耻辱。"

伍光建顺应文学革命的趋势,开创了白话文翻译小说的先河,对近代中国文学的革新与发展产生了重大影响,文学界也对他的作品给予了高度肯定。茅盾曾经说:

伍先生的译作我几乎全部读过,我觉得伍译在人物个性方面总是好的,又在紧张的动作方面也总是好的。而对话部分尤其常有传神之笔。

——茅盾《伍译〈侠隐记〉和〈浮华世界〉》

1927 年,伍光建以《孤女飘零记》为书名,将《简爱》从英文节译成中文(1935 年由商务印书馆出版),在"译者序"中,伍光建评价原作,

此作不依傍前人,独出心裁,描写女子性情,其写女子之爱情,尤为深透,非男著作家所可及。……此书描写女子爱情之中,同时并写其富贵不能淫,贫贱不能移,威武不能屈气概,为女子立最高人格。

——伍光建《简爱·译者序》

对于《孤女飘零记》的钟爱,伍光建突出强调作者笔下"女子之爱情"的通透,赋予女子以儒家推崇的最高人格——"富贵不能淫,贫贱不能移,威武不能屈气概",在一定程度上体现了男女平等意识。夏洛蒂·勃朗特笔下的 Jane Eyre 不甘忍受社会压迫,勇于追求个人幸福,是一个来自社会下层的觉醒中的新女性,书名《孤女飘零记》却给人一种悲苦凄凉、充满怜香惜玉感,书名和内容形成了强烈反差,这个看似柔弱而内心极具刚强韧性的女子也因为这部作品而成为无数女性心中的典范。伍光建对这本书的译介为民众展示男女主人公曲折起伏的爱情经历,歌颂了摆脱一切旧习俗和偏见,塑造了一个敢于反抗、敢于争取自由和平等地位的妇女形象。

例1

原文:A small breakfast -room adjoined the drawing -room,I slipped in there.It contained a bookcase;I soon possessed myself of a volume,taking care that it should be one stored with pictures.I mounted into the window−seat:gathering up my feet,I sat cross−legged,like a Turk;and,having drawn the red moreen curtain nearly close,I was shrined in double retirement.Folds of scarlet drapery shut in my view to the right hand; to the left were the clear panes of glass,protecting,but not separating me from the dear November day.At intervals, while turning over the leaves in my book,I studied the aspect of that winter afternoon.Afar,it offered a pale blank of mist and cloud;near,a scene of wet lawn and storm−beat shrub,with ceaseless rain sweeping away wildly before a long and lamentable blast.

译文:客厅旁边有一间吃早饭的小屋子。我只好溜进去。屋里有一架书橱,我挑了一本有许多图画的书。盘着腿坐在窗户台上看,把窗帘拉过来,围住身子。一面是帘,一面是玻璃,我看书的时候,有时看看窗子外冬天十一月的天色。远处是茫茫的云雾,近处是一阵一阵的大雨打着树林。

　　译者用一系列动作为我们展示了Jane Eyre的大致性格,"溜进去""把窗帘拉过来,围住身子"低调避世,生怕别人看到自己,缺乏安全感。主人公盘腿坐下开始看书,"一面是帘,一面是玻璃"的环境,让读者能够联想到她应该是一位喜欢读书、性格恬静的女子。原文详细描述了Jane Eyre所处的室内环境,以及寒冷、潮湿的十一月下午的户外环境,伍光建的译文非常简洁,对一些繁琐的描写如"like a Turk","I was shrined in double retirement",以及景物描写如"near, a scene of wet lawn and storm−beat shrub"都不吝节缩,但这并不影响译作的流畅行文,保留原作的风格。

例2:

原文:The red−room was a spare chamber,very seldom slept in:I might say never, indeed, unless when a chance influx of visitors at Gateshead Hall rendered it necessary to turn to account all the accommodation in contained:yet it was one of the largest and stateliest chambers in the mansion.A bed supported on massive pillars of mahogany, hung with curtains of deep red damask,stood out like a tabernacle in the center, the two large windows, with their blinds always drawn down, were half shrouded in festoons and falls of similar drapery; the carpet was red; the table at the foot of the bed was covered with a crimson cloth; the walls were a soft fawn color, with a blush of pink in it; the wardrobe, the toilet-table, the chairs, were of darkly-polished old mahogany. Out of these deep surrounding shades rose high, and glared white, the piled-up mattresses and pillows of the bed, spread with a snowy Marseilles counterpane. Scarcely less prominent was an ample cushioned easy-chair near the head of the bed, also white, with a footstool before it, and looking, as I thought, like a pale throne.

译文：这间红屋子是空着的，是这所房子里最宽大最堂皇的屋子，大抵是向来无人住过，除非是客来得多，才用着这间屋子。里头有一只硬木大床挂的是深红色帐子；两个大窗户，窗帘是永远下垂，不拉开的，所有的家具，也都是硬木的。

Mrs Reed 下令将 Jane 拖到红屋子里，随后仆人关门上锁，只留 Jane 一个人在屋里。原著作者从 Jane 的眼睛里开始观察这个房间，用大量篇幅描述房间的场景布置，"a spare chamber""the carpet""the table""a crimson cloth""the wardrobe, the toilet-table, the chairs""the walls""mattresses and pillows""footstool"，原文用了许多颜色词"red""a blush of pink""darkly-polished""glared white"和比喻句"stood out like a tabernacle in the center""as I thought, like a pale throne"使得房间更加生动，希望能给人身临其境的感觉，但是被译者全部删掉了。伍光建之所以这么做，是由客观环境决定的，当时国人对西方世界的社会生活没有任何概念，过多的细节描述和屋内陈设会让读者觉得累赘，太过详细的场景描写会分散读者的注意力，一味地关注屋子而忽略了故事和人物本身。在处理长句时，伍光建抓住精髓，将"unless when a chance influx of visitors at Gateshead Hall rendered it necessary to turn to account all the accommodation in contained"译为"除非是客来得多，才用着这间屋子"，流畅不生硬，屋内一应陈设都包括在"所有的家具，也都是硬木的"一句中，言简意赅。

例 3

原文：I was glad of it；I never liked long walks，especially on chilly afternoons：dreadful to me was the coming home in the raw twilight，with nipped fingers and toes，and a heart saddened by the chidings of Bessie，the nurse，and humbled by the consciousness of my physical inferiority to Eliza，John，and Georgiana Reed.

译文：这我却很欢喜：我不愿意走远路，尤其是遇着很冷的下午薄暮寒光中，散步归来，手脚冰冷，奶妈贝西的臭骂，已经够我害怕，而我的身体的孱弱，比不上伊理西、左珍纳、约翰，他们三个，更使我自惭形秽了。

　　五四运动后，白话文开始对中国文学界产生影响，但许多学者认为白话文还不够成熟，于是20世纪20年代和30年代，国内西方小说的翻译一片繁荣，同时也带来了大量的外来词和欧化句，但是欧化句晦涩生硬，对于一般读者来说，通俗易懂、流利的白话文更能赢得他们的青睐。伍光建为了避免欧化译文，对原文的句法结构进行多次重排，有时甚至比原文更简洁更直接。例3选自第一章开篇，更能体会译者对原文句式的重组。伍光建将原文复杂的长句拆成多个小句，条理清晰，虽然是白话文但依然能够保留四字词音韵节奏的短促与干练，通过添加两个副词"已经""更"和一个连词"而"，不仅加重了强调语气，同时还能理顺逻辑关系，使译文更加连贯清晰，便于读者阅读和理解。

例4

原文：Miss Temple had always something of serenity in her air，of state in her mien，of refined propriety in her language，which precluded deviation into the ardent，the excited，the eager：something which chastened the pleasure of those who looked on her，and listened to her，by a controlling sense of awe……

译文：田朴小姐的态度，是端庄雍容；所说的话，是很清雅的；毫不矜才使气，令人起敬起爱……

　　对比原文和译文，很容易看出伍光建译文的简洁和直接，甚至胜过了原文。他将三个地点状语"in her air"，"in her mien"以及"in her language"重新整合处理为主语"态度""所说的话"，使得译文更加流畅连贯。相对欧化语言的僵硬，伍光建的白话译文既保留了先秦文风的四字传统，而且加入了自己创新的语言，在当时的翻译界独树一帜,在大众中收获了良好的口碑。

清朝以前是没有标点符号系统的,多借助语气词"也""矣""乎""耶""哉"表示不同的情绪。伍光建想用新的语言形式来翻译西方小说,就必须要借助西方的标点符号。然而,这些符号还未在中国作品中普及,也没有真正得到中国作家和知识分子的认可,有些人甚至对此提出质疑批评。五四运动后,西方标点符号走进人们的视线,不再奇特而陌生,渐渐赢得中国作家和知识分子的认可,并成为文学作品中不可或缺的部分。西方标点符号的运用,加上在文字等方面的创新,促进了现代白话文的进步和成熟,也展示了这种新语言的魅力。

例5

原文:His manner was polite;his accent,in speaking,struck me as being somewhat unusual—not precisely foreign,but still not altogether English;his age might be about Mr.Rochester's—between thirty and forty;his complexion……

译文:他的举动,是很有礼貌;他的口音有点特别,——虽不是外国口音,却也不是完全英国口音,他的年纪同洛赤特差不多,——三四十岁左右;脸色……

译文完全保留了原文的分号、破折号,体现了夏洛特·勃朗特的语言风格,这些标点符号不仅满足中国读者的文学期望, 西方标点符号已经成为现代语言的重要组成部分,而且有助于读者理解人物和小说。

严复认为,翻译西方著作必须使用较为典雅的文字才能体现出原著的精华,因此严复的译作多用精雕细琢的文言文。伍光建作为严复的学生并没有延续老师的翻译风格,而是大胆跳出桐城派古文风的圈子,大胆尝试用白话文翻译,顺应了文学革命的趋势,从语言上推动了社会的进步和发展。伍光建译著达上亿字,诸多译作在民众中产生了广泛的影响,成为当时最受欢迎的外国翻译小说,离不开他用白话文讲故事、表现人物的处理方式。

《威克菲牧师传》是十八世纪英国著名散文家、剧作家奥利弗·哥尔德斯密斯的一部作品。虽然现在看来这部作品没有像《简爱》《三个火枪手》一样耳熟能详,但作品自问世以来也是受到了极高的赞誉,称它是"十八世纪英国文学中感伤主义最光辉的作品之一"。20世纪30年代,伍光建全译了该作品。译作风格清丽,自然真切,成功地用白话文把原作的艺术意境表现了出来，使读者能够像读原著一样得到启发和感动。

例 6

原文：　　　 Around, the sympathetic mirth,

Its tricks the kitten tries;

The cricket chirrups in the hearth,

The crackling faggot flies.

But nothing could a charm impart,

To soothe the stranger's woe;

For grief was heavy at his heart,

And tears began to flow.

译文:猫儿在旁戏弄,蟋蟀在炉边歌唱,柴火毕剥毕剥的响,火星四处的飞。这种娱人的情景,不独不能解那客人的忧愁,又令他伤心滴泪。

　　小说中出现了三首古体英文诗,为了保持原诗的风貌,伍光建放弃中国古体诗歌的整齐韵律、格律严谨的特点,译成略带文言味道的白话散文诗,不仅用韵自由,而且也不拘泥于句子字数长短。译文通俗易懂,每个字、每个词,在伍光建笔下有声有色,活灵活现,诗情画意跃然纸上,巧妙地实现了"诗歌贵在意境"的宗旨。

例 7

原文 :If the cakes at tea ate short and crisp, they were made by Olivia; if the gooseberry wine was well knit, the gooseberries were of her hathering; it was her fingers which gave the pickles their peculiar green; and in composition of pudding it was her judgement that mixed the ingredients.

译文:例如进茶点的时候,点心又酥又脆,他就说是奥维雅作的,果子酒味好,说是奥维雅亲手摘的果子,酸果颜色鲜绿,那是奥维雅手段好,甜糕制得好,是奥维雅把材料配合得好。

　　原文是四个并列句,包含两个 if 条件句,两个强调句。伍光建从整体把握句子结构和句子之间的内在联系,将这四个句子都改成了暗含条件作用的句子,不露痕迹地保证了句式的整齐,符合原文的逻辑性,突出了原句的重点。在措辞和句子衔接方面,译者增添了许多白话文的表达方式,甚至更偏向口语式,如"就说""说是""那是""是",将原句翻译得生动活泼,为读者展示了威太太千方百计夸奖女儿讨好别人的场景。

伍光建的白话文译作参与到了中国社会变革的进程,伴随轰轰烈烈的文学革命被推上历史舞台,推广白话文成为当时文学革命的主要任务之一。伍光建的翻译作品中,删节的情况并不少见。但是,即便是在翻译过程中做了上述调整,伍光建并没有改变原著的含义与风格,仍然坚持直译的原则,由此可以看出他能够准确把握外国著作语言与内容,翻译功底极为深厚。不仅如此,他还将原著中的长句分解成符合中国读者阅读习惯的短句,以方便中国读者阅读。在对翻译文本的选择上,基于当时文学革命的需要,伍光建积极认真地翻译深刻反映了社会现象、符合当时文学革命需求的一些作品。由此可以看出,伍光建想社会之所想、急社会之所急的难能可贵的社会责任感。

国外丰富的留学经历为伍光建开展翻译工作创造了客观条件,对于翻译事业的热爱是伍光建取得辉煌成就的主观条件。伍光建将西方先进的文化成果从晦涩、典雅的文字中翻译出来,以通俗易懂的白话文形式传达给中国读者,使得国人开始关注国外先进的社会思想潮流,为中外文化思想的交流架起了一座新的桥梁,促进了国人思维方式的改变,对于当时不良社会风气的改造起到了一定的推动作用。伍光建以白话文作为翻译语言,这在我国近代翻译历史上具有里程碑的意义,由此,近代翻译界在翻译过程中开始注重读者体验,翻译作品深受中国读者喜爱和欢迎。伍光建在翻译过程中展现出来的高尚的人格和气节更值得我们学习和敬佩。伍光建拒绝在汪伪政权下出版翻译作品,以至于在他逝世后仍留有300多万字的遗稿没有公开出版发行,他的爱国情怀由此体现得淋漓尽致。

第六节 东方文明的发言人——辜鸿铭

鸿铭亦可谓出类拔萃,人中铮铮之怪杰。

——林语堂《辜鸿铭集译〈论语译英文〉》

在清末民初一位以外国文字名满海内外,而又以怪诞见称的,那便是辜鸿铭先生了。

——罗家伦《回忆辜鸿铭先生》

除政治上最主要之一二领袖人物应作别论外,今日吾国人中,其姓名为欧美人士所熟知,其著作为欧美人士所常读者,盖无有如辜鸿铭氏。自诸多西人观之,辜氏实中国文化之代表,而中国在世界惟一有力之宣传员也。

——吴宓《大公报》

我想,如果说这位怪人还有些贡献,他的最大贡献就在于,在举世都奔向权和利的时候,他肯站在旁边喊:危险! 危险!

——张中行

在生前,辜鸿铭已经成了传奇人物;逝世之后,恐怕有可能化为神话人物。其实,他那个人,跟目前你每天遇见的那许多人并非大不相同,他只是一个天生的叛逆人物罢了。

——北京大学英文教授温源宁

辜鸿铭从这一独特的视角出发,把中国人和美国人、英国人、德国人、法国人进行了对比,凸显出中国人的特征之所在:美国人博大、纯朴,但不深沉;英国人深沉、纯朴,却不博大;德国人博大、深沉,而不纯朴;法国人没有德国人天然的深沉,不如美国人心胸博大和英国人心地纯朴,却拥有这三个民族所缺乏的灵敏;只有中国人全面具备了这四种优秀的精神特质。也正因如此,辜鸿铭说,中国人给人留下的总体印象是"温良","那种难以言表的温良"。

——人民网《狂儒辜鸿铭》

在当时充满对中国人偏见的西方社会，这本以英文写成的《中国人的精神》可以说如同一个深水炸弹一样，掀起了巨大的波澜。在书中，辜先生高度评价了中国人的温顺、具有同情心以及那种强烈的责任感，同时他指出现在西方社会所进行的这场战争，正是因为不具备中国人的这种精神和道德力量，他说道，如果整个西方社会都学习这种精神，那么将不会有战争，世界的秩序将重新诞生。

——蒋盛楠《你所不了解的中国人精神——读辜鸿铭〈中国人的精神〉》

一、个人生平及成果

辜鸿铭（1856—1928），名汤生，以字行，别号汉滨读易者，晚年自称"东西南北老人"。1856 年 6 月 30 日，辜鸿铭出生于南洋马来半岛西北的槟榔屿（今马来西亚槟城州）。据考证，槟榔屿第一代华人移民辜礼欢（Koh Lay Hwan）是辜鸿铭的曾祖父，曾官至当地"华人甲必丹"（Captain China），即英国殖民政府任命的当地华人头领。辜鸿铭的祖辈由中国福建同安县迁居南洋，积累下丰厚的财产和声望。辜鸿铭的父亲辜紫云当时是英国人经营的橡胶园的总管，因此，辜鸿铭的出生地便是这座橡胶园。辜鸿铭父亲会说流利的闽南话，能讲英语、马来语，他的母亲则是金发碧眼的西洋人，讲英语和葡萄牙语。在这种家庭环境中成长的的辜鸿铭自幼就对语言有着出奇的理解力和记忆力。由于橡胶园主布朗先生没有子女，而且非常喜欢辜鸿铭，于是将他收为义子。辜鸿铭从小聪明伶俐，养父母让他自幼便开始阅读莎士比亚、培根等人的作品。1867 年，布朗夫妇返回英国时，把十岁的辜鸿铭带到苏格兰，与布朗家族一起生活学习。临行前，父亲辜紫云在祖先牌位前焚香告诫他说："不论你走到哪里，不论你身边是英国人，德国人还是法国人，都不要忘了，你是中国人。"

1870 年，14 岁的辜鸿铭前往德国学习科学，然后又回到英国。那时的辜鸿铭便已经掌握了英文、德文、法文、拉丁文、希腊文等多国语言，以优异的成绩被著名的爱丁堡大学录取，并得到校长、著名作家、历史学家、哲学家托马斯·卡莱尔的赏识。1877 年，辜鸿铭获得爱丁堡大学文学硕士学位，接着又赴德国莱比锡大学读工科，获土木工程科文凭，同时兼研究文学、哲学。此时，辜鸿铭获文、哲、理、神等 13 个博士学位。1880年,辜鸿铭结束求学历程返回故乡槟城。14年的留学生活使富有天赋的少年辜鸿铭成为精通西方文化的青年学者。辜鸿铭返回马来西亚,在新加坡英殖民地政府任职。1881年,马建忠赴欧洲途经新加坡,辜鸿铭与马建忠畅谈三日,谈及厚重的华夏文明,以及当时的国内局势,辜鸿铭的思想发生重大变化,他了解到当时许多仁人志士和海外归国人才都在报效祖国,想到自己作为炎黄子孙却在殖民地替别人卖力,无从施展抱负,相形见绌下景仰渴望中华文化,开始研读中国经史等古籍,学习中国文化。1881年至1882年,辜鸿铭一度担任英国马哈与科尔圭洪勘探队译员,后离职留居香港,继续潜修中国经典,并从此脱下西装,换上长袍,剃发留辫,终身不移并引为自豪。1883年,辜鸿铭开始在英文报纸《字林西报》上发表题为"中国学"的文章,从此走上宣扬中国文化、嘲讽西学的写作之路。

1885年,经杨汝澍推荐,辜鸿铭前往中国,参加两广总督张之洞的幕府,担任洋文案(相当于英文秘书、翻译兼礼宾诸务)。张之洞实施新政、编练新军,也很重视高等教育。辜鸿铭在晚清实权派大臣张之洞幕府中任职二十年,深受器重,主要职责是"通译"。 1891年,俄国皇储游历中国时,受湖广总督张之洞之邀赴宴"晴川阁",辜鸿铭为通译,席间,法语、俄语、希腊语均应对如流,俄皇储大为惊讶,赞叹不绝,并以金表相赠。他一边帮助张之洞统筹洋务,一边精研国学,自称"粤鄂相随,二十余年,虽未敢云以国士相待,然始终礼遇不少衰",自号"汉滨读易者"。二十年间,辜鸿铭主要从事两件事,其一,参与并大力推动中国教育的发展,投身中国近代文化的洪流中;其二,反对任何形式的制度革新,积极保皇。

辜鸿铭非常重视教育的功能,他于1893年11月29日鼎力谋划并拟稿,再呈张之洞审定,奏请光绪皇帝,筹建由国人自力建设、自主管理的高等学府——自强学堂(武汉大学前身),得到钦准。自强学堂正式成立后,蔡锡勇受命担任总办(校长),辜鸿铭任方言教习,成为自强学堂一代名师。1901年,清政府曾以"游学专门"的名誉赐他为"文科进士"。 1909年,他的英文作品《中国的牛津运动》(德文译本名《为中国反对欧洲观念而辩护:批判论文》)出版,在欧洲尤其是德国产生巨大的影响,一些大学哲学系将其列为必读参考书。1915年,辜鸿铭在北京大学任教授,主讲英国文学,并出版《春秋大义》(即有名的《中国人的精神》)。他以理想主义的热情向世界展示中国文化才是拯救世界的灵丹,同时,他对西方文明的批判也是尖锐而深刻的。很快,《春秋大义》德文版出版了,在正进行"一战"的德国引起巨大轰动。1917 年,蔡元培执掌北大时,提出了"循思想自由原则,取兼容并包主义"的用人主张,开创了中国大学昙花一现的鼎盛时代。辜鸿铭被邀请教授英国文学。辜鸿铭曾与英国作家毛姆、俄国作家托尔斯泰、日本作家芥川龙之介、印度诗哲泰戈尔均有过接触往来,但是他深深爱着自己国家的文化,从 1901 至 1905 年,辜鸿铭分五次发表了一百七十二则《中国札记》,反复强调东方文明的价值。

1900 年义和团运动爆发,中外震动。辜鸿铭按照张之洞意旨,连续写了几篇英文专论,刊登在日本横滨的《日本邮报》上,指出各国应反躬自省,运用智慧和道德,公正从事。同时还在上海《字林西报》上刊载《尊王篇释疑解惑论》,针对康有为对慈禧的抨击,为慈禧辩解。从这一点上可以看出辜鸿铭虽然接受过先进的西方教育,却已经站到了保皇的队列。然而,辜鸿铭并非盲目守旧,1902 年"万寿节"(慈禧生日),官府命他唱新编爱国歌,他向同僚梁星海说,有爱国歌,怎么没有爱民歌?于是,辜鸿铭略加思索,便说:"天子万年,百姓花钱;万寿无疆,百姓遭殃。"自此便有了"辜疯子"的绰号。辜鸿铭多次在清政府各级部门中任职,如上海黄浦浚治局督办、外交部侍郎、南洋公学监督、五国银行团译员、北京大学教员等,讲授英国诗歌及希腊文等课程。他在课堂上经常大谈孔孟之道,因深谙西方文化,精通西方多种语文,又研读中国儒家经典,能够比较中西文化,旁征博引,引人入胜。其英语文字风格之典雅,发音之纯正流畅,更为学生所倾倒。五四运动时,他与林琴南等反对白话文运动,他用英文撰写文章刊登于上海《密勒氏远东评论》,指出最通俗的语言并不一定是最好的,正如莎士比亚的作品比现代流行的英语更为华丽一样,中国古典语文也比市井白话典雅、华丽。但是由于他公开支持清朝复辟,最后辞去北京大学拉丁语及英诗教授一职。1928 年辜鸿铭在北京逝世,享年 72 岁。

纵观辜鸿铭一生,"怪"字贯穿始终,成为晚清民初颇有影响力的人物之一,不仅举国闻名,就连当时访华的外国作家、记者,都以一见辜鸿铭为荣。有的甚至说,到北京可以不参观紫禁城,但不可不见辜鸿铭。不论是"怪杰"还是"怪物",辜鸿铭在近代中国学界文坛的地位无人能及,辜鸿铭的"怪"也是举世无双的。

第一怪,形象怪。民国时期,辜鸿铭在北大教授英国文学知识,他留着让人匪夷所思的辫子。早在英国留学时,他本已经剪掉了辫子,西装革履,全然西洋做派,精通数国语言,获得十几个博士学位。他的养父母说他祖先是中国人,应该学习中国文化。于是他去了香港谋差事,在轮船上遇到洋务派知识分子官员马建忠,两人相谈甚欢,辜鸿铭对中华文化产生了浓厚的兴趣。到香港后,工作不太如意,辜鸿铭赶赴上海寻找马建忠,但是没找到。恰巧在返港的途中用英语训斥欺负中国人的英国人,引起了时任两广总督张之洞幕僚的注意,于是把辜鸿铭引荐给张之洞做翻译。张之洞藏书很多,辜鸿铭受益匪浅,决定留辫子、穿马褂,返祖归宗。辛亥革命时,剪辫子成为风潮。但辜鸿铭特立独行,反其道而行之。人人谈论反清革命,他反而把满人硬栽上的辫子重新留了起来,这也符合他复古派的身份。在很多人看来,辜鸿铭是一个留辫子的怪人。他直言:"我要做最后一根辫子。"辜鸿铭会对剪掉辫子后戴帽子的人出言不逊,骂那些人为:"沐猴而冠!"辜鸿铭在北大任教,依然扎着小辫走进教室,学生们不约而同地笑他,他却淡然地说:"我头上的辫子是有形的,而你们心中的辫子却是无形的。"于是,就有了新文化运动在北大的神奇一幕:"有形""无形"论。辜鸿铭的辫子代表了他的态度,即中体西用融合东西文明。

他穿着中国长袍。在北京人都已剪掉辫子的此刻,他却留着那条象征性的发辫。我们的谈话进行了一个多小时。辜氏口若悬河,我几乎插不上话。其实这只是一场长长的独白,令我毕生难忘,因为我从未见过如此执着地坚持己见、坚持确实信念的人。

——弗兰西斯·波里《中国圣人辜鸿铭》

生得一副深眼睛高鼻子的洋人相貌,头上一撮黄头毛,却编成了一条小辫子,冬天穿枣红宁绸的大袖方马褂,上戴瓜皮小帽;不要说在民国十年前后的北京,就是在前清时代,马路上遇见这样一位小城市里的华装教士似的人物,大家也不免要张大了眼睛看得出神吧。尤其妙的是那包车的车夫,不知是从哪里乡下去特地找了来的,或者是徐州辫子兵的余留亦未可知,也是一个背拖大辫子的汉子,同课堂上的主人正好是一对,他在红楼的大门外坐在车兜上等着,也不失车夫队中一个特殊的人物。

——周作人《北大感旧录》

辛鸿铭曾对远渡重洋慕名拜见的英国作家毛姆说："你看我留着发辫，那是一个标记，我是老大中华的末了的一个代表。"1928 年 4 月 30 日辛鸿铭病逝于北京家中，两位爱女为他穿上了崭新的清朝官服，把他那发白的辫子夹杂着红丝线细细编好，盖上棺木葬于北京。辛鸿铭去世后，溥仪派专人致祭，赐以唐公。一张通晓近十门外语的嘴巴，开口即嘲，出语诙谐一条传奇般的辫子，历经沧桑，而至死不剪。

其实，看似怪诞的辫子，是辛鸿铭和家国情怀最显性的一条纽带。童年生活的一切，对其事物的初发性认识，是构成一个人成年理性的关键。辛鸿铭出生在非常正统的封建家庭，但是与同时代许多希望打破家族樊笼进步青年不一样的是，他对家庭中的家族制度、祖宗祠堂有特别的感情。这个家庭侨居南洋，因而在儒家土壤上长出了中国人特有的华侨情结，祖祖辈辈都有叶落归根的梦想。这个家族在南洋近百年，一直保持家乡的"闽南汉语"。语言是文化的载体，"语言决定着我们的思想"，所以作为思想的启蒙，这些就成为他的保守主义的先声。因而当时人们对这样一位生于南洋、学于西洋的文化大师的怪异表现和行为颇为不解的时候，其实是忽略了他独有的华侨身份。

第二怪，性格怪。辛鸿铭从小生在国外，接受了 14 年西方教育，却平生最喜欢骂西方人，但是越骂却越被西方人敬重，是因为他骂得鞭辟入里，骂在要穴和命门上，不由的不使西方人叹服，甘愿受他的骂。辛鸿铭大力支持并主张一夫一妻多妾制度，还有"妾者，立女也，当男子疲倦之时，有女立其旁，可作扶手之用，故男子不可无女人，尤不可无扶手之立女也"的说辞。辛鸿铭的眼中，男人应该作为一家之主的形象出现，对于胡适之类的"怕老婆的人"，他鄙视至极，他当面嫌弃胡适不够男人。但是，他自己对妻子却十分尊重，甚至有些"惧内"。他曾说："连老婆都不怕，还有王法吗？"据说他的妻子淑姑曾因他多次接济叫花子，拿着碗就向辛鸿铭砸了过去，因为妻子觉得这样无度的慈善没有意义。辛鸿铭只好灰溜溜地关门进屋。辛鸿铭和袁世凯曾为同僚，但他不仅骂袁世凯骂的最狠，而且在洋人面前也骂，骂袁世凯寡廉鲜耻，连盗跖贼徒都不如，骂得袁世凯体无完肤、一无是处。一个洋人跟他讨论西方人分贵种、贱种，辛鸿铭借题发挥说，人说袁世凯是豪杰，但在我辛某看来，袁就是一个贱种。后来,当了83天皇帝的袁世凯在骂声中死去了。北洋政府要求举国上下哀悼三日,停止一切娱乐活动。辜鸿铭专门请来戏班子在家中唱戏三天,还邀请中外友人一起看戏。欧洲保守主义崇尚传统,重视经验,反对理论设计,批判法国革命,认为它是建立在抽象的、理性的原则基础上,这种毁灭一切的革命对社会有巨大的破坏性。辜鸿铭受此观点影响,同保守主义一样珍视传统,鄙弃激烈的社会改革方案。他赞赏欧洲中世纪的基督教文明,称之为"有文化教养的自由主义",他也大力推崇中国传统儒教作为国家意识形态、君主制作为国家的政治体制。

第三怪,思想怪,西方的土壤里开出东方的花。辜鸿铭曾公开宣称效忠于清廷,依然拖着长辫子,以"老大中华的最后一个代表"自诩。他说:"许多外人笑我痴心忠于清室。但我之忠于清室,非仅忠于吾家世受皇恩之王室,乃忠于中国之政教,即系忠于中国之文明。"辜鸿铭精通西文,却认定汉语是最优秀的语言。辜鸿铭虽然是通晓西学的前辈,但是竟然保守到难以想象的极端。辜鸿铭拥有杰出的语言才能,使他能深刻地了解欧美文化的本来面目,并且对欧美文化有过数十年的精湛研究,加之西方高等教育的熏陶,他可以游刃有余地介绍中国传统文化,与西方学者交流,在欧美学界享有盛名。然而,随着辜鸿铭对西方船坚炮利的物质文明的深入了解,他越来越清晰地认识到西方文明的弊端,于是转而顽固地死守"国粹",开始厌弃西学,服膺于中国的孔孟之道,大力宣扬本土国粹。辜鸿铭确实有贯通中西、纵论中外的资格和本钱,因此西方学者从来不敢小看辜鸿铭,许多学者甚至对他恭执弟子礼。辜鸿铭入读英国爱丁堡大学后,当时的欧洲浪漫主义大师卡莱尔是他的导师。受卡莱尔的影响,辜鸿铭对西方极端的物质文明,尤其是功利主义进行了犀利的批判。卡莱尔批判资本主义的功利主义使社会道德丧失,人与人之间所剩下的唯一的联系就是"现金交易关系",而人的本性中所包含的责任心、忠诚这些更为重要的品质都被否认了。这也成为辜鸿铭评判社会的标准。辜鸿铭厌恶功利主义,推崇道德,认为"欧洲人没有真正的文明,因为真正的文明的标志是有正确的人生哲学,但欧洲人没有"。这使他们"贪得无厌不知足","为了赚钱连命都不要"。相比之下,辜鸿铭更欣赏中国注重人情、遵守伦理的儒家思想,这是"孝悌仁之本"的人生观,使中国人"知足者长乐","不把金钱本身作为人生的目标,而是为了幸福而活动"。卡莱尔同情穷人,认为穷人无辜受苦的原因在于统治阶级没有履行被赋予的统治权,他把有责任心的统治阶级视为社会的第一需要。在他看来,民主是一种极为不现实的政治制度,是一种乌托邦的信念,这种信念在法国革命中已经失败了,对公民选举权的追求只是对一种虚幻的事物的追求。受其影响,辜鸿铭对统治阶级与人民关系有着不同的理解,他认为中国百姓和君主之间应当是道德关系,并理想化地认为这种道德足以使皇帝尽统治之责,使百姓因"内心蕴含着对权威的尊崇"而"温良",整个社会处在一种有序状态中。这样就不难理解他对君主制的迷恋了。卡莱尔的好友、浪漫主义思想家阿诺德、爱默生等也对辜鸿铭深有影响。浪漫主义思潮对现代化那种"机械性""功利主义"的反感和批判,对精神、心灵和情感的注重等,深深地影响了辜鸿铭的精神发育和成长。

二、辜鸿铭翻译观及文艺思想

辜鸿铭与严复、林纾并称"福建三杰",是清末民初驰名中外的文化名人。虽然辜鸿铭在政治上相当固执和保守,但他绝对是个爱国者。辜鸿铭的一生致力于东学西渐并极力维护中国传统文化的尊严,向西方传播中国文化,以及儒家文明的普世价值,在东、西方文化界都产生了深远的影响。但是,由于辜鸿铭的著作大部分都是用英语写成,所以他的思想并不为很多中国人所知晓。辜鸿铭精通英语,他写了许多文章来颂扬中国文化。在义和团运动和与西方传教士的斗争中,他用英语写了许多论文,分析义和团运动爆发的根本原因和西方的殖民政策,并对西方的侵略进行了批判。他指出,正是西方的侵略引起了中国人民的不满和抗议,并谴责了帝国主义的侵略,呼吁正义和真理。他的论文被刊登在许多西方报纸和杂志上,轰动了世界。他一生都在努力维护中国的利益和尊严,这给西方世界留下了深刻印象。辜鸿铭的译作大体可分为两类:一类是将我国经典的古籍《论语》《中庸》《大学》翻译成英文,成为近代中国由中国人自己向外国翻译中国儒家经典的先驱,并在西方读者中引起了巨大的轰动;另一类是将外国诗歌等翻译成中文,主要有威廉·柯伯的《痴汉骑马歌》和柯勒律治的《古舟子咏》。作为中国古籍汉译英的先驱,他为传播中国古圣贤思想作出了巨大的贡献,是翻译史上不可被遗忘的重要人物。

卡莱尔的写作风格也影响了辜鸿铭。他们都较少创作纯文艺作品,其著作多批判性地聚焦于社会现实问题。卡莱尔虽是英国浪漫主义运动的中心人物之一,但并不是一个典型的浪漫主义者。因为浪漫主义想象力的最自然的表达形式通常是文学、诗歌和小说,而卡莱尔并未创作过纯文艺作品。他喜欢具体的现实的东西,反对虚构的东西,因而多通过历史来表达他对现实问题的关注与批判。同样,辜鸿铭的所有文章也都是基于社会现实问题而发。在表现手法上,辜鸿铭也承袭了卡莱尔的风格。卡莱尔在历史写作过程中不是依靠推理能力,而是基于想像力;辜鸿铭对中国历史问题的阐述同样源于丰富的想象力,而不管是否符合史实。除此之外,辜鸿铭同卡莱尔一样都非常重视象征手法的应用。卡莱尔认为:理念只有通过现实世界的中介,也就是象征,才能为人所理解。卡莱尔的文化哲学强调精神,认为人的本质是一种精神的存在,是与精神秩序有着密切联系的,事物的物质秩序仅仅是一种精神秩序的象征,只有作为物质秩序基础的精神秩序才是终极的实在。据此,辜鸿铭主张精神力量大于物质力量。

自从与马建忠相识畅谈三日后,辜鸿铭的思想有了前进的方向,开始研究中华文化,并将自己的一生投入到对中华文化和精神的推广中。中国历经几千年而从未断流,就是因为每当遇到腐朽文化成为历史发展的障碍时,国人不仅会注入新的血液,更不会抛弃文化的根,中华文明也正是有这种不断的演进,才在世界文明史上获得了至上的地位,也使得每一位中国人无论身在何方都能因享受其无比的光辉而保持自己的信仰,这其实也是辜鸿铭之所以对中国文化倍加称颂的另一原因所在。因此,辜鸿铭认为中国文化才是最具理性最具人文主义的,能给每个人以存在的价值,给每个社会的人以终极关怀,而这些是西方功利主义所不具有的。

《中国人的精神》一书作为辜鸿铭对中国传统文化阐述的论文集,在中外文化交流史上起有重要的作用,通过对它进行某些方面的解读能够使我们对辜鸿铭和他的思想有更深入的了解。

例1

原文:But what I mean by the spirit of the Chinese people,is the spirit by which the Chinese people live,something constitutionally distinctive in the mind,temper and sentiment of the Chinese people which distinguishes them from all other people, especially from those of modern Europe and American.

在这本书中,辜鸿铭认为中国人的精神是中国人赖以生存之物,是中国人生存的精神支柱,是本民族固有的心态、性情和情操。这种民族精神使中华民族有别于其他任何民族。辜鸿铭将中国的国民性与英国人、美国人、法国人和德国人的国民性进行了对比分析。他认为美国人博大、纯朴,但不深沉;英国人深沉、纯朴,却不博大;德国人深沉、博大,却不纯朴。辜鸿铭认为在西方列强之中,只有法国人才能比较好地理解中国人和中华文明。 因为法国人的国民性中存在一种美、英、德各民族都缺乏的性格特质,那就是所谓的"灵敏"特质的民族才能认识中国人和中华文明。辜鸿铭通过对中、美、德这几个民族国民性的对比分析之后得出结论:中华民族的国民性是世界上各民族之中最美好最优秀的。美国人要想变得深沉,那就只有研究学习中华文明。而德国人要想变得纯朴,英国人要想变得博大起来,当然也就只有走同一条道路,没有其他的任何路可走。美、英、德三国人通过研究学习中国的文明、中国的文学,他们就将获得"灵敏"的精神特质。在这里,我们当然要认识到:辜鸿铭将中国文学的地位提高到无可比拟的高位,视为解决英、美、德各民族国民性问题的一副独一无二的良药,显然是过分的和不切实际的。

例 2

原文:The truth of the matter is,——the reason why the Chinese people do not feel the need of religion is because they have in Confucianism a system of philosophy and ethics, a synthesis of human society and civilisation which can take the place of religion. People say that Confucianism is not a religion. It is perfectly true that Confucianism is not a religion in the ordinary European sense of the word. But then I say the greatness of Confucianism lies even in this, that it is not a religion. In fact, the greatness of Confucianism is that, without being a religion, it can take the place of religion; it can make men do without religion.

例 3

原文:But for the mass of mankind who are not poets, artists, philosophers or men of science;for the mass of mankind whose lives are full of hardships and who are exposed every moment to the shock of accident from the threatening forces of Nature and the cruel merciless passions of their fellow-men, what is it that can lighten for them the "burden of the mystery of all this unintelligible world?" It is religion.

辜鸿铭是一个对儒家学说持有绝对自信的学者，他相信儒家学说是挽救人们精神危机的一剂良药。我们暂且不论辜鸿铭的思想是否偏颇，也不论儒家学说的糟粕与精华，但他对于儒家学说的自信和宣传，却显示出一个知识分子的思想的独立和品质的高贵。事实也证明,中国的儒家思想不是宗教胜似宗教,辜鸿铭早已看到了儒家学说的力量和功效,不愧为一位有远见的学者。

在跨文化翻译当中，保持本域文化特色和优势地位，向外推广和传播本域文化，是很多爱国人士追求的目标。美国学者波特认为:文化是最根本的、最难替代和模仿的、最持久的和最具核心竞争优势的。在腐败的清王朝统治期间,西方列强首先向中国进行的是以基督教义为代表的意识形态的殖民化活动,大量的牧师被派往中国,众多的基督教堂建立起来,积极的宣教活动广泛展开,这种大规模的文化殖民活动很大程度上弱化了中国的传统文化和伦理,包括对传统的宗教——佛教、儒教等的冲击。

——秦建华《翻译研究的多维视野》

作为传统文化尤其是儒家思想的忠实捍卫者,辜鸿铭在《中国人的精神》一书中做了详细阐述。辜鸿铭归国后读中国传统经典,把《论语》《中庸》用英语和德语翻译到西方,评价孔子代表的儒家学说为"不是宗教却能代替宗教",并对儒家学说培育下的中国人给予极高的评价。

辜鸿铭一生仕途波折颇多,虽然身居高位但壮志难酬,虽然精通西文,却致力推广中国传统文化。为了让西方人了解中国的孔孟哲学和精神道义,他勤于写作,而且多用流利的英文写成,便于使西方人了解进而尊重中国文化。辜鸿铭学贯中西、阅历丰富,采用归化翻译和写作策略,把中国文化带到他国,让中西两种文化就彼此的差异性进行平等的协商、对话,实现了中国文化和西方文化的交融,是中国文化"走出去"、讲好中国故事,传播中国文化的典范。

不同于理雅各及其他西方传教士及汉学家,辜鸿铭翻译儒家经典是要把中国传统思想文化的真谛传播到西方。在具有中西文化背景的辜鸿铭看来,西方传教士及汉学家翻译的儒家经典并没有反映出儒家思想的精髓。因此,辜鸿铭认为儒家宣扬"内圣外王",是真正的文明教化,可以通过翻译之桥弥补西方缺失。遇到表达价值观的中国概念,凡是英语没有对应的,辜鸿铭都采用解释的策略,尽力保留原文价值观。

例4

原文:曾子曰:吾日三省吾身:"为人谋而不忠乎?与朋友交而不信乎?传不习乎?"

译文:A disciple of Confucius remarked ,"I daily examine into my personal conduct on three points :——First, whether in carrying out the duties entrusted to me by others, I have not failed in conscientiousness; Secondly, whether in intercourse with friends, I have not failed in sincerity and trustworthiness; Thirdly, whether I have not failed to practice what I profess in my teaching."

曾子在这里把孔子的"内省"概念加以阐发,提出了三项自省的内容,完善了这一修养方法。自此,"内省"成为儒家的思想传统。"内省"作为儒家的道德修养方法之一,是指发自内心的省察,即以一定的道德原则、规范、标准对照检查自己的言行,以达到一种自觉。辜鸿铭借此劝告期望通过变革改变困境的人士,在提出任何改革计划之前应首先改变他们自身,倡导道德的改革居于各项改革之首。辜鸿铭翻译儒经的目的,不仅要将汉学家歪曲的形象给纠正过来,改变西方人对中国人的看法,同时要向西方展现中国的道德文明,减少西方读者的阅读障碍,让他们在自己的概念体系里理解儒学,并知道中国的儒学不低于西方任何宗教和哲学。

辜鸿铭所生活的时期是中国历史上的特殊时期。他才华横溢的壮年时期,正是中国在近代史上遭受列强凌辱最盛,几近亡国灭种的时候。他赶上了第二次鸦片战争时英法联军火烧圆明园、八国联军侵占北京、签订丧权辱国的《辛丑条约》这些使中国人受尽灾难的历史事件。虽然在西方颇受"人权神圣"的熏陶,辜鸿铭在中国看到的却是西方强盗的狰狞面目。在这种高强度对比的刺激下，但凡是一个有良知的中国百姓都不会对吃人猛兽般的列强顶礼膜拜，更不会去拼命追随所谓的西方文明。因此，受文化保守意识及阶级立场的影响，辜鸿铭投向了传统文化的怀抱，试图从中找出救世良方。在特定的历史背景下，辜鸿铭更加坚定中国传统文化至上的信心，致力于向西方宣传东方文化和精神，并产生了重大影响。

吴宓称赞辜鸿铭"为吾国人介绍西洋诗歌之始"。著名的诗歌译作《痴汉骑马歌》是18世英国著名诗人威廉·柯柏（William Cowper，1731—1800）的作品，诗人通过描绘日常生活和英国乡村场景，改变了18世纪自然诗的方向，是浪漫主义诗歌的代表诗作。这首诗全称是 *The Diverting History of John Gilpin*，*Linen Draper*，是一首著名的叙事长诗，描述了一个布贩子的日常生活趣事，全诗透着幽默风。

例5

原文：When Betty，screaming，came downstairs，

　　"The wine is left behind！"

译文：秋香忽来报，

　　"美酒犹在兹。"

原诗是一首叙事诗，并无太深奥的道理，但可慰藉人的心灵，使人轻松开心。为了将原诗中戏谑可笑的趣味表现出来，同时又要不失原诗的风格神韵，辜鸿铭选择了不打扰读者，让原作者去接近读者的"归化"翻译策略，用五言古体诗来翻译英诗。我国的五言诗最初衍生于西汉的乐府民歌，并在民谣的基础上发展起来，这种古体诗的特征就是既具备音乐的品质，又能配合音乐而唱，其优势在于亲切而易于被大众接受，更适合叙事。辜鸿铭把诗人的风趣和诗中主角即布贩子的天真烂漫，特别是他那股"痴"和"呆"味儿都译了出来，使读者感到十分亲切。在例5中，辜鸿铭还别出心裁地套用中国文化中的典故来翻译柯柏的这首诗。这与我国历来就有诗文用典之风一脉相承，适当运用典故可以增大诗词的表现力，使内容在有限的词语中展现更为丰富的内涵，从而增加韵味和情趣。原诗中的"Betty"是布贩家的女仆，直译为"贝蒂"，然而辜鸿铭却译为"秋香"。对于中国读者来说，民间典故"唐伯虎点秋香"或"三笑姻缘"中的"秋香"是个家喻户晓的女子。中国明朝才子唐伯虎不

拘礼法,敢闯朱门豪宅,敢与达官贵人插科打诨。经过种种斗智斗勇,唐伯虎和"秋香"有情人终成眷属。"秋香"便是这个典故里一位美丽能干的婢女。诗文中,"Betty"也是一位女仆,故译者直接用"秋香"来代替"贝蒂",让汉语读者立刻想到发生在一位聪慧伶俐的女子身上的趣事,给读者带来阅读的期待,跟原诗中的女仆边下楼边大喊着告诉主人忘了带美酒出行的内容相符合。辜鸿铭将两种文化中对等的文化意象进行置换,消除了英语异域文化给中国读者带来的陌生感和异质感,降低了汉语读者对英语文化理解上的隔阂,让汉语读者一下就记住了诗歌中的人物身份和特性。

尽管辜鸿铭身上有惊人的偏执和疯狂,缺点颇多,如固执己见、叛逆狂悖、自我意识特别强、故步自封、难以调和等。然而,这些都和他一生的经历有密切的关系。辜鸿铭生性敏感,易走极端,他比一般的中国人更清楚西方对中华民族的欺凌和对传统文化的蔑视。辜鸿铭想通过儒家经书来构筑中国传统文化的理想,调和与中国社会现实的矛盾,但是他从未被中国的士大夫圈子真正接纳,因此他便以极端的保守态度来证明他是一个地道的中国人。辜鸿铭是近代文化史上一个独特的文化现象。他的见识既超出一般的封建"顽固派",也不同于"洋务派";既不同于"国粹派",也有别于民初的"东方文化派"和后来的"新儒家"。他对中国文明的敬意与同情,对维护本民族文化的使命感让人同情理解。然而,无论如何,辜鸿铭以他独特的思想与活动,在近代文化史上留下了后人不可忽视的印迹,这一点毋庸置疑。他在二十世纪思想史的背景上凸现出多元开放的文化学术景观,并提供了一份发人深省的"思想备忘录"。

第七节 小 结

1840 年后,近代中国沦为半殖民地半封建社会。新兴的中国资产阶级先天不足,后天亏损,与帝国主义和封建势力摆脱不了关系,导致自身软弱和妥协,并无实现反帝反封建的能力。农民成了反帝反封建的主力军,太平天国农民革命战争和义和团反帝爱国运动沉重打击了帝国主义和封建势力,但由于没有无产阶级的领导,革命不彻底,最终难逃失败的命运。中国近代新经济和新的政治力量的发展推动了思想观念上的变革,即资产阶级的改良运动。随之产生的资产阶级新文化的启蒙思想标志着近代资产阶级哲学思想的形成。改良运动破产后,中国民族资本主义开始发展,掀起了资产阶级和小资产阶级革命思潮。

时势造英雄,社会使命催生了一大批爱国仁人志士,他们主张"开眼看世界","师夷长技以制夷",在这场向西方学习的思潮中,中国近代翻译的重要性受到重视,翻译家们承担了无比艰巨的翻译任务。这些翻译家有着不同的身份,不仅仅有从事实际翻译工作的翻译家、科学家、文学家、诗人、洋务派的代表,如林则徐、冯桂芬、徐寿、华蘅芳、张之洞、严复、林纾、周氏兄弟、胡怀琛、周桂笙、徐念慈等,还有马建忠、康有为、梁启超等思想家,章太炎、王国维、章士钊、孙诒让等大学者,出版家张元济,教育家蔡元培、胡以鲁等。他们的文艺思想大都与救国图存有关,表现了我国当时爱国知识分子报国救国、望国强盛的急切心情。他们发表见解的方式不仅出现在译书的序言里,而且还通过专门的文章加以论述,这在中国翻译史上有开创之功。他们在翻译的基本问题上,如翻译的途径、翻译的社会功能、译名的翻译问题、翻译与思维的关系、翻译人才的培养、翻译内容(科技书、法律书、政治小说等)的选择、翻译分轻重缓急、诗歌翻译、译界缺点和译风问题、翻译的功能等方面有了更深入的论述和阐发,其中不乏前人未提及的内容,思想更加全面和深刻,涉及文学理论、诗学艺术、美学哲思等,而且这一时期的翻译家更加重视翻译的社会功用和文学的现实价值,他们在中国思想界和知识界影响巨大。因而,他们的文艺思想更具独特性和科学性,成为当时主流话语的重要组成部分。

第四章　筚路蓝缕担重任

　　从资产阶级革命到第一次世界大战期间,中国的民族工业得到进一步发展,促使观念形态上出现了资产阶级新文化运动。受俄国十月革命的鼓舞,中国爆发了伟大的五四运动,掀起了新文化运动的高潮。新文化运动以民权、平等和达尔文的进化论为指导,以民主、科学为主要内容,动摇了封建思想的统治地位,出现了思想解放的新潮流,科学社会主义思想逐渐兴起,在马克思主义的指引下,彻底的强硬的反帝反封建文化斗争也以破竹之势蔓延开来。

第一节 百废待兴的新局面

　　1919 年的"五四运动"是一场爱国政治运动。在"五四"前后,于思想文化领域曾发生过一场规模空前的文化革命运动,在文化史上称为"新文化运动"。"五四"新文化运动是一次伟大的思想解放运动。新文化运动分为两个阶段,"五四"以前是思想启蒙运动,启蒙运动是反封建的产物。封建社会造成人们的蒙昧无知,为了廓清蒙昧,启迪理智,处在上升时期的资产阶级需要一个思想上的启蒙运动。在世界历史上,启蒙运动可上溯到十五世纪欧洲的"文艺复兴",它发端于意大利,十八世纪遍及西欧各国,形成普遍的思想运动。"五四"以后,马克思主义在中国广泛传播。学者们称"新文化运动"是"中国的文艺复兴",认为中国的文艺复兴"是一场自觉的、提倡用民众使用的活的语言创作的新文学取代旧语言创作的古文学的运动。其次,它是一场自觉地反对传统文化中诸多观念、制度的运动,是一场自觉地把个人从传统力量的束缚中解放出来的运动。它是一场理性对传统、自由对权威、张扬生命和人的价值对压制生命和人的价值的运动"(胡适,2001)。中国的文艺复兴与欧洲文艺复兴有颇多相似之处,不同的只是西方是托古改制,借"复兴古典文化"的名义来反抗封建教会,推动社会进步;而中国的文艺复兴则是通过彻底否定传统,借西化来砸碎两千多年的儒教枷锁,求得人性的解放。"五四"的启蒙思想家们以意大利的"文艺复兴"和法国的"启蒙运动"为榜样,对中国的资产阶级革命——辛亥革命,进行了一次文化思想上的补课。他们在当时全国人民斗争浪潮的激励下,以饱满的革命热情对封建思想文化发起攻击,从 1915 年 9 月开始,以《新青年》为阵地,高擎"科学"和"民主"两面思想文化旗帜〔尊之为"赛先生"(Science)和"德先生"(Democracy)〕,用科学和民主"救治中国政治上、道德学术上、思想上一切的黑暗",形成了具有伟大历史意义的文化思想运动,这是中国革命的一次重大历史转折。

"五四运动"至 1932 年间,国内掀起了关于翻译问题的争论,经过六七年就爆发了抗日战争。八年全面抗战,翻译界和全国各界人士一样,把全部力量集中到救国图存、争取解放的事业上去。这一时期,我国的翻译事业放慢了发展的脚步,进入现代翻译史上一段芜滥沉寂的时期。但是,在这一时期,关于翻译标准和方法的论述,关于"形似神似理论"的研究,关于翻译的哲学思想探讨等,不仅还在继续,甚至得到了深入的发展。翻译家们发表了不少讨论翻译的论文。其中,对我国翻译思想发展影响较大的,首先当属关于"形似神似理论"的研究,代表人物有林语堂、朱生豪、梁宗岱等著名翻译家。他们将这一理论应用于自己的翻译实践中,成为成功的探索者,发展了本源于画论的"形似神似理论"。

新中国成立后,中国共产党领导的传统文艺改造运动逐渐拉开帷幕。期间,中国共产党相继从"改制""改人""改剧"三个方面,分别对传统文艺的体制、艺人、内容进行由内而外、自上而下的彻底改造。虽然在改造过程中产生过一定的问题,但总的来说,通过传统文艺的改造最终确立了马克思主义在文艺领域的指导地位,推动了传统文艺的发展繁荣,建立了社会主义的意识形态,同时也进一步明晰了文艺发展的客观规律,理清了文艺与政治的辩证关系,坚定了"双百"方针的正确引导,肯定了文艺的发展必须坚持中国共产党的领导,文艺的导向必须坚持以人民群众为中心,文艺的繁荣必须坚持继承与创新的统一。

第二节 两脚踏东西文化——林语堂

By the magic of your pen, you have portrayed the soul of your great people to the people of the English speaking world in a way no person has ever done before.In doing so, you have spoken to the people of the English speaking world in their own language with an artistry that is at once their envy, admiration, and despair.

——纽约埃尔迈拉学院校长

在国外受教育,又在国外长期居留,以他外国语文之高深修养,不返国凭崇洋为炫耀,而却在国外宣扬祖国。只此一端,可谓为人所不为,堪当中国传统观念中一豪杰之称。

——钱穆《怀念老友林语堂先生》

《纽约时报》以第一版刊出父亲去世的消息……该报说:"他向西方人士解释他的同胞和国家的风俗,想望,恐惧和思想的成就,没有人能比得上。"

《联合报》的社论道:"他一生最大的贡献,应该是,而且也公认是对中西文化的沟通。……但论将我中华文化介绍西方者,则除了有利玛窦、汤若望等等外国人曾经从事之外,数献身此道的中国学人,林语堂虽非唯一人,却是极少数人中最成功的一人。"

——林太乙《林语堂传》

在百川归海、博大精深的中国文化中,一直以一些哲学思想为其主流,而最有代表性的则是儒家、道家和佛家(禅宗)。因此,探讨一个人的中国文化观,不能不看其对于儒、道、释(禅)的基本态度,确立了这一基本点也就大致理解了其思想主脉。

——王兆胜《林语堂的中国文化观》

林语堂的许多著作洋溢着丰赡澎湃的人文情怀，具有非凡的文化生命力，其精神文化价值自不待言，而对于工具技术理性时代的社会尤富有字样文明和谐的现实意识。

——吴慧坚《重译林语堂翻译综合研究》

应当说，林的中文好到无法翻成英文，他的英文也好到无法翻译成中文，两者都已是炉火纯青："缺少可译性。"是文之至美。林语堂的中文散文，绝对不会写成英文延绵环连；他的英文传记、小说，也绝对不可能用中国人赞叹的简约并置。

——赵毅衡《对岸的诱惑：中西文化交流记》

读林先生的书使人得到很大启发。我非常感激他，因为他的书使我大开眼界。只有一个中国人才能这样坦诚，信实而又毫不偏颇地论述他的同胞。

——R.E.Kennedy《纽约时报》

一、个人生平及成果

1895 年，置于时间长河里，只是一个时间而已。但是，这一年，中日签订《马关条约》，这一年，福建南部龙溪县坂仔村诞生了一个男婴。回望历史，我们才发现这个孩子对中西文化和文学产生了巨大的影响，而这个孩子就是后来名震寰宇的文学家、翻译家林语堂。林语堂(1895—1976)原名和乐，学名玉堂，笔名萨天师、宰予等。林语堂的家乡四面环山，距离厦门约 50 公里，家乡的一山一水都给童年的林语堂留下了深刻的印记。

童年的部分记忆和我所居住的这环山的村落有关，因为接近高山就如同接近上帝的伟大。我常常站着遥望那些山坡灰蓝色的变幻，以及白云在山顶上奇怪的、任意的漫游，感到迷惑和惊奇。它使人轻忽矮山及一切人为的、虚假的、渺小的东西。这些高山早就成为我及我信仰的一部分，因为它们使我们感到富足，心里产生力量与独立感，没有人可以从我身上带走它们。这山还印证了《圣经》上的那句话——"这人的脚登山何等佳美"，我开始相信，一个人如果不能体会把脚趾放进湿草中的快感，他是无法真正认识上帝的。

——林语堂《从异教徒到基督徒》

林语堂的父亲林至诚是一位善良幽默的乡村牧师,曾任坂仔乡堂会会长,也是一位坚定的基督教徒。母亲是一位善良的乡村妇女,也是基督教徒。林语堂提到他的母亲时,这样描述:"拥有一个被孺慕所包围的简单、无邪的灵魂。"(林语堂,2014),因此,他们家每天都要谢饭感恩,每晚上床前都要进行家庭祷告,林语堂与兄妹在一个相爱和谐的家庭中长大,家人虔诚,家庭氛围良好。林至诚夫妻有五男二女,林语堂在男孩中排行第五,自幼聪慧过人,随父读四书五经、《声律启蒙》《幼学琼林》《鹿洲全集》等。林语堂的父亲渴望西方知识和基督教教育,于是林语堂很小时就被送到教会小学读书,后转学到厦门鼓浪屿小学,中学时就读于上寻源书院,这些学校都是美公会所办,注重英文和自然科学,可以说,林语堂从小便深受西方文化影响。17岁的林语堂以优异成绩中学毕业,于1912年到上海享有国际声誉的圣约翰大学专攻英文,广泛接触西方资产阶级的世界观、人生观。来自山村的孩童走进广阔丰盛的文化之林,林语堂对西方文化产生了浓厚兴趣。圣约翰大学校长和许多教授都是外国人,他们的生活方式、思维方式、思想情趣对青年林语堂影响很大,在教会学校和圣约翰大学期间,林语堂被传教士们仁爱、诚恳、真实的生活打动,十分仰慕"西洋生活"。1916年,圣约翰大学毕业后,林语堂到清华学校任英文教员,教学期间他开始意识到自己在本国的传统历史和语言文化方面欠缺。因此,凭借对祖国文化和语言的热爱和深厚的兴趣,林语堂开始弥补中国古代文学、哲学、语言等知识。功夫不负有心人,林语堂最终凭借自己的勤奋和悟性夯实了母语和母语文化历史的基础。1919年夏天,林语堂抱着探索新天地的雄心,登上远洋海轮,驶向大洋彼岸的美国,开始留学生涯,进入哈佛大学的比较文学研究所学习。不久,又来到德国伟大诗人歌德的故乡耶拿(Jena),进入耶拿大学。由于林语堂在这个时期对语言学的热度超过了文学,而莱比锡大学又以语言学驰名,他在耶拿大学读了一个学期之后便转入莱比锡大学,该校是著名的印欧比较语法学的发源地。林语堂在汉学家康拉狄(August Conrady)等著名教授指导下研究语法学和汉语古音韵学。他在《八十自叙》中回忆说:"不久我便迷上《汉学师承记》和《皇清经解》的文献,尤其是晚清官吏阮元所编的《经解续编》,并且熟知各作家的训诂作品,更熟知王念孙父子、段玉裁、顾炎武等大师。"这一时期,他除了阅读中外文学名著、钻研语言学之外,又广泛接触西方哲学,对尼采、蒙田、麦烈蒂斯等思想家十分崇敬。在此期间他还补修了在哈佛大学未学完的功课,得到哈佛大学承认,获得了文学硕士学位,因此对英语和西方语言学造诣颇深。后应法国青年会征召,林语堂远赴法国,为第一次世界大战后留在法国的华工工作。1923 年林语堂获得莱比锡大学哲学博士学位。林语堂留学四年,辗转居留于美、法、德 3 个国家,先后进了 3 所大学,于 1923年夏季结束了他的留学生活,回到了当时战争频繁的祖国。秋天,按照与胡适的约定,林语堂就职于北京大学,任教授,从事教育、写作等工作。

林语堂在北大任教期间,"五四"新文化运动的高潮已经过去,新文化运动结成的统一战线开始分化,林语堂选择加入鲁迅主办的《语丝》。语丝派站在爱国青年一边,走在当时文化、文学阵营的前列,林语堂跟着鲁迅的步伐前进,留下了进步的足迹,用实际行动写下了他一生中光彩的一页。这一时期是林语堂文学创作生涯中的第一个"黄金时期"。1928 年,林语堂出版了早期作品集《翦拂集》,其内容与鲁迅的《华盖集》相呼应。20 世纪 20 年代,正是多种外来文艺思潮纷至沓来的时代,林语堂以精通英语之所长,翻译和介绍西方文艺论著,如意大利哲学家、美学家克罗齐的《美学表现的科学》,英国作家、诗人王尔德的《艺术的批评家》,丹麦文艺批评家、文学史家布兰代斯的《亨利·易卜生》,美国文艺批评家斯平加恩的《新的文评》等。林语堂一生谈及翻译理论的文章不少,早在 1924 年 4 月 4 日的《晨报》上,他便发表过《对于译名划一的一个紧要提议》。然而,林语堂最系统、最有名的译论乃是长篇论文《论翻译》。1929 年在东吴大学任教时期,林语堂还运用语言学规律研究英语教学,出版过著名的《开明英文读本》《开明英文文法》,成为当时英语教学中最有权威和影响的教科书,为中国外语教学作出了可贵的贡献。30 年代前期是林语堂在中国现代文坛上最为活跃的时期,主编《论语》《人间世》《宇宙风》等刊物,成为"论语派"的主要代表。1936 年后,林语堂开始进行长篇写作。在美国著名作家赛珍珠的支持和鼓励下,林语堂在美国出版第一本英文创作的作品《吾国与吾民》,向英语读者展现了中国人在性格、心理、思想方面的特点和社会、政治、文学、艺术等生活的各个侧面。虽然国内对这本书褒贬不一,但是在美国却引起了轰动。赛珍珠读

完后惊呼这是"伟大著作",并评价道:

But suddenly, as all great books appear, this book appears, fulfilling every demand made upon it. It is truthfully and not ashamed of the truth; it is written proudly and humorously and with beauty, seriously and with gaiety, appreciative and understanding of both old and new. It is, I think, the truest, the most profound, the most complete, and the most important book yet written about China. And, best of all, it is written by a Chinese, a modern, whose roots are firmly in the past, but whose rich flowering is in the present.

可是出乎不意,与历来的伟大著作的出世一样,《吾国与吾民》不期而出世了。它满足了我们一切热望底要求,它是忠实的,毫不隐瞒切真情。它的笔墨是那样的豪放瑰丽,巍巍乎,焕焕乎,幽默而优美,严肃而愉悦。对于古往今来,都有透彻的了解与体会。我想这一本书是历来有关中国的著作中最忠实、最钜丽、最完备、最重要底成绩。尤可宝贵者,他的著作者,是一位中国人、一位现代作家,他的根蒂巩固地深植于往昔,而丰富的鲜花开于今代。

1937 年,林语堂的第二部著作《生活的艺术》在美国发行,向西方社会全面介绍了中国人的生活方式和人生哲学。这部著作在美国连续五十二周位居畅销书榜的榜首,自发行以来已再版四十次以上,被翻译成十多种文字,在西方读者间形成了"林语堂热"。吴滋(Katherine Woods)在《纽约时报》书评副刊中评价道:

林语堂把许多历史悠久的哲学思想滤清,配以现代的香料;他根据个人独特的创见,用机智、明快、流利动人的文笔写出一部有骨子、有思想的著作。作者在书中讨论到许多问题,见解卓越,学识渊博,对中西思想有深刻的理解。

1939 年,林语堂借鉴中国古典名著《红楼梦》的艺术形式创作第一部长篇小说《京华烟云》,反映了中国从 19 世纪末期到 20 世纪 30 年代抗日战争时期的生活,出版后也引起了极大的轰动。在以后的 30 多年时间里,林语堂一直笔耕不辍,先后发表了几十部小说和专著,如《风声鹤唳》《唐人街》《朱门》《红牡丹》《苏东坡传》等等,作品大都从不同角度刻画出东方文化背景下的中国人在各种环境下的生活和思想的现实,体现了林语堂在文学方面的深厚造诣。1966 年,林语堂返回台湾定居,又在香港任教,最后在香港病逝。因此,曾辗转多地的林语堂成为海外、台、港一带声誉很高的文化名人。

林语堂的创作和研究生涯长达六十年之久,在不同时期都留下了形式不一的丰富成果,包括小说、散文随笔、翻译作品、教材、词典等,甚至还有科学发明,如中文打字机,这些成果体现了林语堂的智慧和勤奋,也体现了他在文学、哲学、历史、语言、政治等不同领域里不凡的造诣,也因而具有很高的研究价值。林语堂丰富的思想来源于他多元的哲学思想和东西兼备的文化背景和文化身份。出生于基督教家庭,所以教会教育是影响林语堂早期思想的重要组成部分,在林语堂的哲学思想里,既有西方基督教教义的存在,也有中国传统的道家哲学、儒家伦理和佛教信条的成分。林语堂一生的思想都充满了矛盾,不仅因为他有多元复杂的思想、信仰和爱好,也因为他一生中涉猎了文学、宗教、政治、语言、历史、哲学等丰富的领域,并且在文化上横贯中西,在历史上古今融合,集古今中西文化于一身。他这种复杂而独特的文化个性体现在其丰富庞杂的思想体系当中。林语堂毫不避讳地批评中国文化国民性中的弊端,也不遗余力地向西方介绍东方文化;他安然地享受现代文明带来的便利,又坚定地拒绝放弃舒适的长衫去穿西装打领带;他中肯地表示他对中国老庄哲学的欣赏和肯定,又从不否认他是一个地道的基督教徒。也正是这种多元性、复杂性和矛盾的特点,造就了林语堂在文学、文化、哲学等领域里不可取代的地位。

林语堂在国际国内文坛上享有极高的知名度,曾经被美国文化界列为“二十世纪智慧人物”之一。(施建伟,1997)“30年代非左翼文学家中,对翻译理论作出贡献最大的,当推林语堂”。(陈福康,2000)作为翻译家的林语堂,拥有特殊的双重文化身份,对东西方两种不同的文化都有深刻而成熟的认识和理解。而这种东西混合的文化身份,与当时不平等的文化势力和话语权等时代特征共同作用,造就了林语堂矛盾统一的文化观,既有深厚的东方文化情结,但又不得已和潜意识里的东方主义思想存在矛盾。

翻译是一种艺术。凡艺术的成功,必赖个人相当之艺才,及其对于该艺术相当之训练,此外别无成功捷径可言,因为艺术素来是没有成功捷径的。翻译的艺术所依赖的:第一是译者对于原文文字上及内容上透彻的了解,第二是译者有相当的国文程度能写清顺畅达的中文,第三是译事上的训练,译者对于翻译标准及技术的问题有相当的见解。此三者之外,绝对没有什么纪律可为译者的规范,……所谓"规矩准绳",实则是老学究对于真正艺术自隐其愚的手段,太相信规矩准绳的人,也就上了老学究的当。

——林语堂《论翻译》

林语堂将翻译作为一种艺术看待,认为翻译艺术首先需要译者在原文文字及内容层面有透彻的了解,其次译者一定要具备相当深厚的汉语语言及文化功底,并且能够写出通顺流畅的中文,再者,翻译是需要训练的,只有经过不断的译事训练,译者才能对翻译标准和策略方法形成自己的理念和认识。此外,林语堂还提出了翻译是语言文字和心理的问题,因而成为中国译学史上第一个最明确地将现代语言学和心理学及翻译理论结合到一起的学者。多年的英文写作及译著活动使林语堂形成了继承前人译论精华的"翻译三标准",即"忠实、通顺、美",同时,他又从另一角度对这三条标准进行解释,认为这三条是译者的三种责任:"忠实"是译者对原著者的责任,"通顺"是译者对中国读者的责任,"美"是译者对艺术的责任。只有具备了这三种责任心,才可以算得上真正的译家。

二、林语堂翻译观及文艺思想

林语堂的翻译观与他的文化观是分不开的。文化观为他的翻译思想提供了思想基础,而翻译观促使他在中西文化融合的道路上走得更远。林语堂认为,翻译目的是翻译的指导原则,英译汉的目的在于扩大国民视野。因为当时林语堂所处的环境是西方先进而强大,但大多数中国人对西方先进文明一无所知。作为一名翻译,林语堂觉得应当把西方文明介绍给中国,启蒙中国人主动承担起自己的责任。与此同时,林语堂也在不遗余力地向世界介绍中国文化,增进中国与西方国家之间的相互理解和相互交流。林语堂的观点其实从另一个角度定义了译者的责任,为译者在翻译中提供了一种特殊的职责,即一种向落后的地区介绍先进文明并照亮世界。林语堂虽然在中国长大,但在西方生活了三十多年,对中西方文化有着深刻的见解。

与中国近代许多知识分子相比,林语堂对中西方文化的态度更加客观。他无意攻击任何一种文化,也并没有不加甄别地赞美它们;相反,他站在两种文化之外,并尽最大努力找出两种文化之间的异同。林语堂希望能够创造一种世界文化,他认为只有通过结合两种文化的精髓才能实现这种世界文化。此外,林语堂对中西方之间的文化差异进行了探讨,认为每种文化都有其优点和缺点,为世界人类的共同进步,不同文化间可以相互借鉴,共同推动世界文明的进步。

除了启蒙中国人的思想外,林语堂认为翻译应注重跨文化交际。由于政治原因,当时中国的形象一直处于被歪曲和误解中,无法为西方所接受。因此,林语堂将他的注意力从政治问题转移到专业写作和翻译上。林语堂在博览群书的过程中,发现中国圣贤、诗人对人生和文学的哲学思想正好与他自己的想法吻合,于是,他开始致力于研究中国传统文化以及先贤圣人的经典著作,并用英语写成《吾国与吾民》,介绍中国人的性格、心理、思想特质,以及中国社会的妇女、社会、政治、文学、艺术等内容。林语堂以冷静犀利的视角剖析了中华民族的精神和特质,向西方展示了一个真实而丰富的民族形象,吸引了西方人对中国文化的极大关注。随后,林语堂发现西方读者迫切需要《吾国与吾民》之类的作品,于是着手翻译了更多中国经典文学作品,以满足西方读者的需求,更重要的是希望通过"中学西渐"促进中西方之间的跨文化交流。例如:记录人生哲学的《浮生六记》就充满了中国典型知识分子的审美和文学观点,林语堂觉得这部作品可以让世界了解中国传统文化,于是决定翻译《浮生六记》,以实现促进跨文化交际的目的。

《浮生六记》是清朝长洲人沈复的自传体散文集,原有六卷,现存前四卷。卷一《闺房记乐》描述了作者与妻子陈芸闲居沧浪亭畔时怡然自得的生活。卷二《闲情记趣》叙述了作者在生活穷困中,依然有一双发现美的眼睛,阐发了作者不同凡俗的美学观。卷三《坎坷记愁》记述了伉俪天性浪漫,但是惨遭不幸,家破人亡,备尝艰辛。卷四《浪游记快》讲述作者遍历风景名胜,记录各地的美丽风光。

例1

原文:余启堂弟妇,王虚舟先生孙女也,催妆时偶缺珠花。芸出其纳采所受者呈吾母,婢妪旁惜之。芸曰:"凡为妇人已属纯阴,珠乃纯阴之精,用为首饰,阳气全克矣,何贵焉？"而于破书残画，反极珍惜。书之残缺不全者，必搜集分门，汇订成帙，统名之曰"断简残篇"；字画之破损者，必觅故纸粘补成幅，有破缺处，倩予全好而卷之，名曰"弃余集赏"。于女红中馈之暇，终日琐琐，不惮烦倦。芸于破笥烂卷中，偶获片纸可观者，如得异宝。旧邻冯妪每收乱卷卖之。其癖好，与余同；且能察眼意，懂眉语，一举一动，示之以色，无不头头是道。

译文：My younger brother Ch'it'ang married the grand-daughter of Wang Hsichou. It happened that on the wedding day, she wanted some pearls. Yun took her own pearls, which she had received as her bridal gift, and gave them to my mother. The maid-servant thought it a pity, but Yun said, "A woman is an incarnation of the female principle, and so are pearls. For a woman to wear pearls would be to leave no room for the male principle. For that reason, I don't prize them." She had, however, a peculiar fondness for old books and broken slips of painting. Whenever she saw odd volumes of books, she would try to sort them out, arrange them in order, and have them rebound properly. These were collected and labelled "Ancient Relics." When she saw scrolls of calligraphy or painting that were partly spoilt, she would find some old paper and paste them up nicely, and ask me to fill up the broken species. These were kept rolled up properly and called "Beautiful Gleanings." This was what she was busy about the whole day when she was not attending to the kitchen or needlework. When she found in old trunks or piles of musty volumes any writing or painting that pleased her, she felt as if she had discovered some precious relic, and an old woman neighbor of ours, by the name of Feng, used to buy up old scraps and sell them to her. She had the same tastes and habits as myself, and besides had the talent of reading my wishes by a mere glance or movement of the eyebrow, doing things without being told and doing them to my perfect satisfaction.

　　《浮生六记》卷一的《闺房记乐》记录了作者和妻子陈芸美好的夫妻生活，二人从相识、订婚，到洞房花烛以及甜蜜的婚后生活。林语堂十分喜欢这部著作，尤其对芸娘的形象更觉可爱。芸娘比沈复年长几岁，第一次见到芸娘时，沈复就觉得此生非她不娶,而芸娘也对沈复心生欢喜。于是,两情相悦的二人在家长们的撮合下走到了一起。芸娘勤奋好学,少时便能背诵《琵琶行》,对写诗颇感兴趣。夫妻两人情投意合,婚后相敬如宾,经常在房间里对诗,闲暇时会到后花园散步,泛舟湖面,夜幕凉亭赏月。例1便出自该卷,作者讲述弟弟娶妻时,新娘头上缺少珠花,芸娘便取出自己结婚彩礼的珠花相赠,连婢女仆人都觉得非常惋惜。但芸娘却觉得珍珠只是首饰而已,没什么宝贵的。反倒对于那些破书残画却极其珍惜,遇到残缺不全的书籍,芸娘必定收集好了再分类,汇订成册,起名为"断简残编"。对于破损的字画,也一定要拿旧纸小心翼翼地粘补成完整的字画;有缺口的地方,就请沈复帮忙修补好卷装起来,起名为"弃余集赏"。整日忙于这些琐事,从不怕麻烦。有时,芸娘偶尔从破书筐烂画卷中发现一张可观的纸片,便像得了宝贝一样。于是邻居老妇人就会收集些残书烂卷卖给芸娘。夫妻二人志同道合,不需要言语便能读懂彼此。

林语堂英译《浮生六记》表现了他向往闲适生活的家庭观念以及他的家庭生活理想。天性爱美的芸娘是他理想的女子(妻子)形象,情趣相投的沈复夫妇是他理想的夫妇关系,沈复夫妇充满艺术美感和闲情逸趣的生活方式是他理想中的生活。林语堂认为美国人是出了名的忙碌,而中国人则是有名的悠闲。二者截然相反却也必是互相羡慕的,理想状态应当是中国的人生哲学和西方的工业文明互补融合,成为一种普遍可行的人生哲学。在他看来,沈复夫妇所代表的中国人"恬淡自适"的生活态度,正是治疗西方人过于劳碌之弊病的良药,即中国"民族性格的优点"可以矫正美国的社会问题。林语堂多年生活在西方,形成了他对西方人的定位和价值判断。在此基础上,他极力推广赞美的中国文化,也确实符合西方读者的口味,他的译作在美国广受欢迎,而他本人也在西方世界声名鹊起。

例2

原文:余素爱客,小酌必行令。芸善不费之烹庖,瓜蔬鱼虾,一经芸手,便有意外味。同人知余贫,每出杖头钱,作竟日叙。余又好洁地无纤尘,且无拘束,不嫌放纵。时有杨补凡名昌绪,善人物写真;袁少迂名沛,工山水;王星澜名岩,工花卉翎毛;爱萧爽楼幽雅,皆携画具来,余则从之学画。写草篆,镌图章,加以润笔,交芸备茶酒供客。终日品诗论画而已。更有夏淡安、揖山两昆季,并缪山音、知白两昆季,及蒋韵香、陆橘香、周啸霞、郭小愚、华杏帆、张闲酎诸君子,如梁上之燕,自去自来。芸则拔钗沽酒,不动声色,良辰美景,不放轻过。今则天各一方,风流云散,兼之玉碎香埋,不堪回首矣!

译文:I was by nature very fond of guests and whenever we had a little drinking party, I insisted on having wine-games.Yun was very clever at preparing inexpensive dishes; ordinary foodstuffs like melon,vegetables,fish and shrimps had a special flavor when prepared by her.My friends knew that I was poor, and often helped pay the expenses in order that we might get together and talk for the whole day.I was very keen on keeping the place spotlessly clean,and was,besides, fond of free and easy ways with my friends.At this time,there were a group of friends,like Yang Pufan,also called Ch´anghsu,who specialized in portrait sketches;Yuan Shaoyu,also called P'ai, who specialized in painting landscape;and Wang Hsing -Ian,also called Yen,good at painting flowers and birds.They all liked the Hsiaoshuanglou because of its seclusion,so they would bring their painting utensils to the place and I learnt painting from them. They would then either write "grass-script" or "chuan-script" or carve seals,from which we made some money which we turned over to Yun to defray expenses for teas and dinners.The whole day long,we were occupied in discussing poetry or painting only.There were, moreover, friends like the brothers Hsia Tan-an and Hsia Yishan, the brothers Miao Shanyin and Miao Chihpo,Chiang Yunhsiang,Loh Chuhsiang, Chou Hsiaohsia,Kuo Hsiaoyu,Hua Hsingfan,and Chang Hsienhan.These friends came and went as they pleased,like the swallows by the eaves.Yun would take off her hairpin and sell it for wine without a second's thought,for she would not let a beautiful day pass without company.Today these friends are scattered to the four corners of the earth like clouds dispersed by a storm, and the woman I loved is dead, like broken jade and buried incense.How sad indeed to look back upon these things!

《闲情记趣》是《浮生六记》中的第二卷,作者以朴实的文笔,记叙了自己大半生的经历,他和芸娘志趣相投,伉俪情深。芸娘勤俭持家聪慧无比,布衣素食却充满艺术气息,夫妻间欢愉与愁苦两相照应,真切动人。然而,由于封建礼教的压迫与贫困生活的煎熬,终至理想破灭,经历了生离死别的惨痛。沈复自述自己素来好客,以酒会友,但经济并不宽裕。好在芸娘聪慧,能够用极少的花费做出一桌美味招待朋友。沈复爱干净爱自由,终日琴棋书画友人相伴,偶尔挣点小钱补贴家用。平凡夫妻的生活中总有良辰美景,只可惜妻子香消玉殒,天各一方。林语堂对于沈复夫妇追求幸福为中心的家庭观及男女平等的夫妇关系的肯定,体现了他受西方个人主义影响的人生价值观。他对沈复夫妇爱美爱真天性的赞美,特别是对芸娘这位充满艺术气质的女性的赞美,也体现了西方基督教文化的气息与强调伦理秩序、道德自律的中国传统人生观的迥然不同。但是,芸娘夫妇自然随性、从欲放达、享受世俗之乐的倾向,正是中国道家所提倡的无为、随性的自然主义,及儒家乐生知命的人本主义的传统因素,他们代表中国传统的人本乐生的自然主义人生态度,布衣菜饭可乐终身的生活,是宇宙间最美丽的东西。

在林语堂眼中,沈复夫妇所代表的个人本位家庭观,既有与西方个人主义相近的一面,也有与中国儒家人本主义、道家自然主义及儒道共通的乐生主义相近的一面。他对沈复夫妇"闲适生活"的推崇,体现出他作为一个中西文化边缘人的西方视角和民族主义情结。反映了林语堂"两脚踏东西文化"的边缘文化人心态。他受过西式教育,西方文化是其知识结构、思想观念、价值系统的基础和主干,因而他在理智上是认同西方文化的。但他作为生长于中国本土的中国人,对本民族及其文化有着天然的血脉联系,因而在感情上又依恋民族文化,正如他自己所说,"我相信我的头脑是西洋的产品,而我的心却是中国的"。

鲁迅说:"懂得道家,便懂得了中国……中国文化的根柢全在道教。"《道德经》作为道家经典作品,语言风格模糊晦涩,文本具有极高的不确定性,即使翻译为现代汉语也有不小的难度,转码为与汉语表达方式差异极大的英语更是难上加难。自清末以来,大批海内外学者选择《道德经》作为关注点,因此《道德经》成为被翻译最多的中国传统文化典籍。《道德经》的阐释和翻译问题吸引了海德格尔、庞德等各个领域优秀学者的注意,理雅各、亚瑟韦利、林语堂以及许多其他优秀的译者纷纷投身于《道德经》的译介事业中。

例3

原文:上善若水,水善利万物而不争。处众人之所恶,故几于道。居善地,心善渊,与善仁,言善信,政善治,事善能,动善时。夫唯不争,故无尤。

译文:The best of men is like water;

Water benefits all things

And does not compete with them.

It dwells in(the lowly) places that all disdain—

Wherein it comes near to the Tao.

In his dwelling,(the Sage) loves the(lowly) earth;

In his heart,he loves what is profound;

In his relations with others,he loves kindness;

In his words,he loves sincerity;

In government,he loves peace;

In business affairs,he loves ability;

In his actions,he loves choosing the right time.

It is because he does not contend

That he is without reproach.

在《道德经》中,水象征着处下、不争、以柔克刚的人生哲学。这种人生哲学是老子思想中的重要组成部分。作为一个常见的自然意象,水在中国被赋予了流动、趋下、柔弱、清浊等属性,但西方读者看到水更容易联想到洪水、大海、冒险,"水"作为自然生态意象,在英语中有明确的对应词,很难通过这个字本身的翻译解决文化差异带来的阅读体验的不对等,因此对"善利万物而不争"等句的处理至关重要。最高的善就像水一样,水善于滋润万物却不争短长。它总是停留在众人不愿去的低洼之地,这种品德,最接近于"道"。上善若水,最高等的善就像水一样。在这个比喻句中,本体是"最高等的善",喻体是"水",林语堂在翻译中将"上善"处理为 the best of man,"最好/最高境界的人",这样处理的原因可以从他对《道德经》的重构窥见端倪。林语堂将《道德经》一书章节按主题重新分为六部分:道之德、道之训、道之体、力量之源、生活的准则以及政治论,《上善若水篇》被他归在《道之训》(The Lessons of Tao)中,这一部分包含的"道"是对人们生活的启示,前一章树立了一个"后其身而身先"的圣人范式,本章将"上善"译为"上善之人",延续了为读者树立模范的思路。"水善利万物而不争,处众人之所恶",指的是水润泽万物,但并不像众人一样攀高争先,而满足于处于低处。《道德经》风格隐晦,原文本并没有明确指出"众人之所恶"指的是低处,林语堂在翻译中进行了显性化处理,有助于目标语读者理解文本内涵。

林语堂的翻译目的是向焦躁的西方社会引介老子平和的心灵哲学,他的目标读者是普罗大众,因此他的译本总体来看倾向于归化,简单易读,在引言中还数次引入与老子思想有共同点的西方哲学及文学作品,以帮助目标语读者理解。作为汉语母语者,林语堂学贯中西,从对老子思想的理解、总结,到语言和文化的转码,整个过程行云流水,译本通顺流畅,作为一个较为通俗的译本,可以增进目标语读者对中华文化的了解,有助于激发进一步了解的兴趣。

理想的翻译家应当将翻译视作一种艺术,以爱艺术之心爱它,以对艺术谨慎不苟之心对它。林语堂基本的文化传播策略是以西方精神反观中国文化精神,虽然是对外传播,但对文化的解读策略却是东方指向的,借助了"由西向东"的视角,符合当代国际文化传播中"在地经验,全球视野"的基本潮流与思路,这也是林语堂文化传播研究的现实意义所在。同时,林语堂发挥了微观史学优势、高低语境文化沟通等多种传播策略,借用世界思想语境,体现了构建全人类层面上文化传播平台的努力,为文化传播开辟了十分具有创见意义的宝贵经验,这一点尤其富于现实意义。

第三节 大时代的布衣学者——张谷若

四十多年过去了,张恩裕先生的音容笑貌仍然如在眼前。我依稀记得他给我们第一次上翻译课的情景。一位身穿布衫,脚穿布鞋,着装朴素,而笑容可掬的五十来岁的长者来到我们的教室。他用略带山东口音的普通话自我介绍。我这个山东籍的学生听了感到格外亲切。我注目观察他那慈祥而总带微笑的面孔,听他不时发出的爽朗笑声。

——北大1957级的王逢鑫《难忘的第一堂翻译课》

翻译这本春秋,你还是去问你家老爷子吧。

——钱锺书

您真是深知哈代诗艺的行家。您的工作精神使人钦佩。

——王佐良

张谷若的译文既有林(纾)译的华赡,又有傅(雷)译的传神。

——李自修

张谷若不仅翻译艺术是一流的,其翻译观点也是一流的。他提倡用地道的译文译地道的原文,可以说至今是许多大翻译家遵循的路子。

——辜正坤

要做到译文地道,首先是译者做人要地道。我们今天翻译一个作家的作品,不一定要你完全同意他的思想信仰,但是你对这个作家、这本书必须喜爱,否则照猫画虎,是翻译不好的。翻译家做人要地道,就是要忠实于作者,忠实于读者,把翻译当成一种事业去做,这样才能孜孜不倦,精益求精。

——楼沪光《笔耕墨耘五十春——记老翻译家张谷若》

张谷若提出,一篇译文要算得上优秀就需要与原文在四个方面尽可能实现对等:内容上,译本与原本应具有完全一样或者几乎相同的内涵、思想;形式上,词、句的表达也要做到完全一样或几近相同;用法性质上,应做到相同,即英语俚语要和汉语俚语对等;二者都是合乎习惯的。

——饶雪雁《描述翻译理论视角下张谷若翻译观及实践探析》

一、个人生平及成果

1903年,张谷若出生于山东烟台芝罘岛,岛如其所名,如一朵灵芝根连胶东半岛。张谷若7岁入私塾,11岁入读福山高等小学,熟读背诵四书五经均不在话下,广泛涉猎古典名著《红楼梦》等,这些对他后来翻译过程中讲究遣词造句、起承转合等起到了潜移默化的影响。高小毕业后，张谷若考取北京师范大学附属中学。中学期间因不满老师照本宣科的教学方式，又正值青春叛逆期，于是心生逆反，选择辍学回家，仿效陶渊明过上"晨兴理荒秽，戴月荷锄归"的生活，一边"采菊东篱下"，一边背诵陶渊明诗歌、《文选》，读《随园诗话》和《渔洋诗话》等，并尝试创作旧体诗。张谷若出身商贾之家，经历了由衰到兴的变化，眼见他不愿再去读书，于是家里便让他学习经商做生意，但是这又非张谷若所愿，同时他在辍学期间又明白了只有读书才能学到一技之长才能有出路。于是，张谷若选择再次外出求学。1922 年张谷若考入华北第一中学(今天津南开中学)，这所学校特别重视英文，一切以美国为标准，上课用的英文课本是美国中学同年级的原版英文教科书，教员也大多是美国人，是当时最"洋"的中学，所以，即使没有出过国门，这段求学经历也为张谷若打下了坚实的英语语言基础。1926 年，张谷若以优异的成绩考取北京大学英文系。然而，时局动荡，高校也无法幸免，大学四年间北京大学经历 4 次更名，第一年仍为真正老牌的北京大学，第二年换成京师大学堂，第三年又换为北大学院，作为北平大学的一部分，第四年再次恢复北京大学的名称。在这四年里，张谷若浏览了大量书籍，听过英国文学批评家瑞恰慈(Ivor Armstrong Richards, 1893—1979)的文学批评与小说课，颇受教益，也从这时候开始对哈代(Thomas Hardy, 1840—1928)的作品产生了浓厚的兴趣。先进的文化和深刻的爱国之情使张谷若成为教育救国理论的实践者。1926 年 2 月，张谷若和同样由外地读书返乡的学人孙启昌、戚道纯、丛道一、谷源岗等 5 人联手筹资在威海创办了齐东中学，当时的威海仅有英国人办的一所中学。之后，张谷若定期从北京到威海授课，这也成为他力图摆脱家庭支持、自助自立的经济来源。1929 年，张谷若开始翻译哈代的《还乡》(*The Return of the Native*)。1930 年毕业后，张谷若到师大女附中等校教授英文课，一边教书，一边翻译哈代的作品。后来，在中华教育文化基金董事会的编译所寻求哈代作品的合适译者时，张谷若送上了自己翻译的《还乡》。正好编译所的文学书籍负责人是胡适。胡适觉得《还乡》翻译得不错，并认出了译者"张恩裕，字谷若，北京大学英文系毕业"，就是当年曾获南开中学作文比赛第一名的学生。胡适很欣赏张谷若的译作，不仅接受了这个译稿，并且约张谷若继续翻译哈代更为重要的小说——《德伯家的苔丝》(*Tess of the D'Urbervilles*)。后来胡适在日记中说,这部译稿是他"用重金买下"的。

1933 年,而立之年的张谷若在北京师范大学和北京大学兼课。《还乡》和《苔丝》先后于 1935、1936 年由商务印书馆出版,获得了不同反响,由此奠定了其青年学者的地位。两本书一版再版,为张谷若赢得了"哈代专家"的美誉。钱锺书评价《苔丝》:"译笔极好,读得我痛哭流涕。""七七事变"后,张谷若为家室之累,逃亡半年之后重返北平,选择在辅仁大学任教。1952 年随院系调整,张谷若到北大西语系任英语教授,兼任党中央调查部干部学校(今国际关系学院)特聘英语教授。直到 1978 年退休,他先后翻译了萧伯纳(George Bernard Shaw,1856—1950)的剧本《伤心之家》(*Heartbreak House*,1919)、哈代的小说《无名的裘德》(*Jude the Obscure*,1958)、狄更斯(*Charles Dickens*,1812—1970)的游记《游美札记》(*American Notes*,1963)。张谷若对狄更斯《大卫·考坡菲》(*David Copperfield*)的翻译,基本完成于"文革"前,正当本书杀青、即将翻译《弃儿汤姆·琼斯史》的时候,"文革"爆发了。不过张谷若从未放弃自己的专业,20 世纪 70 年代早中期风暴即将平息前,他已开始重新整理自己此前出版的全部旧译。所以"文革"风浪渐趋平静之后,他率先回应出版社的重新约稿,并立即拿出译作。1978 年,退休后的张谷若先后翻译了莎士比亚的长诗《维纳丝与阿都尼》(*Venus and Adonis*)和狄更斯的中期小说《大卫·考坡菲》,二者均于 1980 年出版。张谷若一生约 400 万言英国古典文学译著,屡经再版,在海内外拥有广泛的读者。他还是全国高校英语专业统编教材《英语》(许国璋、俞大纲、徐燕谋主编)的编写者之一。虽然张谷若从未走出国门,纯粹靠书本学习和交友而成长为一代翻译巨匠,他一生从事英国语言文学的研究、翻译和教学工作,被学生及同事称为"活字典"和"活图书馆",其学贯中西的百科全书式的学养与钱锺书颇为相近。张谷若以其译文忠实精雅、注释详尽深入而享有盛誉,成为外文翻译教学、研究及实践的范本。

《大卫·考坡菲》于 1980 年由上海译文出版社发行,此前有林纾、许天虹、林汉达、董秋斯译本,此后有庄绎传、宋兆霖、石定乐、李彭恩等众多译本,它们各有长处,因此成为许多翻译学论文的研究对象。经过一些细致比较研究,学界基本认定张谷若的译本更完备,无论从对原文的理解、风格的表达还是文字的流畅和典雅来看，都达到了一个新的高水平，应该说这是目前狄更斯这一名著的最佳译本。张谷若的晚年和《弃儿汤姆·琼斯史》(*The History of Tom Jones*)登陆中国的曲折故事息息相关。《弃儿汤姆·琼斯史》的作者是菲尔丁(Henry Fielding , 1707—1754)，被司各特称为"英国小说家之父"。该书是一部近百万字的鸿篇巨制，分为十八卷，各卷又分别含一二十章不等，是菲尔丁以如椽之笔淋漓表达自己文学艺术理念、小说创作主张的文字，是英国长篇小说中已臻成熟的地标式作品，吴宓先生较早向中国读者介绍这部作品时，称之为英国的《红楼梦》。人民文学出版社认为菲尔丁那种18 世纪的英语和风格，只有张谷若能传达出来，而张谷若也欣然接受了高难度的翻译挑战。正当他着手研读和翻译《弃儿汤姆·琼斯史》时，"文革"爆发。但这十年里，他一天都没有荒废，准备着自己的翻译计划。所以"文革"后，他迅速完成了《弃儿汤姆·琼斯史》各卷首章的翻译。1983 年秋凉后，年逾 80 的张谷若从城中心搬到西郊双榆树，在宽敞的房间里，他匆匆安置好桌椅文具，便开始了他的新一程翻译之旅。80 至 85 岁的五年间，约 1800 多个早晨，张谷若终于满面含笑，长出一口气说道：《汤姆·琼斯》的翻译已经完工！但因为一些未及预见的情况，张谷若"最为满意的译作"《弃儿汤姆·琼斯史》最终没在人民文学出版社出版，而是由上海译文出版社出版。1994 年春，张谷若终于收到由上海寄来的一部《弃儿汤姆·琼斯史》的样书，而且是工厂没有正式批量装订前的样书，出版社之所以如此急迫寄送这册特别的样书，是因为他们知道张谷若于年前除夕突患中风，数月来已经缠绵病榻。张谷若半依在床，用尚能动作的右手和勉强配合的左手，吃力地捧着这部比《现代汉语词典》还大还厚的书，微笑着吐出几个字："这辈子我没白活！"数月后，张谷若的人生故事结束了。

张谷若爱读书，学于北大，任职于教育和英语界，从观点及实践上与胡适、林语堂、梁实秋等人接近，在硬译、死译风靡的时候，张谷若的翻译使人读起来觉得通畅明白。张谷若认为翻译"为科学亦为艺术，为艺术亦为科学"，即做翻译，必须有科学的、严谨的态度才能做好。张谷若对待翻译，秉持科学态度，翻译时增加了丰富的注解，对于一时没有解决的问题，他还在图书出版时列在书后，期待读者共同解决，等图书出版后自己仍然不断去完善、修订。张谷若认为注释是翻译的必要工作，是译者应尽的责任,是针对所译的地方解决疑难问题。注释也是研究工作的成果,是翻译的一部分,也可检验译者所下功夫是否足、学养是否够、态度是否认真。张谷若在译注上所花的时间不少于在译文上花的时间。读张谷若的译作,不仅可享受传神而又流畅的文字,而且还可以从注释中获得许多知识,其中一些不仅很难从书本上查找,就连一般英国人也不一定能讲清楚。所以,做译注绝非小事,绝非画蛇添足。谈及做译注,张谷若表示:

> 译者须知作者之所知,须读作者之所读。这个作者之所知,还应扩而大之,即于作者所知之社会、政治、法律、民风习俗、历史、地理等等。从另一类例子里看,译者更须知作者之思想、感情。罗马诗人贺拉斯说过,欲令读者哭,先须作者自己哭;欲令读者笑,先须作者自己笑。一个译者应同然。读译文者应与读原文起同样的感应。这儿这个笑与哭,当然不单纯只指哭与笑,是包括各种感情在内的。这就牵涉到形似与神似、移译与再创作的问题。

——张谷若《谈我的翻译生涯》

译者需要具备两种文字语言的修养造诣,这是从事翻译工作的必要准备,所以首先要求译者既要掌握原作者所使用的语言,能理解原作的意思。对此,傅雷也有类似的看法:"译者不深刻地理解、体会与感受原作,绝不可能叫读者理解、体会与感受。"张玲回忆说:"外国经典原作者,哈代也好,菲尔丁也好,狄更斯、莎士比亚也好,都是思想艺术内涵深厚的大家。父亲每翻译一部他们的作品,都要翻阅大量参考书,除与作家作品直接相关联的传记、历史、批评著作,也有相关的哲学著作和其他作家的作品,以至民俗学的、舆地学的、语言学的著述。"(2004)其次,译者对目标语言的掌握也要非常好,能够调用它来传达原作者的意思。如果是文学翻译,除了意思的传达,还有文学性的传递问题。

张谷若在《译艺谭·序》中引用古人画论,说道:

> 论画或贵有法,或贵无法。无法非也,终于有法更非也。惟先矩度森严,而后超神尽变。有法之极,归于无法,如顾长康之丹粉洒落,应手而生绮草……翻译文字之优劣,亦在能否尽原文之语气、色彩、韵味而已。

——张谷若《译艺谭·序》

从翻译哈代的作品开始,张谷若就已经有意识地实践自己的翻译主张。在作品内容上,他坚持译文一定要忠实于原著,在语言文字的表达方式上,尽量接近以至酷似原著的风格,译文的艺术效果也要与原作接近以至等同。张谷若在翻译时,总是先要深入了解作家的相关信息,如作家所处的时代、作家本人的经历、所受的教育、社会生活风貌、作家的主要作品等,做到心中有数,对作者的风格和特点有所把握后才进入翻译阶段。初稿译出来了,又要经过反复修改,精雕细刻,即使是细小问题也不轻易放过,多番修改才能交付,足见翻译大家严谨的做事风格。

二、张谷若翻译观及文艺思想

张谷若科学的翻译态度,兢兢业业、精益求精的翻译精神,为后来的翻译工作者树立了一个标杆。香港翻译学会称赞张谷若是"译界楷模"。张谷若的翻译已经成为高等院校外文翻译教学、研究及实践的范本,成为翻译学绕不开的话题。著名翻译家、台湾大学教授张振玉于 1964 年出版的《译学概论》,是翻译界少见的系统完整的著作,经多次重印,成为海内外若干大学的教材。该书对张谷若的译文做了高度评价:

堪供与原文对照之用,能以艺术之美卓然独自成文者,屈指可计也。……言戏剧当推梁实秋、朱生豪、虞尔昌诸氏之莎士比亚戏剧;言小说当推山东张氏之《还乡》《苔丝》,李素女士之《骄傲与偏见》。

张谷若是改革开放以来率先受到原著国关注的中国翻译家之一。通过与英美学者专家交流和见面,在相互进行专业切磋交流之余,张谷若还凭借自己深厚的中国文学、文化修养帮助外国同行增长其对中国文学、文化及译事的认知。英国著名的哈代研究学者詹姆斯·吉布森称其为"哈代的东方知音""文学交流的大使"。20世纪 80 年代至今,英国出版的《哈代学刊》等学术期刊不断刊出介绍、评论张谷若及其翻译艺术的论述。1840 年,哈代出生于英国多塞特郡,1862 年开始进行文学创作,一生发表近 20 部长篇小说。1878 年发表小说《还乡》,1891 年发表小说《德伯家的苔丝》,1896 年发表小说《无名的裘德》。1910 年,哈代获得英国文学成就奖。哈代是横跨两个世纪的作家,早期和中期的创作以小说为主,继承和发扬了维多利亚时代的文学传统；晚年以诗歌开拓了英国 20 世纪的文学，哈代创作诗歌 918 首，此外，还有许多以"威塞克斯故事"为总名的中短篇小说，以及长篇史诗剧《列王》。

　　在北京大学瑞恰慈的文学批评与小说课上，张谷若就开始喜欢哈代，对其作品产生了浓厚的兴趣。哈代的家庭出身和故乡背景与张谷若的很相似。哈代出生于英国西南部多塞特郡的一个没落贵族，使他有机会了解工业革命时期农民和工人的真实生活；而张谷若出生在中国山东省的一个小渔村里，与穷苦百姓一起生活。此外，两人对待自己所处时代的社会的态度也很相像。哈代的作品极具现实主义，主要抨击当时英国资本主义社会的腐朽，同时又充满人道主义关怀；张谷若生活在军阀混战的年代，百姓处于水深火热之中，他对当时的社会状况极为不满，立志报国的决心鼓舞他大量阅读外国书籍，学习有用的知识，报效祖国。《还乡》是张谷若翻译的第一部哈代的作品。该书以英国西南部威塞克斯"一片苍茫万古如斯"的埃格敦荒原为背景，描写了五个青年男女不同的悲剧命运。它是哈代的小说艺术开始走向成熟的重要标志，是哈代的重要作品之一。尤其是《还乡》中关于荒原的景物描写深深打动了张谷若。

例 1

原文：To recline on a stump of thorn in the central valley of Egdon, between afternoon and night, as now, where the eye could reach nothing of the world outside the summits and shoulders of the heath land which filled the whole circumference of its glance, and to know that everything around and underneath had been from prehistoric times as unaltered as the stars overhead, gave ballast to the mind adrift on change, and harassed by the irrepressible new.

译文：从下午到黑夜那段时间，就像现在说的这样，跑到爱敦荒原的中心山谷，倚在一棵棘树的残株上面，举目看来，外面的景物，一样也看不见，只有荒丘芜阜四面环列，同时知道，地上地下周围一切，都像天上星辰一样，从有史以前一直到现在，就丝毫没生变化，那时候，我们那种随着人世的变幻无常而漂泊不定的感觉，那种由于现代还无法制止的日新月异而受到骚扰的心情，就觉得安宁稳沉，有所寄托。

　　哈代把目光聚焦在以家乡多塞特(Dorset)为原型的"威塞克斯"地区，描绘那里的自然风光和风俗人情,展示了他所向往的宗法制生活,但是又以悲观的笔触暗示了英国残存的宗法农业社会的残酷现实。"威塞克斯"小说中充满了浓郁的乡土色彩,字里行间所描写的"乡下佬"以及农村的景色、习俗等等,使英国评论家们十分着迷。除了现实的批判深度外,哈代的小说也得到了中国学者们的高度评价,最引人注目的是作家对于地方风俗和自然景物的惊人描绘。哈代在小说中极尽笔墨描绘家乡美景,寄托自己的理想,为我们绘制了一幅色彩斑斓、风景如画的威塞克斯风光,构建了"地域性"的乡土背景。这种清新自然的乡村景色迥异于城市的风光,给我们以美的享受,同时乡土气息扑面而来。哈代目睹了他所钟爱的那种明朗恬静的田园生活的最后消失,表现出无限的悲伤和眷恋。这些景物描写不仅展示了乡村景致的优美,而且衬托了乡村人物的心理,为塑造生活在那里的乡村人物起到重要作用。可以说,威塞克斯的自然景物是有生命的,也是哈代小说中的主要角色。人物和自然景物融为一体。人的面貌象征自然界的景色。自然界的景色又反映人的面貌和灵性。

例2

原文:Some were large and near,glowing scarlet-red from the shade,like wounds in a black hide.Some were Maenades,with winy faces and blown hair.

译文:另一些祝火大而且近,叫暝暝的夜色衬得一片猩红,看着好像黑色兽皮上的创口伤痕。又有一些,就跟蛮那狄司①一样,有酒泛醉颜的红脸,随风披散的头发。

注释:①蛮那狄司:希腊神话,祀奉酒神的女祭司。在庆祝酒神节的时候,跳舞,饮酒,唱歌;作出疯狂女人的姿式和动作,比较雪莱的《西风曲》第二节:"在你那轻波细浪的湛蓝水面上,展开了风雨欲来的环发,好象是蛮那狄司凶猛颠狂,头上的头发被风往上刮……"这儿是以红脸喻红,以头发喻烟。

例3

原文:That Royal port and watering-place,if truly mirrored in the minds of the heath-folk,must have combined,in a charming and indescribable manner,a Carthaginian bustle of building with Tarentine luxuriousness and Baian health and beauty.

译文:因为那个日趋繁荣的港口和浴场,如果把它在荒原居民的心目中真正地反映表达出来,就是迦太基①的土木大兴建造盛举,加上塔伦特②的奢靡侈华,彼伊③的清新美丽,共同结合起来,十分美妙,难以形容。

注释:①迦太基:古非洲北部名城,罗马的敌城。这儿所说,指罗马诗人维吉尔的《伊尼以得》里所写而言。该诗第一卷第四一八至四四○行说,伊尼艾斯来到山上,俯视迦太基城,见其人民正砌城墙,修堡垒,选地址,划房基……其熙攘忙碌,如初夏采蜜之蜂。特厄纳厄之《黛都建伽太基》为名画。 ② 塔伦特:古代名城,在意大利南部,以风景美丽和奢华著称。 ③彼伊:古代名城,在意大利西部,富于矿泉,为罗马人主要浴场,亦以奢华著称。

美国翻译家安东尼·阿皮亚的"Thick Translation"于1993年传入中国后,被译为厚翻译、深度翻译、厚重翻译、丰厚翻译(李红霞,2015),他将厚翻译定义为:译者试图通过阐释和评注在语言文化内涵深厚的语境中构建的译语文本,它重视文字意图,强调在翻译中保留源语的特征。同时认为,译语文本包含大量的脚注、译注说明等注释性文本材料,其目的在于为目标语读者提供背景知识信息,并促进目标语读者对源语文化和不同文化背景下人们的思维方式更充分的理解和更深切的尊重,从而引起目标语读者对源语文化的关注和兴趣,以收到更佳的鉴赏效果(Appiah,K.A.,1993)。张谷若译本中出现了序言、文内释义、脚注等,充分体现了他对"厚翻译"策略的运用。张谷若在序言中介绍了哈代以反映人类在现实生活中与自然环境和社会环境的冲突为出发点,以英国维多利亚时期,现代人的烦恼、叛逆与追求为写作思想,通过对形象和结构的精心设计,描写了在爱敦荒原上五个年轻人的复杂爱情。此外,张谷若在译本中的文内释义也有很多,这些注释多以括号的形式直接添加在文内,内容比较简短,用于解释原因、描述动作、描写事物状态和添加所指,文内解释用于增加文本隐含意思的补充说明。脚注多用来解释人名、地名等术语,传递各种西方的文化信息,解释翻译方法。中英文来自两个不同语系,文化背景、风俗习惯也相差甚远。当时的旧中国处于闭关锁国的状态,对于外国的文化和文学无从知晓,这样的"厚翻译法"不仅可以弥补国内读者对源语文化的欠缺,为知识浅薄的读者提供便利,也增加了译本内容的可读性,最大限度地保持与重现了原作的风姿和色彩。

在世界文学史上直到十九世纪末写农民的作品却还是凤毛麟角,极为罕见的。《苔丝》是一本写农村和农民的小说,就题材而论在当时是极其独特的。哈代笔下的世界很小,只有泰晤士河以西、萨默赛特郡以东、巴斯以南、英吉利海峡以北方圆不到一百英里的土地,但他却写出了这里的人和景物、风俗和劳动,赋予了它们巨大的艺术魅力。

——孙法理《译者后记》

在张谷若的所有译本中,影响最大、被认为是经典之作的是《德伯家的苔丝》,这是"威塞克斯"乡土小说系列之一,乡土色彩浓郁,而译本中方言的翻译对重构哈代小说的乡土色彩起着非常重要的作用,生活在当地的许多平凡小人物以"威塞克斯"方言为主要的交流语言,这些方言无论从句法还是从词汇方面,都与正规语言相差很大,有着自己的拼写规律和发音特色,是表达"威塞克斯"农民的感受和想法的一种重要手段,也呈现出浓郁的乡土气息。翻译的过程不只是简单、纯粹地把源语转化成目的语的过程,还是思想交流、文化传播的过程。而文学翻译更要让读者领略到文学作品中的主要思想及隐含的文化。好的翻译作品的标准是最大限度地保留原作特点、传达原作思想,但是达到此标准并非易事。因为正是由于两种语言间在语法和文化上的巨大差异,语言作为文化的载体,语言间的翻译从某种程度上来说是文化间的翻译。

例 4

原文:"Had it anything to do with father's making such a mommet of himself in thik carriage this afternoon? Why did'er? I felt inclined to sink into the ground with shame!"

译文:"今儿过晌儿,俺看见俺爹坐在大马车里,出那样的洋相,他那是怎么啦?是不是叫这档子事折腾的?那阵儿把俺臊的,恨不得有个地缝儿钻进去!"

例 5

原文:Tess:It is very pretty‐if I seem like that to you.

Clare:Do you know that I have undergone three‐quarters of this labour entirely for the sake of the fourth quarter?

Tess: No.

Clare: I did not expect such an event today.

Tess: Nor I…The water came up so sudden.

译文: 苔丝: 你要是觉得我真是那样, 那可得说很漂亮了。

克莱尔: 难道你不知道, 我先前费的那四分之三力气, 都是为了现在这四分之一吗?

苔丝: 不知道。

克莱尔: 我真没想到今天会遇见这种事。

苔丝: 我也没想到……水来得太突然了。

女主人公苔丝是一个土生土长的农家姑娘, 在家里说话时总是夹杂着很多土语, "mommet""thik""did'er"等词明显与标准英语的拼写方法不同, 刻画了一个纯朴善良的乡村姑娘形象, 也使小说具有浓郁的乡土气息。但是, 她上过小学, 有一定的知识, 所以在外面或者和有身份的人谈话时就用比较规范的英语。因此, 张谷若根据人物对话的不同对象, 对人物的语言采用了不同的翻译侧重, 比如苔丝在家里和母亲聊天时翻译成山东方言, "今儿过晌儿""俺""这档子事""那阵儿把俺膔的"等, 形象生动的山东方言符合一个乡村女孩的语言风格, 但是苔丝和克莱尔谈话时, 原文没有太多的乡土语言, 使用的是标准的规范语言, 显示了自己与克莱尔的平等地位, 因此张谷若翻译时也没有体现山东方言, 而是标准的普通话, 这样的处理方式非常切合人物身份及说话的语境。张谷若之所以选择山东方言来翻译, 和他熟悉家乡方言有密切关系。张谷若自幼生活在美丽的烟台芝罘岛, 山东渔民所使用的"山东方言"在幼时张谷若的心灵上打下深深的烙印, 他能更好地用这种方言塑造人物, 凸显原文的乡土气息和民风民情。

为了践行"地道的原文, 地道的译文", 张谷若在哈代的作品中不同程度地使用了方言对译, 这一译法长期以来引发了学界各种讨论, 韩子满从方言在英汉两种语言文学作品中的形式、文学作品中使用情况、读者的接受、语用功能、艺术效果等几个方面做了深入分析。他认为: "虽然译文在某种程度上的确传达出了一些乡土气息, 但就方言成分在原文中的主要功能来看, 他的译法并不成功。"(韩子满, 2002)

孙致礼就《德伯家的苔丝》张谷若译本发表自己的看法,他认为:"从语用的角度看,'抱上锅,撮上炕'似乎跟原文比较对应,都表示热情接待客人,但从文化习俗来看,差距是显而易见的",造成了"文化风习上的扭曲"(孙致礼,2003)。关于这个问题,我们也许可以从张谷若的女儿张玲题为"我心中的翻译家父亲"的发言中找到其父使用山东方言对译的答案:

> 构成父亲翻译作品语言、词汇、风格的元素,并不仅仅来源于古汉语。他的翻译语言的主体,仍然是现代汉语普通话,但是根据原文的需要,他也采用民间语言、方言、俚语,原因当然是原文也有很多方言,而且是作者故乡所在地区的多塞特方言。我到了这个地区以后听本地人说话,很自然就发现,这种方言最大的特点,就是发音时舌头的部位特别,比如旁流音 L、卷舌音 R 较多,通俗点说,可以形容为"大舌头"。这恰好可以和山东话旁流音和卷舌音的发音方法相对应;另外,山东方言区(实际上是胶东方言区)的地理位置,在汉语标准普通话区北京以南不太远的地方,这也恰和多塞特在伦敦之南相对应,这也都曾在父亲的考虑之列。另外,胶东方言也像其他许多方言一样,富有鲜活、生动的词语,也长期保留着许多古汉语词语,凡是能和多塞特方言对应的,父亲都不拒绝采用。在 70 年代,父亲最后修订他译的哈代几部小说时,他听取了读者和批评者的意见,还是把那些生僻的山东话又改掉一些。应该说,他最终是用汉语中常见的北方方言译相对应的多塞特方言。

> ——张玲《我心中的翻译家父亲》

《无名的裴德》是哈代创作的最后一部长篇小说,乡村青年裴德好学深思却被大学拒之门外,双向奔赴的爱情却不被教会所容,妻离子散家破人亡中,裴德郁郁成疾,含恨而死。该书被称为"声讨英国社会阶级的不平等以及宗教的腐朽和刻板僵化"的"武器之书",引导后来的文学家们纷纷跳出"歌功颂德"的创作路线,开始反思社会和人性的启蒙。

例 6

原文:The fresh harrow-lines seemed to stretch like the channellings in a piece of new corduroy, lending a meanly utilitarian air to the expanse.

译文:那块地里新近耙过而留下的纹条,像新灯芯绒上面的纹条一样,一直伸展着,让这片大地显出一种鄙俗地追求实利的神气,使它的远近明暗完全消失。

例7

原文:He found that the colleges had treacherously changed their sympathetic countenances:some were pompus;some had put on the look of family vaults above ground; some barbaric loomed in the masonries of all.

译文:他抱着这种目的又上了大街,那时候,只见那些学院已经很奸诈地改变了它们原先那种同情的面目;有一些显得很峻厉严竦;另一些就看着好像是世家的墓穴由地下移到了地上。所有的灰墙石壁上面都出现了一副野蛮神气。

哈代善于捕捉外部事物的独特一面,将人类心情的某一方面与之联系起来,他笔下的自然景物能够在读者心中激起那种所需要的感情,哈代小说中自然景色的描写常常与人物的心理活动和社会发展巧妙融合在一起,善于描绘"人格化的自然"。张谷若在翻译时,充分发挥自己的文学功底,在译本中重构了这个特色。哈代运用排比手法,使小说语言具有强烈的节奏感和感染力,主人公内心的发展和自然景物紧密结合,融为一体,给我们以身临其境的感受。为了传递原文的神韵,张谷若在翻译时突出了这一点,充分发挥中国语言的优势,采用了一些四字格来表现这种意境,再现原文的烘托效果,如"峻厉严竦""灰墙石壁""野蛮神气"等具有很强的节奏感,从而让中国读者能像英国读者那样感受到环境的阴冷和主人公裘德内心的痛苦、迷茫,希望读者能够体会主人公悲怆低回的命运,领悟作者对十九世纪末腐朽的农村宗法制社会和虚伪宗教的有力控诉。

张谷若科学的翻译态度和翻译精神发挥着译界楷模的示范作用,他为后人留下了丰厚的翻译遗产,也为后来的翻译工作者树立了榜样。张谷若的翻译一方面尽量保留原著的语言和修辞特征,另一方面又积极发挥译语的优势,再现原著的美学内涵。张谷若一直在外语教育一线工作。在四十多年教学生涯中,开过西洋文学史、英国文学史、文学翻译、英文作文、英国小说、西洋戏剧、英国维多利亚文学等许多课程,尤其在高年级的文学翻译课方面最显功力。他鼓励青年学生多读书、勤思索,随时随地学习知识。张谷若一生经历了自辛亥革命至改革开放等诸多大事件,穿过风雪,一身布衣的他以成功译介"哈代三部曲"闻名于世,影响远及海外。张谷若的文艺思想映射了中华民族的崛起,对于我们寻索翻译思想、探讨中外文化交流、钩沉一代知识分子的抱负与情怀,都有极大的启发作用,也将激励我们对文艺与生活、人生价值与社会机遇的辩证思考。

第四节 走向光明的"少年"——郑振铎

郑振铎是中国杰出的爱国主义者,著名文学家、社会活动家,是"五四"所诞生的一代风流人物之一,是新文化新文学运动中一名真正的战士。他不但对祖国文化事业,对中国文学史尤其是中国俗文学史方面有贡献,同时在几十年的文学生涯中,他也有相当多的文学创作实践。

——《光明网》

郑振铎是一个多面手,不论在诗歌、戏曲、散文、美术、考古、历史方面,不论在创作和翻译方面,不论是介绍世界文学名著或整理民族文化遗产方面,都作出了平常一个人所很少能作到的那么多的贡献。

——社会活动家胡愈之

郑振铎最为可贵的,是在民族存亡的紧要关头所表现出的临危不惧、坚贞不屈、忠于祖国、忠于人民的爱国主义精神。

——中华人民共和国原国防科学技术工业委员会副政治委员周一萍

郑振铎是著名作家、学者、杰出的社会活动家,同时也是中国现代屈指可数的文物收藏家、鉴定家和藏书大家,为文物事业作出了巨大贡献。

——故宫博物院

郑振铎为中国的文化学术事业作出过多方面的贡献。

——北京大学考古文博学院

"五四"以来的文学艺术,呈现出了前所未有的新态势、向好发展的新趋势。当时的文艺工作和运动中已逐渐体现出马克思文艺理论政治性、革命性、人民性、社会性、艺术性的典型特征。郑振铎为其代表者之一。这是马克思主义文艺理论中国化的具体体现,是符合社会艺术发展规律的、推动社会历史进步的强大力量,为探索和建设社会主义文艺理论打下了坚实的基础。

——张秀娟《郑振铎文艺思想探析》

郑振铎在中国新文学发展史中所起的作用及作出的贡献,是比较显著突出的。可以说,新文学发展史上的不少现象和事件,离开了郑振铎就不大好解释清楚。而他之所以能达到这样,又同青年时代就受到先进的无产阶级思想的影响分不开。

——陆荣椿《郑振铎在中国新文学建设中的贡献》

一、个人生平及成果

郑振铎(1898—1958),祖籍福建长乐,早年家境宽裕,后期逐渐衰落,祖父不得已携家人离开福建到浙江投奔亲友。郑振铎于 1898 年出生于浙江永嘉(今温州),原名木官,字警民,常用笔名西谛、郭源新等。郑振铎的祖父和父亲都是读书人,因此非常重视郑振铎的教育。郑振铎出生时恰逢戊戌变法,祖父给他取名"振铎",出自《淮南子·时则训》:"振铎以令于兆民。"寓意"唤醒民众"。郑振铎回忆小时候在家里看到过《新民丛报》,因此,可以看出祖辈父辈均有爱国情怀,十分关心国家和民族的命运。郑振铎小学就读于永嘉高等小学,启蒙老师黄筱泉虽是科举出身,却是一个具有进步思想的老师,经常给学生提供新鲜的学习素材,并引导学生学习新的思想,这使年幼的郑振铎觉得这位老师不仅不可怕,而且非常可爱。在黄筱泉老师的影响下,郑振铎养成了喜爱读书的好习惯,后来也因此被人称为"书痴"。童年的启蒙教育为郑振铎日后的学术研究打下了良好的基础。可惜,祖父在郑振铎十一二岁时去世,五六年后他的父亲也离开人世,家庭的重担压在了母亲身上,全靠替人浆洗缝补来过活,有时叔父也会从北京寄些生活费接济他们。中学时,郑振铎已经爱书如命,经常向家里有许多藏书的同学借书抄书来读,他很喜欢历史书籍,"余素喜治疏略之学。童稚时,即手录《汉书·艺文志》及《隋书·经籍志》,时自省览"。可见,少年郑振铎便已经对历史产生了兴趣，之后的发展也证明了这种兴趣也为他从事文学史的研究打下了基础。他喜欢文学作品和文学理论书籍，曾手抄《文心雕龙》和《古今文综》。郑振铎 1917 年考入北京铁路管理学校，就读于"英文高等乙科班"。学校的专业技术知识远远不能满足他的求知欲，他会利用一切机会阅读，譬如翻看来京时路过上海买的线装书，或请叔父帮忙借书，或者去北京基督教青年会的图书馆读书。他阅读了大量西方社会科学著作的原版书籍、俄罗斯文学的英译本，同时结识了瞿秋白、耿济之等进步学生，因而思想上受到启蒙。五四运动中，郑振铎成为该校学生领袖，并与瞿秋白、耿济之等人创办了《新社会》《人道》等刊物，发表了许多民主爱国的文章。1919 年郑振铎在《新社会》创刊号上发表了他的第一首新诗《我是少年》，不久就被我国新文学史上第一本新诗选集《新诗集》收入，后来又被赵元任选做教材，亲自朗诵并灌制成唱片，在海内外流传。1920 年 7 月 2 日，郑振铎写了《我对于编译丛书底几个意见》（后载 7 月 6 日《晨报》和 8 日《民国日报·学灯》），并在文中就直译、意译问题发表了看法：

> 译书自以能存真为第一要义。然若字字比而译之，于中文为不可解，则亦不好。而过于意译，随意解释原文，则略有误会，大错随之，更为不对。最好一面极力求不失原意，一面要译文流畅。

1920 年 10 月，以他为核心筹备文学研究会。1921 年 1 月研究会成立，郑振铎担任该会书记干事。1921 年春郑振铎毕业分配到上海铁路局，后辞职进入商务印书馆，转而从事编辑工作和文学工作。郑振铎的第一篇正式的翻译专论，也是文学研究会成立以后的第一篇翻译专论，是在 1921 年 3 月的《小说月报》上以头篇地位发表的近三万言的《译文学书的三个问题》。

> 我以为：文学书是绝对的能够翻译的，不惟其所含有的思想能够完全的由原文移到译文里面，就是原文的艺术的美也可以充分的移植于译文中——固然因翻译者艺术的高下而其程度大有不同——不独理想告诉我们是如此，就是许多翻译家的经验的成绩，也足以表现出这句话是很对的。

1922 年郑振铎发表了共计 80 多首诗歌。1923 年 7 月 2 日在《文学旬刊》第 78 期上发表的《翻译与创作》一文中，更把翻译比作"奶娘"：

翻译者在一国的文学史变化更急骤的时代,常是一个最需要的人。虽然翻译的事业不仅仅是做什么"媒婆",但是翻译者的工作的重要却更进一步而有类于"奶娘"。……我们如果要使我们的创作丰富而有力,决不是闭了门去读《西游记》《红楼梦》以及诸家诗文集,或是一张开眼睛,看见社会的一幕,便急急的捉入纸上所能得到的;至少须于幽暗的中国文学的陋室里,开了几扇明窗,引进户外的日光和清气和一切美丽的景色;这种开窗的工作便是翻译者所努力做去的!

1925 年"五卅"惨案后,郑振铎因积极参与反帝爱国运动,受到国民党反动当局的密切关注,为躲避迫害而逃亡海外。在欧洲旅居的一年多时间里,郑振铎到欧洲各国博物馆、图书馆进行参观、学习,记录大量笔记,并在研究、翻译、创作等方面得到了很大的收获。1926 年郑振铎接替沈雁冰主编《小说月报》,很重视发表优秀的创作。他一边继续主编《小说月报》,加强外国文学,特别是苏联文学及理论的译介,一边整理研究中国古典文学,并开始在大学任教,教授中国文学史、小说史。当时的郑振铎已经具备了一定的斗争经验,继续对大革命失败以来封建主义回潮进行批判。郑振铎非常赞同当时文坛上的无产阶级革命文学运动,他自己后因参加工会斗争,不满商务印书馆高层的蛮横与压榨,于 1931 年 9 月辞职,受聘于燕京大学、清华大学,教授中国小说史、戏曲史、比较文学史等课程。1933 年郑振铎协同创立了《文学》月刊、《文学季刊》,为无产阶级争夺左翼舆论阵地。1934 年,郑振铎应邀帮助良友图书公司梳理"五四"以来新文学运动的理论文章。1935 年因北大校内派系斗争,郑振铎辞职回到上海,任教于暨南大学,业余时间编辑和出版文学刊物及著作,取得了丰厚的成果。抗日战争爆发后,他以诗歌为武器,开始了第二个诗歌创作高潮,1937 年出版了诗集《战号》,发表 20 多首抗日诗歌,鼓舞了人们的斗志。郑振铎认为"文学是情感的事":

革命天然是感情的事;一方面是为要求光明的热望所鼓动,一方面是为厌恶憎恨旧来的黑暗的情感所驱使。……因为文学是感情的产品,所以他最容易感动人,最容易沸腾人们的感情之火……革命需要这种感情,就是需要这种憎恶与涕泣不禁的感情的。所以文学与革命是有非常大的关系的。

上海沦陷后,郑振铎为保护祖国珍贵的文化遗产留守上海,以顽强的斗争精神和深厚的学识抢救了大量的珍贵古代书籍,避免了文化遗产的散失和流入海外,充分表现出郑振铎对祖国的热爱和对图书的喜爱。中华人民共和国成立后,他被任命为文物局局长,后又被任命为文化部副部长,在保护、抢救战后国家文物,考古发掘、图书保护以及国际文化交流等方面作出了大量的贡献。1958 年,郑振铎在出访阿富汗和阿拉伯联合共和国期间,因飞机失事不幸牺牲。

现在已知的郑振铎的小说作品共计 36 篇。在儿童文学创作上,他一方面译述、改写了许多外国童话和中国古代神话故事,另一方面创作童话、图画故事、儿歌、歌词。散文和杂文是他创作的主要形式,他从五四运动开始就不断发表政论和文艺杂感,一生创作了大量的散文、杂文,结集出版的主要有:《海燕》《欧行日记》《西行书简》《劫中得书记》《蛰居散记》和《西谛书跋》。另外,还有大量的时政杂文、随感、文艺杂论等,有些被收录进《郑振铎文集》和《郑振铎全集》。在文学理论、文学史研究和外国文学作品的译介等方面,郑振铎做了大量有意义的工作。他最早研究的是俄国文学理论,后来接触了许多英美等国的文学理论,强调向中国介绍文学原理的急迫性。对文学作品的译介同样是他文学工作的一个突出成就。郑振铎对俄国文学颇有研究,他认为当时"我们没有一部叙述世界文学,自最初叙到现代的书,也没有一部叙述英国或法国,俄国的文学,自最初叙到现代的书。我们所有的只是散见在各种杂志或报纸上的零碎记载;这些记载大概都是关于一个作家或一部作品,或一个短时间的事实及评论的"。(郑振铎,1998)正是因为想改变这种现状,想为中国读者社会提供较完备的文学知识,所以郑振铎于 1922 年出版了《俄国文学史略》。这本书具有开创性意义。此外, 他还一直从事俄国文学作品的译介, 翻译了《海鸥》(1921)、《六月》(1921)、《贫非罪》(1922)等剧本,以及长篇小说《灰色马》(1924)等等。除了俄国文学,世界各国优秀的文学作品也都是他译介的对象。郑振铎翻译了泰戈尔的诗集《飞鸟集》(1922)、《新月集》(1923),翻译、译述了很多的外国童话、寓言、民间故事及神话作品,他想通过他的努力汲取世界各国优秀文学作品的养料,开拓中国新文学的视野,丰富并加强中国新文学的发展。

郑振铎从"五四"时期起从事文学翻译工作,终其一生没有离开过翻译事业。刚开始翻译时,郑振铎选择的是大量俄国和印度文学作品,后来译述了一些希腊罗马文学作品,在那段特定的历史时期和范围内为我国的翻译事业发挥了示范作用,为中国译介了许多能改变中国传统文学观念的作品和理论,引导中国思考现代的人生问题,与现代的思想相接触。据统计,郑振铎的译作达 150 万字之多,不仅自己勤于翻译,而且还以自己主编的杂志和组织的文学社团为依托,大力提倡翻译活动,积极开展对翻译理论的探讨,端正我国现代翻译事业的方向,使翻译工作更好地为新文学建设服务,推动中国翻译事业和新文学的发展,为我国现代翻译理论的发展奠定了基础。郑振铎论证了翻译的可行性,阐释了翻译的目的与功能,讨论了翻译的艺术方法及原则;最早介绍和评价泰特勒的翻译"三原则",评价和发挥了严复的"信、达、雅",认为泰特勒的"三原则"从理论的严密性与逻辑性上说,确实不及"信、达、雅"三字。严复这三个字总结了我国千百年翻译实践的经验,郑振铎的评价是对严复翻译理论的高度认可,可见严复的翻译理论影响了几代翻译工作者,而且深得翻译家的推崇。然而,严复的"信达雅"论述过于简略,在国内的影响不如"三原则"在国外的影响大。谈及重译(即转译)问题,郑振铎认为这是不可避免的,当时国内懂英文的人较多,懂其他文字的人特别少,所以不少非英语作品,如俄国文学作品被介绍进中国,大多是从英文重译的,但是不可否认重译有所隔膜,甚至有出现差错的危险。这是客观现实条件决定的,是不得已的,也带有一定的必然性。

二、郑振铎翻译观及文艺思想

郑振铎是我国新文化和新文学运动的倡导者,也是一位杰出的文学家和翻译家,他译介了许多重要的外国文学作品。郑振铎无论是在文学创作还是在学术研究上都极为重视"外来影响",并较为系统地向国人译介了许多西方的文艺学、民间文学、民俗学方面的学术成果,具有启蒙和开拓的意义,不仅在当时起了很好的作用,而且经过历史的检验,至今大多仍然基本正确,仍葆有强大的生命力。郑振铎对中国文艺事业的发展做出了不朽功勋,当时正值中国新旧文化转型的关键时期,马克思主义文艺理论完成了从初始传入到观点不断系统化的过程。郑振铎的文艺思想深受马克思主义文艺观的影响,强调文学的社会功用、运用社会历史的方法研究文学,并注重文本真实内容和精美形式的和谐统一。 郑振铎大力主张翻译、研究外国文学及文学作品。在郑振铎看来,译介的作用不只在于使创作者在创作上得到借鉴与学习的养料,还在于能够慰藉与沟通人类的最高精神。他将文学看作一种人类最高的精神现象,是世界各国人们结成精神联系的重要媒介。

郑振铎认为翻译文学作品与创作文学作品同样重要。在世界文化相互渗透的时代,翻译者往往充当着两国文化交流的使者,责任重大。同时,他倡导翻译外国著作应选择有意义的作品,这样才能为我国的文学创作注入生命力。翻译与创作并不是对立的,翻译的作用不仅在于促进不同国家间的文学交流,也可以为国内文学创作者提供素材和经验。郑振铎对译者工作进行了比较系统全面的论述,丰富了我国的翻译理论,为后世译者工作提供了宝贵的经验教训,启迪人们摆脱封建思想的束缚,从文学领域实现国家的救亡图存。郑振铎的翻译理论与外国翻译观念相结合,从实践层面指导我国翻译活动,引领当时翻译界的发展方向。他身体力行地提倡翻译活动,论证翻译对我国文学进步的重要意义,消除了当时学者对文学翻译的误解,翻译工作的地位有所提高,推动了新文化运动的发展。郑振铎的这些论述纠正了我国现代翻译的方向,指导着我国当前翻译事业的发展。

1919 年初,许地山向郑振铎推荐了泰戈尔《新月集》的英译本,从此郑振铎对泰戈尔诗歌发生了浓厚的兴趣。随后他又在许地山的鼓励下开始翻译泰戈尔的诗作。1922 年郑振铎出版了他的译作《飞鸟集》,第二年 9 月又出版了他翻译的《新月集》。在泰戈尔诗的翻译上,郑振铎的译作影响较大。陈独秀在 1915 年 10 月的《青年杂志》(后改名为《新青年》)第二期上,用古体翻译了《吉檀迦利》中的四首诗。这是泰戈尔诗作首次被引入中国。1918 年《新青年》改成白话文后,刘半农用白话翻译了《新月集》中的四首诗。这八首诗是泰戈尔作品最早的中译。除此之外,郑振铎还从事泰戈尔作品与生平的研究。文学研究会成立时,他就在会内组织了一个"泰戈尔研究会",是中国第一个专门研究一位文学家的学会。《飞鸟集》共 325 首小诗,每首诗没有诗名,由两行到四行诗句组成。诗集感情真挚细腻,语言清新隽永,诗句短小精悍、抽象冥想、富含哲理,是泰戈尔思想的精华。

例 1

原文:Stray birds of summer come to my window to sing and fly away.

And yellow leaves of autumn,which have no songs,flutter and fall there with a sigh.

译文:夏天的飞鸟,飞到我窗前唱歌,又飞去了。

秋天的黄叶,它们没有什么可唱,只叹息一声,飞落在那里。

例 2

原文:The bird wishes it were a cloud.

The cloud wishes it were a bird.

译文:鸟儿愿为一朵云。

云儿愿为一只鸟。

例 3

原文:The leaf becomes flower when it loves.

The flower becomes fruit when it worships.

译文:绿叶恋爱时便成了花。

花崇拜时便成了果实。

例 4

原文:The sun has his simple robe of light.

The clouds are decked with gorgeousness.

译文:太阳穿一件朴素的光衣。

白云却披了灿烂的裙裾。

例 5

原文:The cloud stood humbly in a corner of the sky.

The morning crowned it with splendour.

译文:白云谦逊地站在天之一隅。

晨光给他戴上了霞彩。

例 6

原文:Your voice, my friend, wanders in my heart, like the muffled sound of the sea among these listening pines.

译文:我的朋友,你的语声飘荡在我的心里,像那海水的低吟之声,绕缭在静听着的松林之间。

例7

原文：The song feels the infinite in the air, the picture in the earth, the poem in the air and the earth; For its words have meaning that walks and music that soars.

译文：歌声在天空中感到无限，图画在地上感到无限，诗呢，无论在空中，在地上都是如此；因为诗的词句含有能走动的意义与能飞翔的音乐。

　　泰戈尔诗中的意象大多为大千世界最常见的事物，如小草、落叶、飞鸟、星辰、河流等，其中绝大多数的诗只有一两行，或者描述一个自然景观，或者述说一个事理，诗集并没有明显的逻辑结构和明确的中心，只是诗人在日常生活中的感触、思考、情思的片段的记录。诗歌美丽动人，语言朴素，格调明快，诗人怀着真挚的情感，将极普通的日常生活，描绘得充满诗情画意，诗歌充满了非凡的魅力和感化力。中国的诗歌向来沿袭古体诗的格律押韵，而且每句诗句的长度相同，或五言或七言，即使词曲也有押韵要求。而郑振铎首先从直观上打破诗歌形式上严格规整的韵律模式，用白话文翻译，采用散文诗的形式，短小精悍的诗句长短不一，突破了韵律、格律的束缚，却能保留与原诗相同的结构，创造出富有内在节奏感的韵律，这种诗歌翻译模式开创了白话散文小诗的盛行，真切地传达外国作品的精髓，为我国五四时期新诗的发展提供了方向。郑振铎对泰戈尔诗歌的译介，影响了一批中国新诗人的创作，改变了中国传统的文学观念，直接或间接地影响了冰心、徐志摩等现代诗人，激发了当时许多著名诗人模仿其独特的文学创作手法，掀起了我国1921年至1923年的小诗运动。冰心的《繁星》和《春水》两部诗集均受到《飞鸟集》明显的影响，采用了同样的散文体形式。《飞鸟集》带动了国内小诗风气的盛行，为我国新诗的发展奠定基础，促进我国诗歌的现代化转型。

　　郑振铎从语言上弥补了我国白话的不足，提高了我国白话的语言表达能力，完善了我国的语言系统，推动了我国白话运动的发展。译文忠实于原文的思想情绪和语言风格，保留了原文的语言结构和表达方式，是语体欧化的一种体现。自此，我国文学著作中多有这样的动词平行式结构，丰富了我国语言的表达方式，发展了我国现代文学。欧化的翻译方法不仅忠实地表达了原作的思想情绪，还为我国白话文输入了必要的营养。吸收外国语言的长处,为汉语引进了新的思维模式、新的语言结构,以及新的表达方式,扩大了白话文的影响,丰富了白话语言的表达功能,提高了表达能力,使得翻译时更易于表达思想,对白话文的发展成熟起到了重要的推动作用,体现了不同语言之间的互相补充。而郑振铎对于欧化翻译的观点也充分体现了其预见性,对于推动白话运动、完善白话语言、实现汉语的现代化具有重要意义,对于建立我国新文学有巨大的引导作用。

《飞鸟集》对于我国新文学的建立产生了重大影响,具体表现在诸多方面。首先在文体形式上给我国诗坛"引进户外的日光和清气和一切美丽的景色",为我国白话诗歌介绍了许多优美的富含诗意的词汇,很大程度上丰富了我国的词汇。当时我国的新诗处于起始阶段,语言虽采用白话,但很不通顺,表达能力也很有限,而《飞鸟集》虽语言简单,却极其美丽,富有节奏感,对于我国新诗语言的进步有很大帮助;散文体的译诗形式使诗人易于表达其思想,而不受字数的限制,摆脱传统诗歌中严格的韵律和诗句长度需保持一致的限制,《飞鸟集》的译介在丰富完善我国新诗诗句的句法上有很大贡献。诗歌从思想内容上也深深影响了我国人民的价值观,诗集充满诗情画意,这些普通的生活与人生,自然融入作者的思考,在诗人的描述下勃勃生机,充满智慧、美好以及哲理意味。诗中透着作者对民族解放必胜的坚定信念,他要人们在黑暗中努力奋斗,耐心等待美好的明天。诗集启蒙我国人民,开启民智,使人们的心灵感到慰藉,充满斗志。诗集中的许多意象多来源于大自然,如河流、花朵、飞鸟、平原等,体现着作者的大爱,爱的哲学。这些意象赋予了作者的思想、新的意味,影响着我国的新诗诗人也采用这种普通的、平常的意象传达新的思想、新的意味,产生新的作品。《飞鸟集》的译介有助于从精神上提升我国国人的价值观,丰富了我国新诗的内容。诗集中的许多意象、思想激励着我国新诗诗人的诗歌创作,最终在其影响下创造出自己的诗作风格。

例8

原文:The fish in the water is silent, the animal on the earth is noisy, the bird in the air is singing.

But Man has in him the silence of the sea, the noise of the earth and the music of the air.

译文:水里的游鱼是沉默的,陆地上的兽类是喧闹的,空中的飞鸟是歌唱着的。

　　但是,人类却兼有海里的沉默、地上的喧闹与空中的音乐。

例 9

原文:You smiled and talked to me of nothing and I felt that this I had been waiting long.

译文: 你微微地笑着,不同我说什么话。而我觉得,为了这个,我已等待得很久了。

例 10

原文:Woman,when you move about in your household service your limbs sing like a hill stream among its pebbles.

译文:妇人,你在料理家务的时候,你的手足歌唱着,正如山间的溪水歌唱着在小石中流过。

例 11

原文:The mystery of creation is like the darkness of night--it is great.

　　　　Delusions of knowledge are like the fog of the morning.

译文:创造的神秘,有如夜间的黑暗,——是伟大的。

　　　　而知识的幻影,不过如晨间之雾。

例 12

原文:The road is lonely in its crowd for it is not loved.

译文:道路虽然拥挤,却是寂寞的,因为它是不被爱的。

例 13

原文:Like the meeting of the seagulls and the waves we meet and come near.

　　　The seagulls fly off,the waves roll away and we depart.

译文:我们如海鸥之与波涛相遇似的,遇见了,走近了。

　　　海鸥飞去,波涛滚滚地流开,我们也分别了。

例 14

原文:The hills are like shouts of children who raise their arms,trying to catch stars.

译文：山峰如群儿之喧嚷，举起他们的双臂，想去捉天上的星星。

意象是主、客观融为一体的形象，诗人赋予客观事物某种生命和情感，成为文学作品中的画龙点睛之笔。创造意象的能力永远是诗人的标志。恰当地翻译诗歌中的意象非常重要。在不同的语言中建立对等的意象，需要译者有深厚的文学功底和广博的阅读经验，泰戈尔热爱人生、热爱大自然，对人类世界和大自然拥有极强的探索欲，这种强烈的感情和对人生的深刻思考，使诗歌更富有哲理性，深刻的内涵给人以启迪，引领人们探寻真理与智慧的源泉。诗歌中不乏诗人对人生思考的意象，对世界思考的意象；对美好未来充满希望的诗句，对真理探求的诗句，对大自然图画般描绘的诗句。诗歌短小精悍，清新亮丽，其中散发的哲思，有如醍醐灌顶，令人茅塞顿开。泰戈尔这些对于人生、生命的思考，对于大自然的热爱的真挚情感，对于真理的探求的精神，唤醒人类，鼓舞人心的诗句，对我国国民而言，是新奇的，有助于开阔中国人民的眼界，鼓动民气，诗句中孕蓄着爱恋、鼓励，但却丝毫不会带来愤怒、嫉妒，或厌憎的情绪，引导人们树立正确的人生态度，开启民智，使人们得以同现代的人生问题、现代的思想相接触。郑振铎的译文不仅忠实于原作的思想，而且证明在两种语言之间建立大致对等的文学意象是可能的。著名文学理论家韦勒克在 Theory of Literature 中认为"诗歌语言充满了意象，意象是一个既属于心理学，又属于文学研究的题目。在心理学中，'意象'一词表示有关过去的感受上、直觉上的经验在心中的重现或回忆"。（韦勒克，1956）郑振铎的译文存真而不矫揉，语言流利而不放纵，尤其从质朴自然的写作风格与态度中可以看到，郑振铎深厚的文学修养及丰富的翻译经验使其措词形象准确，搭配得当，符合原作的情绪及风格，同时译文语言流利顺畅，富含诗意。

诗句多采用直译的方法翻译，这种一句一句的直译方法，不仅忠实于原作的原意，而且保留了原作节段的前后布置、句法结构。译文中某些表达，如"走动的意义，飞翔的音乐"，体现了原作的艺术美，灵动的思维和高尚的情操。诗句朴实深邃，富含诗意，充分体现了原作质朴自然而又富有内涵的写作风格。郑振铎的译文不仅给我们带来感悟，启迪内心灵智，还借此"感发本国诗的革新"，配合我国当时的新文化运动，为我国新文学的创作提供范例，促进我国新诗的发展和成熟。诗歌中闪烁着爱与美的光芒,对于当时我们的国人来说,如"夜行山路的火炬",为我们指明方向,在前进中保持昂扬斗志。诗歌中"表现自我",追求"精神自由"的热情,与五四时期反帝反封的思想、蔑视权威、张扬个性的精神十分吻合,激起了年轻一代的革命热情,以及对于未来美好生活的向往。译本《飞鸟集》体现了郑振铎对于翻译的明确目的,实践了其"为人生"的文学思想。诗集不仅从形式上改变人们传统的文学观念,同时引导人们学习其创作方法和艺术技巧,帮助从事新诗创作的诗人逐步憧憬新时代,涉猎现代思想领域,更加激烈地投入到反帝反封建的斗争中。郑振铎注重翻译文学,希冀通过翻译文学实现精神沟通、思想启蒙,救治我国传统文学的弊病,推动中国新文学的建设。

例 15

原文:If you shed tears when you miss the sun,you also miss the stars.

译文:如果你因失去了太阳而流泪,那么你也将失去群星了。

例 16

原文:Do not seat your love upon a precipice because it is high.

译文:不要因为峭壁是高的,便让你的爱情坐在峭壁上。

例 17

原文:Do not blame your food because you have no appetite.

译文:不要因为你自己没有胃口而去责备你的食物。

例 18

原文:Let life be beautiful like summer flowers and death like autumn leaves.

译文:使生如夏花之绚烂,死如秋叶之静美。

例 19

原文:Truth raises against itself the storm that scatters its seeds broadcast.

译文:真理引起了反对它自己的狂风骤雨,那场风雨吹散了真理的广播的种子。

例 20

原文:We read the word wrong and say that it deceives us.

译文:我们把尘世看错了,反说它欺骗我们。

例 21

原文：We come nearest to the great when we are great in humility.

译文：当我们是大为谦卑的时候，便是我们最接近伟大的时候。

译文清晰完备地传达了原诗作的意义，同时，保留了原诗作的句法结构，再现了原诗的写作风格。诗句有如日语的俳句，又似汉语的排比句，整齐而流畅，郑振铎将其译成忠实于原作风格的相同的句式；同时，通过深入体会原诗作的思想情绪及风格意味，在切合于原作含义的范围内，履行了译者的增添自由，对原作进行的细微的添加，增加其思想的力量，添加"一种新的生气""增加原文的价值"，而且译文诗句流利、通达、不刻板、不放纵。译文体现了原作的情绪变化及写作风格与态度，且语言通达流利，富含诗意。译文翻译得很存真，从原作可看出，诗句句法形式相同，译文亦译成相同句式的诗句，且忠实于原诗句风格；译文不仅句式上存真，而且措词也忠实于原意及风格，且译文措词准确，很好地体现了原作的思想情绪与写作风格，体现了译者严肃的翻译态度。在原意的基础上进行了细微的添加，增添了诗作的价值，使译文更富诗意，同时体现译者深厚的文学修养、诗人素养。这些都很好地体现了原作的思想情绪与写作态度，译文思想存真，风格再现，语言流利。单从该诗句上，我们便能充分体会到泰戈尔诗歌语言的简洁优美。译者郑振铎深入体会诗人的思想情趣，将生命与大自然联系起来。郑振铎准确把握原诗的意象，完全透彻地传达出原作的思想情绪，同时沿袭原文简洁而优美的写作风格。从译文中，我们不难看出，译者并没有绝对的死译原作，而是在深入体会原作思想，切合与原意的范围内，对诗作进行细微的添加，使得译文安静优美、简洁准确，文句清新自然，符合原作的情绪及风格，通过添加，增添了诗作的生气、价值、力量。同时，译文流利，译者的增添自由使得译文语言流利而不刻板，因而译文情感顺畅而不放纵。这些富含诗意的表达，像暗室的阳光，开阔了人们的眼界，陶冶了国民的情操，丰富了我国的语言，提高了其表达能力，很大程度上促进了我国新文学的建设。

泰戈尔措词朴实而优美，饱含诗意及内涵，从该诗中便可体会得到。而郑振铎能深入体会泰诗的思想情绪，抓住原诗的意象，体现出泰诗的这一特点。该诗译文准确传达了原作的思想，措词准确优美，诗句诗情画意，语句连贯，流畅自然，思想存真。郑振铎深厚的文学修养及丰富的翻译经验使得其翻译的艺术水平极高,译文不仅完全传达了原作的思想,而且与原文同等美。郑振铎的《飞鸟集》和《新月集》等优秀的翻译作品,不论是采用直译,还是意译的翻译方法,多能忠实地、完全地再现原作的思想,译文忠实于原文思想内涵、哲理意味、写作风格及语句的流利,具有极高的艺术价值。译本将诗人的思想情感,诗的本质,以及诗的艺术的美,都再现于译文之中,充分印证了郑振铎对于诗的可译性论述。

第五节　最会说情话的翻译家——朱生豪

其人今年二十岁,渊默如处子,轻易不肯发一言。闻英文甚深,之江办学数十年恐无此不易才也。

——朱生豪的之江大学老师、一代词宗夏承焘《天风阁学词记》

正义凛然,贡献巨大,功绩奇绝。

——戏剧大师、中国莎士比亚研究会首任会长曹禺

朱生豪先生是引领我走进莎士比亚艺术殿堂的第一人。和我一样,太多太多的人都是由他领进门的。他的散文体《莎士比亚全集》译笔流畅典雅,文句朗朗上口,善于保持原作的神韵,传递莎剧的气派,给我们的内心留下酣畅淋漓的记忆。

他的才学固然令人钦佩,但价值更高的,是他的精神。尤其是,他那种一定为民族争一口气的志向和勇气,那种传播人类最宝贵精神财富的神圣使命感,对于今天被物质和私欲严重侵蚀的中国知识界,如同洪钟大吕,振聋发聩。

——浙江莎士比亚研究学会会长、浙江传媒学院教授洪忠煌

朱生豪善于传达莎翁高雅文字的“神韵”,却不善于,或者说不屑于传达莎翁粗俗文字的“神韵”。而粗俗和猥亵的语言,在生活充满乐趣而无所顾忌的莎士比亚笔下是很多的,特别是在他的喜剧里。“净化之举,虽包含译者一番良苦用心,却是不足取的。”

——学者朱俊公

在中国的莎作翻译者中，朱生豪可以毫无愧色地名列诗词创作最好的译者之一。朱生豪如果没有诗人的气质和才华，也就不可能成为莎剧的著名翻译家，因为莎士比亚是诗人兼戏剧家，而朱生豪则是诗人兼翻译家。朱生豪翻译莎士比亚之所以能够取得如此重大的成功，其重要条件就是他的诗人素质，正是这种诗人素质沟通了两颗伟大的心灵，融合了两个民族语言艺术的创造天才；朱生豪以他的诗人气质和他所具有的中国古典文化和中国古典诗词修养成就了翻译莎作的豪举。

——赵学德《朱生豪莎剧翻译的中国古典情怀》

一、个人生平及成果

朱生豪（1912—1944），原名文森，1912 年出生于浙江嘉兴一个破落的商人家庭，1917 年入读嘉兴开明初小。父亲陆润，母亲朱佩霞，但双亲分别于 1922 年、1924 年相继去世，12 岁的朱生豪成为孤儿，同年，入读嘉兴私立秀州中学。该校由美国教会主办，朱生豪在秀州中学打下了坚实的英语语言基础。17 岁时，朱生豪以优异的成绩被秀中校长保送到杭州之江大学深造并且拿到了奖学金，大学期间主修中国文学，兼攻英文。大二时参加"之江诗社"，表现出不凡的文学才华，深得老师和同学们的称赞。他师从词学大师夏承焘，得以打下坚实的传统文学基础，而夏承焘也对朱生豪赞赏有加，认为他聪慧无比，不比老师差，而且对他的英文功底更是赞不绝口。之江大学也是美国教会所办，因此他的英文水平再次得以提升。该校校长李培恩对翻译颇有研究，在《之江学报》上发表《论翻译》等论文，而朱生豪在校时就开始发表一些译作。1931 年"九·一八"事变后，之江大学成立抗日救国会，朱生豪当选为委员，担任文书股工作，积极投入抗日救国活动。1933 年大学毕业，获文学士学位，曾留校担任《之江校刊》英文部主任编辑。同年夏天，朱生豪转入上海世界书局工作，任英文部编辑，参与编辑《英汉求解、作文、文法、辨义四用辞典》，又为《少年文库》作注释。1935 年春，朱生豪开始着手翻译莎士比亚戏剧全集。1936 年 8 月 8 日译成莎剧《暴风雨》第一稿。此后陆续译出《仲夏夜之梦》《威尼斯商人》《第十二夜》等 9 部喜剧。1937 年 8 月 13 日日军进攻上海，朱生豪出逃时只带了牛津版莎士比亚全集和部分译稿。只可惜，日军攻占上海后将上海世界书局占为军营，已交付的全部译稿被焚毁。朱生豪从上海逃难到新塍、新市等地,刚刚安顿好后就开始一头扎进补译失稿的工作中。1938 年夏,世界书局在上海租界"孤岛"中恢复开业,朱生豪回到书局继续工作。1939 年冬,朱生豪应邀担任《中美日报》社编辑,在国内新闻版撰写了大量控诉法西斯残暴行径、宣传抗战的时政短文。1941 年太平洋战争爆发,《中美日报》被日军查封。12 月 8 日,日军冲入"中美日报"馆,朱生豪再次丢失收集的全部资料与译稿,历年来创作的《古梦集》(旧体诗词、译诗)《小溪集》《丁香集》(新诗)等诗集以及为未婚妻宋清如整理的诗集两册一并被毁。1942 年 5 月 1 日与宋清如在上海结婚,6 月随妻子到常熟岳母家居住,年底前将《暴风雨》等 9 部喜剧和译稿丢失的莎士比亚喜剧全部补译完毕。1943 年 1 月,全家回嘉兴定居,但是朱生豪不愿为日伪政府效劳,仅靠微薄的稿费艰难度日。朱生豪为了完成莎士比亚戏剧的翻译,整日足不出户,把全部精力放在译写工作上,仅靠两本字典就译出了莎士比亚戏剧及英国史剧等共 31 部。1944 年初,朱生豪开始带病翻译《约翰王》《理查二世》《理查四世》等 4 部莎士比亚历史剧。朱生豪从事翻译工作期间,一直饱受病痛折磨,勉强翻译完《亨利五世》第一、二幕后,确诊为肺结核,卧床不起,终在 1944 年 12 月 26 日抛下年轻的妻子和刚满周岁的儿子,含恨离开人间,年仅 32 岁。

朱生豪一生遭遇多重不幸,童年失去双亲,中年生病、逃难、译稿被战火烧毁,耗尽全力,半生辛苦却因重病含怨英年逝世。不幸中的万幸,他在祖国最艰苦的年代,保持气节,发奋工作,替中国近百年翻译界基本完成了一项最艰巨的工程,这是极其难能可贵的。他的莎剧译作不仅数量多,而且质量好,得到国内外莎学界的高度评价。朱生豪短暂的一生中主要有两件事,一是翻译莎士比亚戏剧,二是爱妻子宋清如,因此朱生豪也被称为"最会说情话的翻译家"。

关于翻译莎士比亚戏剧,朱生豪在 1944 年 4 月写的《〈莎士比亚戏剧全集〉译者自序》中,清楚地说明了他的翻译见解:

中国读者耳莎翁大名已久,文坛知名之士,亦尝将其作品,译出多种,然历观坊间各译本,失之于粗疏草率者尚少,失之于拘泥生硬者实繁有徒。拘泥字句之结果,不仅原作神味,荡焉无存,甚且艰深晦涩,有若天书,令人不能卒读,此则译者之过,莎翁不能任其咎者也。余笃嗜莎剧,尝首尾研诵全集至十余遍,于原作精神,自觉颇有会心。……夫以译莎工作之艰巨,十年之功,不可云久,然毕生精力,殆已尽注于兹矣。

余译此书之宗旨,第一在求于最大可能之范围内,保持原作之神韵;必不得已而求其次,亦必以明白晓畅之字句,忠实传达原文之意趣;而于逐字逐句对照式之硬译,则未敢赞同。凡遇原文中与中国语法不合之处,往往再四咀嚼,不惜全部更易原文之结构,务使作者之命意豁然呈露,不为晦涩之字句所掩蔽。每译一段竟,必先自拟为读者,查阅译文中有无暧昧不明之处。又必自拟为舞台上之演员,审辨语调之是否顺口,音节之是否调和,一字一句之未惬,往往苦思累日。

——朱生豪《〈莎士比亚戏剧全集〉译者自序》

这段话表达了朱生豪对翻译的理念和目的,他认为保持原作的"神味"和"神韵"极为重要,想要达到这样的效果,必须付出百倍的努力,认真对待原作,所以每次着手翻译前,他总会先研读作品十几遍,直至透彻了解原作及原作背后的意思后才动笔。朱生豪短暂的一生献给了中国的翻译事业,献给了汉译莎士比亚戏剧,然而,英年早逝的他还是留下了诸多遗憾,去世前的几个月他还在翻译《亨利五世》,但因病只能终止工作,他悲痛地说,"早知道是这样,当初拼了命也要把它译完"。幸运的是,他的挚爱宋清如帮他整理完成了。宋清如又是怎么样的一个奇女子,能让朱生豪说出"我是宋清如至上主义者"这句呢? 宋清如(1911—1997),是我国著名的莎士比亚戏剧翻译家,被誉为有"不下于冰心女士之才能"的女诗人。她与朱生豪在之江大学相识、相知、相爱一生。宋清如在大学期间加入"之江诗社",两人因诗结缘。相遇那年,朱生豪大四,宋清如大一,校园爱情是短暂的,朱生豪早于宋清如毕业,因工作只能异地恋长达十年,朱生豪为宋清如写下 540 多封情书,可惜两人真正相守才仅仅两年。两年间,朱生豪忙于翻译莎士比亚作品的工作,家里的重担落在了宋清如一人身上,从前的才女变成了难为无米之炊的巧妇,日子捉襟见肘,但也阻挡不了朱生豪的翻译事业,他希望把莎剧的译作作为一件盛大的礼物送给宋清如。为了让丈夫安心工作,宋清如包揽了所有的家务。不幸的是,困顿的生活、超负荷的工作,摧垮了朱生豪原本单薄的身体,带着无限的遗憾离开了挚爱,离开了幼子。此后的宋清如只有两件事,抚养刚满周岁的儿子,替亡夫完成莎士比亚作品的翻译出版。宋清如做到了。1954 年,人民文学出版社出版了《莎士比亚全集》,并支付给宋清如两万元稿费,虽日子清苦,但她依然把这笔巨款一部分捐给了政府,另一部分捐给了朱生豪的母校。此后,她终身教书育人,桃李满天下。1997 年 6 月 27 日,宋清如去世,享年 86 岁。她的遗物中,最宝贝的、叠放得工工整整的,是朱生豪写给她的情书。可以说,朱生豪的伟大离不开宋清如,我们能看到莎士比亚译著,也离不开宋清如,因此,笔者在此处赘述这段贤伉俪的绝美爱情,谨以此纪念二人为中国翻译文学所作出的贡献。

朱生豪少时接受的传统教育以及后来对中国传统文化的喜爱使他拥有非常深厚的汉语语言及文化功底,从四言诗到楚辞体,从五言诗到六言七言,甚至长短句,他都运用自如,"在译文中可以充分发挥他的诗学才能,并使中国诗体的各种形式,十分自然地熔化浇铸于汉译莎剧之中而不露痕迹"(李伟民,2009),他在词学专家夏承焘的教诲下,自由地遨游于《诗经》、楚辞、晋诗、唐宋诗词等古典诗词的天地之中,进一步滋养了自己的诗歌才华,"造就了词学姜、史,诗就义山的风格"(朱宏达,1986)。正因如此,朱生豪的译作融入了中国古典诗词的风骚雅韵,根植于中国古典文化和社会历史积淀,无怪乎他的莎士比亚译作堪称"雅译"佳品。他用优雅娴达、诗意盎然的笔触翻译了莎士比亚的戏剧作品,译出了莎士比亚作品最深沉的诗性,用华美的语言表达出了浓郁的诗意,淋漓尽致地传达了语言和意象之美,使这部古老的西方作品深受广大中国读者喜爱。

作为诗人,朱生豪最著名的诗集是《芳草词撷》,收录了 20 首诗词,均以古体诗词形式出现,完全看不出是现代人所写,足见其中华传统文学烂熟于心、古文功底之雄厚。

《水调歌头·酬清如四川如用原韵》

西北有高楼,飞桷接危穹。

有人楼上伫立,日暮杜鹃风。

回首神京旧路,怅望故园何处,举世几英雄。

骋意须长剑,梦想建奇功。

花事谢,莺歌歇。

酒尊空,旧日雕栏玉砌,狐兔窜枯松。

为问昔盟鸥侣,湖上小腰杨柳,可与去年同。

一片锦江水,明月为谁容。

《高阳台·和清如用玉田原韵》

芳雨朝朝,离魂夜夜,人生漂泊如船。

忽遇飙风,狂涛卷尽华年。

罗情绮恨须忘却,是女儿莫受人怜。

试凭高,故国江山,满眼风烟。

蜀山应比吴山好,望白云迢递,休叹斯川。

花月轻愁,从今不上吟边。

戈铤血染黄河碧,更何心浅醉闲眠。

听不得、竹外哀猿,山里啼鹃。

作为翻译家,朱生豪在中国翻译文学史上占据了举足轻重的地位,对莎士比亚戏剧在中国的传播起了非常关键的作用。莎士比亚是英国文艺复兴时期伟大的剧作家、诗人,是人类历史上最伟大的戏剧天才。其作品放射出的人文主义思想光芒和具有的卓越艺术魅力横贯古今。而朱生豪精通中英两种语言,饱读诗书,熟稔中国古典文化和中国古典诗词修养,小至嘉兴方言俚语,大至中国士大夫阶层审美情趣对各阶层的渗透和影响。两位诗人,两位作家,两颗伟大的心灵,穿越时空进行了一场对话,融合了两个民族的语言艺术,成就了经典化、大众化的译作。

二、朱生豪翻译观及文艺思想

莎士比亚被誉为"人类文学奥林匹斯山上的宙斯",其作品揭示人性中善与恶的冲突,进而在冲突中碰撞出人性的闪光点,在不同时代、不同民族的人们中产生一种人性共鸣。因此,他的作品被译成多种语言,在全世界广为流传。文学作品,尤其是外国文学作品的传播与接受,并非单纯的作品书籍引进,也不仅仅是文化现象的传播,它有其独特的规律。从传播过程来看,译作的创作和接受受到了各种外部因素的影响,如时代背景、翻译的操纵者、媒介、读者群体等,其中读者是最为直接的影响因素,文化氛围和意识形态透过不同读者往往折射出不同的反馈与表现,然而本质上,文学传播的主导因素还是内在的,这种本体性表现在作品的本源特征决定了主要价值和意义的生发。既然朱生豪译文能够经久不衰,几十年来受到几代人和无数学者的关注,一定有其熠熠生辉的内在闪光之处。当然,过去几十年以来,关于朱生豪误译研究的论文一直不断,从积极角度来看,这对于推动莎士比亚全集的不断修订与重译起到了重要的作用,比如根据上下语境挑出误译之处,以便今后修正。但是,我们必须看到,朱生豪翻译莎剧的背景是在战乱纷飞、颠沛流离中进行的,即使在和平年代,朱生豪的翻译环境也并不乐观,或穷困潦倒或病魔缠身,在资料匮乏、条件艰苦的情况下能翻译出如此多的鸿篇巨制实属不易,对他的译作进行批评研究时一定要结合当时的背景来进行。朱生豪 32 岁译作未竟而亡,在翻译思想方面还来不及对自己的翻译工作进行整理与反思。译文的精彩,依靠的主要是惊人的才气与勃发的激情,是浸淫词学而又恰逢在恋爱中汲取创作冲动的年轻诗人所特有的朝气与生命力,是国家危亡之间用以寄托精神和命运的力量源泉,是来自特定时代与个体的不可复制的伟大诗作。因此,即使只是对朱生豪的译文进行校译和修订也是相当不容易的事情,很难找到同样的风格来进行修补。

　　每个民族在接受外来文化与文学的介入时,都不是完全被动的,而是根据本民族的特点对于外来者有选择地接受,而他们对于译者和译本的选择,意味着特定受众对于某种过滤规则的认同。外来因素与本土受众始终是一对矛盾,如果莎士比亚是他们所期待的样子或者剧中人物始终以他们习惯或者至少能够理解的方式说话做事,那么这种传播中相互结合的形态共同构成了一个时代的艺术解读;但是当二者相互冲突时,译者往往会站在本土立场,帮助读者寻找情节和文字的合理性。因此,外国文学传播与影响不仅是出版发行过程,更是特定受众的选择和接纳过程。

　　朱生豪最先着手翻译的莎士比亚的作品是喜剧,而悲剧翻译则是朱生豪成熟期的作品,正如朱生豪夫人宋清如所回忆的那样,"悲剧部分以及史剧一部……是后期的产物……文笔益进于熟练、流利,所谓炉火纯青的境地。《罗密欧与朱丽叶》

《汉姆莱脱》《女王殉爱记》《恺撒遇弑记》等，都是他更为得意的作品。"（朱尚刚，1999）

《第十二夜》是英国剧作家威廉·莎士比亚创作的戏剧，约写于1600—1602年间，故事讲述了一对孪生兄妹塞巴斯蒂安和薇奥拉，兄妹二人在一次海上航行途中不幸遇险，他们各自侥幸脱险，流落到伊利里亚。之后，该剧以两人各自的轨迹为线索，薇奥拉女扮男装给公爵奥西诺当侍童，她暗中爱慕着公爵，但是公爵爱着一位伯爵小姐奥丽维娅。可是奥丽维娅不爱他，反而爱上了代替公爵向自己求爱的薇奥拉。经过一番有趣的波折之后，薇奥拉与奥西诺、奥丽维娅与塞巴斯蒂安双双喜结良缘。

例1

原文：MALVOLIO［Taking up the letter.］By my life, this is my lady's hand: these be her very C's, her U's, and her T's; and thus makes she her great P's. It is, in contempt of question, her hand.

译文：马伏里奥（拾信）嗳哟，这是小姐的手笔！瞧这一钩一弯一横一直，那不正是她的笔锋吗？没有问题，一定是她写的。

语言属于人类社会中一种特殊化的符号系统，不但是人们认知事物的工具，而且也是文化信息的承载容器。莎士比亚作品中所呈现出的不朽魅力，很大一部分归功于语言的巧妙运用。这部作品以抒情的笔调、浪漫喜剧的形式，讴歌了人文主义对爱情和友谊的美好理想，表现了生活之美、爱情之美。例1描述的是管家马伏里奥，他虽然是管家，但没有管家的威信，他对主人和下人两幅嘴脸，虽然遵循清教徒式的法则，但内心怀有隐秘的欲望。奥丽维娅的叔父托比等人由于受到马伏里奥的斥责，便对他进行报复。他们模仿奥丽维娅的笔迹写了一封情书给马伏里奥，信中鼓励马大胆求爱，并要他经常穿着令人厌恶的黄色长袜。马伏里奥鬼迷心窍，上了他们的当，丑态百出，暴露出自己的虚伪和野心。朱生豪的翻译倾向于直译与意译的结合，故意增译了语气词"嗳哟"，表现马伏里奥的心情，"瞧"字的使用更凸显了这个夸张、可笑的漫画式人物形象。此外，这句译文最大的特点便是朱生豪将英文的"C's""U's""T's""P's"转化为中文的"一钩一弯一横一直"，这种翻译充满了文学性和可读性。莎士比亚塑造的人物形象都非常立体,具有多面性,对于马伏里奥,译者也按照莎士比亚的做法,给他换上了多件不同的"戏服",通过人物行为、别人的评述,塑造了这个具有喜剧特征的代表,为喜剧增添了许多笑料。

作为喜剧,它也许太善良了一些,这里没有什么讽刺,没有愤怒。它针对荒唐而不是针对可笑的事。它使我们因人类的愚蠢而发笑,而不是蔑视它们,更不是对它们抱有恶感。莎士比亚的喜剧天才与蜜蜂相像,在于他那从杂草毒花中收集蜜糖的能力,而不在于留下一根蜇人的刺。他对剧中人物的弱点作了最有趣的夸张;他的夸张的办法让这些人物本人不会引以为忤,反而几乎也共享有这种欢乐的心情;浪漫主义喜剧所能产生的一切成就都荟萃在《第十二夜》的美妙之中,那儿在柔情和欢笑的风度中出现着马伏里奥,他是这个时期的所有戏剧中最精致完美的人物形象之一。

——刘晓飞《论〈第十二夜〉的狂欢化特征》

莎士比亚四大悲剧中最负盛名的《哈姆雷特》在中国家喻户晓,是世界文学史和文化史上的经典之作,讲述了一个王子复仇的悲剧故事:丹麦王子哈姆雷特(Hamlet)的叔叔克劳狄斯(Clauduis)谋害了哈姆雷特的父亲——丹麦国王,顺势篡夺了王位,还迎娶了哈姆雷特的母亲——丹麦王后乔特鲁德(Gertrude)。哈姆雷特无法接受这桩婚事,陷入悲痛和苦闷。后来,已故国王的鬼魂说出了他死亡的真相,于是,哈姆雷特决心为父亲向叔叔复仇。这部作品拥有二十多个汉译本,朱生豪的译本尤为受欢迎,朱生豪《哈姆雷特》译本是诸译本中的典型,该译本在语词择取上严遵原作,注重译文的语意准确性,语词运用斟酌词性,使译文富有语意拓展性。朱生豪敏锐地把握了语句中具有中心意义的语词,弱化辅助修饰语的干扰,在整体理解文意的基础上进行翻译。对于实词的使用,斟酌推敲,对于一些虚词则舍去不译,有效地再现了原作的多重意蕴和丰富神采。从朱生豪译本的语词选用上可以看到文化的变迁、时代的诉求、个性化的认识等。

该剧充分展示了莎氏对人物个性变化多端的表现能力,表达了他在企图回答人类生活中反复出现的永恒问题和表现从中提炼的永恒主题时对人类存在状态和人类命运之终极关怀。Hamlet 的经典性随着时间的积淀而愈显深刻。无论是从语言、心理学抑或从其他视角对该剧的研究都取得了相当的成就。

——李伟民《中国莎士比亚翻译研究五十年》

朱生豪的《哈姆莱特》译本遵循了汉语从文言到白话文的发展规律,《哈姆莱特》早期汉译本体现出在时代影响下的语词选择。《哈姆莱特》译本从书面语和口语角度也对语词有不同的语体选择,叙述性内容语词平易,以助推叙事;抒情性内容语词夸饰,以渲染效果,议论性内容语词深邃夸张,以增强说服力。

例2

原文:White his shroud as the mountain snow,

　　　Larded with sweet flowers,

　　　Which bewept to the grave did go

　　　With true – love showers.

译文:殓衾遮体白如雪,

　　　鲜花红似雨;

　　　花上盈盈有泪滴,

　　　伴郎坟墓去。

众所周知,诗歌难译,甚至有学者认为诗歌不可译。对于《哈姆莱特》这样一部诗歌和戏剧的综合体,在翻译时更是难上加难。

旁的艺术是超越国界的,……只有文学最深闭固拒,不肯把它的秘密逢人便告。某一种语言里产生的文学就给那语言限止了,封锁了。某一国的诗学对于外国人总是本禁书,除非他精通该国语言。翻译只像开水煮过的杨梅,不够味道。

——钱锺书《谈中国诗》

钱锺书这段话道出了译诗之难,意指翻译中难免有失或走样。虽然这一观点是钱锺书站在中国诗歌立场上对译诗难做的评价,但同样适用于汉译英文诗歌。唯有译者精通两国语言才能破解这一难题。

例2选自《哈姆雷特》第四幕第五场。奥菲莉亚无法接受自己的情人哈姆雷特杀死亲生父亲这个残酷的事实,爱和恨的剧烈冲突使天真善良、清纯无瑕的奥菲莉亚精神失常,疯疯癫癫地跑来跑去,把鲜花撒给宫里的女人们,说是在给她父亲举行葬礼,时不时地还会唱一些关于爱情和死亡的歌谣。例 2 就是其中最具代表性的一段唱词。翻译首要的原则是忠实于原著,翻译又是一种艺术的再创。朱生豪准确把握了剧中浓郁的悲剧色彩,以精湛的结构和语言"红似雨"和"白如雪"成功渲染了具有强烈反差色彩的一幕,读来令人一咏三叹,堪称绝妙好词。最重要的一点是,朱生豪在翻译莎士比亚戏剧时经常借用互文的手段,内容重点、修辞手段、意象建构、情感效果一气呵成,浑然一体。"互文性"不仅是一个西方后现代主义、后结构主义思潮和批评理论的标识性概念,而且对语言研究也有重要的理论价值,对解释语篇的生成有其独特的语言学意义。互文性是中国古典诗歌艺术表现的普遍现象,是汉民族语言的精粹。本句直接借用以前的文本放入当前的文本中,"鲜花红似雨"仿拟了宋代释梵琮的"南溪流水青如螺,深居落花红似雨",在形式上与上行的"白如雪"对仗,色彩搭配极具冲击,在修辞上巧妙运用了移情手法,准确地把握了"鲜花"的物象,着意刻画了一位少女对死亡的感悟,情意深长而又哀婉欲绝。所以说,整个译文足以表达剧中人极度悲愤和失望的心态,也可说是翻译中的最佳选择。

文艺复兴时期的英国戏剧包含多种异质成分,"戏中戏"便是其中一个重要的戏剧手法,意指在一场戏剧中嵌套着另一场戏剧,内外戏剧之间可能在内容、情节上有一定的联系,也可能互不相干,但是它们却共同构成了戏剧创作的完整性,戏中戏不仅具有直观性与双关意味,而且往往能够适当扩充并拓深戏剧作品固有的内涵意蕴,新奇别致的"节外生枝"的独特表演形式可以激起观众的观赏兴趣,获得出人意料、引人入胜的良好戏剧审美效果。"戏中戏"是剧作家通过在文本中嵌入第二个虚构层面,舞台上的虚构观众对应着剧场里的真实观众,而虚拟的作者、导演和演员对应着现实生活中从事艺术创作的作者、导演和演员。莎士比亚熟练掌握并明显偏爱这一手法。《哈姆雷特》是一部具有浓郁传奇色彩的复仇悲剧,剧中哈姆雷特安排流浪艺人专门为国王及其他王公贵族上演了名为"贡扎果之死"(又名"捕鼠机")的一桩谋杀案。该虚拟的故事情节与靠用毒计攫取王位的国王杀兄篡位的真相如出一辙,这部戏中戏是融于悲剧中的悲剧,暗示了作者的深意,戏中戏推动甚至辖制着整部戏剧情节的发展演变,在构造整个剧本的完整结构方面起了重要作用,体现了悲剧的丰富感,沟通了人物关系。

例3

原文：Thoughts black, hands apt, drugs fit, and time agreeing,

Confederate season, else no creature seeing,

Thou mixture rank, of midnight weeds collected,

Which Hecate's ban thrice blasted, thrice infected,

Thy natural magic and dire property,

On wholesome life usurps immediately.

译文：黑心手快,遇到妙药良机; / 趁着没人看见,事不宜迟。

你夜半采来的毒草炼成, / 赫卡忒的咒语念上三巡,

赶快发挥你凶恶的魔力, / 让他的生命速归于幻灭。

　　这是戏中戏投毒者的一节台词,是严格的诗体,每两行押尾韵,整体用字最少,但原文六行实为一个含多个独立结构的陈述句。朱生豪总体上简化处理,有较强的节奏感和舞台表演性,译文吸取了汉语戏剧语言元素,"有汉语戏剧的念词儿效果,戏词味儿极强,同时角色准备投毒杀人的台词、动作和心态的配合极好,具有较强的表现力、表演性和角色效果"(王晓农,2014)。有些句子采用归化和异化相杂的译法,虽兼中西戏剧语言之长,但意图基本准确的前提下,恰当突破原文形式限制,采用创新性的表达方式,纳入自然汉语和文化元素,使译文既能展示原文的文学性,又能呈现出较强的表演性。就 Hamlet "戏中戏"而言,因其独特的文体价值,译文既要适当保留原文的形式特征,又要注重语言的雅俗张力,兼顾表演性。总体上,朱生豪的译文形式整齐,针对原文双行体部分,译文多用双行韵诗体,多压缩式处理,且用语雅俗兼备而偏于雅,有明显的戏剧效果追求。

例4

原文：O that this too solid flesh would melt,

Thaw, and resolve itself into a dew!

Or that the Everlasting had not fix'd

His canon 'gainst self-slaughter! O God! God!

How weary, stale, flat, and unprofitable

Seem to me all the uses of this world!

Fie on't! ah, fie! 'Tis an unweeded garden

That grows to seed; things rank and gross in nature

Possess it merely. That it should come to this!

But two months dead! Nay, not so much, not two.

So excellent a king, that was to this

Hyperion to a satyr; so loving to my mother

That he might not beteem the winds of heaven

Visit her face too roughly. Heaven and earth!

Must I remember? Why, she would hang on him

As if increase of appetite had grown

By what it fed on; and yet, within a month—

Let me not think on't! Frailty, thy name is woman! —

A little month, or ere those shoes were old

With which she followed my poor father's body

Like Niobe, all tears— why she, even she

(O God! a beast that wants discourse of reason

Would have mourn'd longer)married with my uncle;

My father's brother, but no more like my father

Than I to Hercules. Within a month,

Ere yet the salt of most unrighteous tears

Had left the flushing in her galled eyes,

She married. O, most wicked speed, to post

With such dexterity to incestuous sheets!

It is not, nor it cannot come to good.

But break my heart, for I must hold my tongue!

译文:啊,但愿这一个太坚实的肉体会融解、消散、化成一堆露水! 或者那永生的真神未曾制定禁止自杀的律法！上帝啊！上帝啊！人世间的一切在我看来是多么可厌、陈腐、乏味而无聊！哼！哼！那是一个荒芜不治的花园，长满了恶毒的莠草。想不到居然会有这种事情！刚死了两个月！不，两个月还不满！这样好的一个国王，比起当前这个来，简直是天神和丑怪；这样爱我的母亲，甚至于不愿让天风吹痛了她的脸。天地呀！我必须记着吗？嘿，她会偎倚在他的身旁，好像吃了美味的食物，格外促进了食欲一般；可是，只有一个月的时间，我不能再想下去了！脆弱啊，你的名字就是女人！短短的一个月以前，她哭得像个泪人儿似的，送我那可怜的父亲下葬；她在送葬的时候所穿的那双鞋子还没有破旧，她就，她就——上帝啊！一头没有理性的畜生也要悲伤得长久一些——她就嫁给我的叔父，我的父亲的弟弟，可是他一点不像我的父亲，正像我一点不像赫刺克勒斯一样。只有一个月的时间，她那流着虚伪之泪的眼睛还没有消去红肿，她就嫁了人了。啊，罪恶的匆促，这样迫不及待地钻进了乱伦的衾被！那不是好事，也不会有好结果；可是碎了吧，我的心，因为我必须噤住我的嘴！

"独白（Soliloquy）是文学作品中的一种人物表现方法"（姚先林，2015）。《哈姆雷特》中主人公的内心独白占据了很大篇幅，剧本中一共有十二段独白，其中八段是哈姆雷特的，共计221行。大篇幅的独白在哈姆雷特形象塑造中起了重要的作用，随着这个人物的情感和心理的变化，读者或观众也不由自主地投入其中，为之深深感动。跳出角色外，不难看出内心复杂的哈姆雷特在各种思绪情感的煎熬之下忧郁痛苦的性格。在这些独白段中，最著名的是第三幕第一场"To be, not to be, that is the question"一段内心独白。例4选自第一幕第二场，主人公哈姆雷特回国后不久参加母亲和叔叔的婚礼，曲终人散后，独自一人在大厅踱步，他觉得这桩婚事极其荒谬和震惊。当初父亲在世时，父母是那般相爱，父亲离世时，母亲哭得那么伤心，但转眼母亲却已另嫁他人，哈姆雷特无法接受母亲改嫁的事实，尤其当他看到母亲委身叔父，相亲相爱的样子，哈姆雷特开始怀疑人性，怀疑爱情和坚贞，他在绝望痛苦的同时，甚至萌生了自杀的念头。

莎士比亚在词汇选择、句型设计、语用模糊、诗体格式的特点都能在这段独白中可见一斑。哈姆雷特是王子，受过高等教育，是一位高贵有学识、才华横溢的年轻人,因此在词汇表达上都恰到好处地选择了适合人物形象的词汇。哈姆雷特出身优渥,在不同状态下说的话,词汇难易程度和合适程度都是有所差异的,展示出莎士比亚的语言创作风格和他的剧本魅力。莎士比亚在开头句中选取了"flesh"和"dew",前者是肉体,后者是露水,本身看似毫无瓜葛的两个意象,这里却是从肉体到露水的一个过程。人死后肉身陨灭、腐烂、融入泥土,在对死亡后的形象选择上,他没有用 soil、clay、dirt,而是选择了 dew 这个意象,非常有意境。无论是简单句还是复杂句、主动还是被动、长句还是短句,这些细节对读者深入感受和了解剧中角色有十分重要的作用。在这段独白中,莎士比亚更多地选择了短句子、简单句,让主人公直抒胸臆时,更加铿锵有力,表现出哈姆雷特呼之欲出的愤怒。短句一共 5 个单词,she 是主语,him 是宾语,中间为谓语动词,句型结构和句意都非常简单易懂,这样的短句子读起来非常有语感,而且表达效果简短有力。朱生豪在词汇的选取和应用方面经过反复推敲,使用相对较多的是无韵诗和自由诗等诗体格式,使得句子读起来朗朗上口,抑扬顿挫,情绪饱满。更重要的是,这也符合哈姆雷特的学识基础和性格特征,展现出他被一种非常矛盾的心理斗争所吞噬,爱与恨、善与恶、光明与阴暗、生存与死亡,这些对抗和冲突让主人公觉得压抑、痛苦、凝重和绝望,可以非常直观地感受到哈姆雷特的内心世界,了解他情感上的矛盾点以及他的性格,通过他的心理变化预知下文的行为,更好地把握故事脉络。

朱生豪不仅拥有博大精深的中国古诗词底蕴,而且在紧扣原作的基础上,凭借其诗人的素质和情怀对原文进行再加工和再创造,不仅使得译文衔接浑然天成、过渡自然流畅,整篇犹如水流一泻千里、一气呵成。朱生豪时而利用大量典雅优美的古诗体进行翻译,把语言发挥到了表达力的极致,使得莎剧译文洋溢着浓厚的中国古典气息和韵味,彰显了中国古典文化的风采和魅力;时而用无韵体散文式译文,更有利于莎剧在中国读者中普及,不失为汉语译本中水平最高的一种。朱生豪将精湛的语言修养渗透到莎剧的翻译中,使译本充满诗一般的美感,保持原作的神韵,传达莎剧的气派。所以说,朱生豪翻译的莎士比亚戏剧在中国莎学史、中国翻译史上已经成为一个标志性工程,而成功的一大秘诀正是其骨子里的中国文学情怀。

第六节 宁折不弯的赤子文人——傅雷

　　我们这一代的法国文学翻译家(年龄约从五十岁到七十岁)或多或少都是傅雷的私淑弟子。我们最早接触的法国文学作品是傅译巴尔扎克。后来学了法文,对翻译有兴趣,对照原文精读的往往是一部傅译。我们折服于译者理解的准确和表达的精当,有时我们觉得自己不是在读一部翻译小说,而是一位中国作家在为我们讲述一个法国故事。……他的译文完全可以看作汉语文学遗产的一个组成部分。

——施康强《文学翻译:后傅雷时代》

　　傅雷是一位伟大的翻译家,一个翻译家给人们最多的当然是文学上的字样,可是,傅雷给我们的远远超过了文学。

——许钧《傅雷的精神世界及其时代意义》

　　傅雷的艺术造诣是极为深厚的,对古今中外的文学、绘画、音乐各个领域都有极渊博的知识。但总是与流俗的气氛格格不入,他无法与人共事,每次都半途而去,不能展其所长。

——翻译家楼适夷

　　傅雷满头棱角,动不动会触犯人又加脾气急躁,止不住要冲撞人,他知道自己不善在世途上团转周旋,他可以安身的"洞穴",只是自己的书斋。

——翻译家杨绛

　　傅雷非常爱这个国家,所以对这个国家的要求也很严格。他爱他自己的文章,爱他所翻译的作家的作品,所以对它们非常认真。

——画家黄苗子

　　傅雷是个有个性、有思想的铁汉子、硬汉子,他把人格看得比什么都重。

——原国家出版局局长石西民

　　在译本汉语之精炼、之优美上,傅雷的确明显优于很多译家。他的译本的汉语水平本身就达到了文学语言、艺术语言的高度,这是他将一种外国语言艺术转化为本国语言艺术的结果,是他反复锤炼、精益求精的结果,这使得他摆脱了硬译的匠气,而有了造化的灵性。……他既是文学翻译的大师,也是翻译文学的大师。

——柳鸣九《纪念翻译巨匠傅雷》

傅雷的神似说一方面反映了我国传统文论画论中以神为"君"为美的美学思想,另一方面,他把这种思想引入翻译领域,使翻译艺术融汇于我国传统的文论画论的沃流之中。

——张柏然《中国传统译论的美学辨》

一、个人生平及成果

傅雷,1908年4月7日出生于江苏南汇周浦镇,字怒安。幼年丧父,但母亲贤良淑德,从不放弃对孩子的教育,专门请先生教傅雷识字、算术,学英语。这在当时看来,是非常有远见的。1919年傅雷转到镇小学读二年级,一学期后又转往上海,入读南洋中学附属小学。1921年以同等学力考入上海教会学校徐汇公学读初中,开始了每天两节课的法语学习,为后来留学法国和从事法国文学翻译活动打下基础。不过,三年后,傅雷因公开反对宗教、言辞激烈而被校方开除。十五岁时取名为雷。1924年,傅雷再次以同等学力身份被大同大学附属中学录取,读高中期间,他积极参加"五卅"爱国斗争和反军阀学潮,和同学一道走上街头,同时在《北新周刊》《小说世界》发表《梦中》《回忆的一幕》等短篇小说,在当时产生了不小的影响,也让我们看到了日后一代翻译大家的文学才华。当然,傅雷再次被迫离开学校,原因是带头掀起反对学阀的"大同风潮"。1926年秋,傅雷考入上海持志大学,但是,教学状况和学习环境令他失望,加上"四一二"反革命政变,白色恐怖蔓延,时局动荡。他决定出国读书。母亲为其变卖田产,筹措资金,1927年12月30日,傅雷告别亲友,乘坐法国邮轮起程赴法。经过一个多月的航行,1928年2月3日,抵达马赛,乘火车到巴黎,在郑振铎帮助下,在伏尔泰旅馆安顿下来。他持严济慈信,经郑振铎介绍进法国西部的贝底埃补习法语。经过半年的法语巩固,傅雷考入巴黎大学文学院,主修文艺理论,课余去卢浮美术史学校和梭旁恩艺术讲座兼听美术史课程和艺术讲座,观赏法国艺术馆、博物馆的美术名作。后来受罗曼·罗兰影响,他又爱上了音乐。在法期间,一方面,他与日后在国内外文坛艺海的知名人士结成好友,经常一起饱览法国与西欧名胜,拜访名流,大大小小的博物馆和艺术馆留下了他们的足迹,尤其在卢浮宫流连忘返,观赏研析。他曾两度前往法国和瑞士交界的景色优美、令人愉悦的莱芒湖休养、度假,那里成了傅雷艺术之魂和创作之灵的源泉。1929 年暑假,由曾觉之安排,傅雷前往瑞士莱芒湖畔圣扬乔尔夫木屋,与孙伏园、孙福熙兄弟及刘海粟、刘抗、陈人浩等艺术家同游,无意中看见房东旧历书上的《圣扬乔尔夫的传说》,爱不释手,便开始试译,刊登在 1930 年的《华胥社文艺论集》中,这是傅雷首次发表译作。随后,又试译泰纳的《艺术哲学》、罗曼·罗兰的《贝多芬传》。1930 年 1 月,傅雷依据对印象派画作的观摩和学习美术史、美术理论的心得,撰写出他的第一篇美术评论文章《塞尚》,登载于《东方杂志》。1931 年 5 月,傅雷参观罗马教堂的文艺复兴运动代表画家达·芬奇、米开朗琪罗、拉斐尔的原作。1931 年 8 月,在法留学已近四年的傅雷与刘海粟一起乘轮船归国。国内正值"九一八事变"。回国后,傅雷担任刘海粟为校长的上海美术专科学校办公室主任,兼授西方美术史、法语。应中华书局邀请负责出版《世界名画集》,编选《刘海粟》专辑。1932 年,傅雷与表妹朱梅馥结婚。平时,在授课之余,他将主要精力投入到翻译外国文学及撰写艺术理论文章之中。1933 年,傅雷以"自己出版社"自费出版第一部译作菲列甫·苏卜的《夏洛外传》。9 月,因母亲离世,加之看不惯刘海粟"商店作风"的办学方式,傅雷辞去职务,选择闭门译书,开启新一段旅程。这一时期,他主要翻译了罗曼·罗兰的《巨人三传》。1934 年 3 月,他致函罗曼·罗兰,信中道:

偶读尊作《贝多芬传》,读罢不禁嚎啕大哭,如受神光烛照,顿获新生之力,自此奇迹般突然振作。此实余性灵生活中之大事。尔后,又得拜读《米盖朗琪罗传》与《托尔斯泰》,受益良多。鉴于此番经历,愚曾发愿欲译此三传,期对陷于苦恼中之年轻朋友有所助益。

——傅雷《傅雷文集·书信卷》

罗曼·罗兰回信中就傅雷提到的"英雄主义"给予答复:"为公众服务而成为伟大。"这番话对傅雷选择翻译服务民众、投身社会有着重要影响。

抗日战争爆发后,傅雷几乎闭门不出,东不至黄浦江,北不至白渡桥,避免向日本宪兵行礼。

——傅雷《傅雷文集·文学卷》

1935年，商务印书馆出版傅雷翻译的罗曼·罗兰《米开朗琪罗传》《托尔斯泰传》。他曾短期出任《时事汇报》周刊编辑、中央古物保管委员会编审科科长，考察龙门石窟。傅雷于1936至1941年间翻译出版《约翰·克利斯朵夫》，给黑暗年代的读者送来了精神支柱，迎来翻译生涯中的第一个高峰。1937年抗战爆发后，翻译了莫罗阿的《人生五大问题》《恋爱与牺牲》《服尔德传》、罗素的《幸福之路》等，并重译《贝多芬传》，撰写长篇评介论文《贝多芬的作品及其精神》。1942年，傅雷倡议筹办了"黄宾虹八秩诞辰书画展览会"，他和黄宾虹之间的忘年友情在中国美术发展史上传为佳话。1944年，傅雷发表了《论张爱玲的小说》，对这位风头正健的女作家的创作倾向提出中肯的批评，该文至今仍然是张爱玲文学研究中的重要论文。1945年，随着抗战胜利，国内形势日趋紧张。傅雷与周煦良合编《新语》半月刊，为《周报》《民主》《文汇报》等撰写关于时局、民主、教育、文艺等内容的政论杂文，这是他第一次迈出书斋，突破文艺范畴，直面社会和人生，以鲜明立场支持民主运动。1945年12月，同马叙伦、王绍鏊等发起组建"中国民主促进会"，旨在发扬民主精神，推进中国民主政治。1948年，受英国文化协会委托，傅雷翻译牛顿的《英国绘画》，由商务印书馆出版。8月他翻译的巴尔扎克《欧也妮·葛朗台》面世。

1949年12月，傅雷经天津到了北京。清华大学吴晗有意请傅雷前来教授法语，傅雷宁愿教美术史，而不愿教法语。不久，回京转沪，钻进书斋继续他的翻译事业。傅雷热心投身社会文化政治活动，撰写有关知识分子、文艺界、出版界及整风问题的各种文稿，认真履行上海市政协委员的职责。20世纪50年代前期，傅雷重译《高老头》《约翰·克利斯朵夫》，并新译巴尔扎克的《贝姨》《邦斯舅舅》等作品，梅里美的《嘉尔曼》《高龙巴》，伏尔泰的《老实人》《天真汉》《查第格》及一些短篇文学作品。1954年，傅雷之子傅聪留学波兰，这一时期傅雷与其子的书信来往成就了《傅雷家书》。1957年3月，傅雷应邀出席中共中央宣传工作会议。尔后在《文汇报》上相继发表文章，提出改进党群关系的意见。自1957年夏至1958年春，傅雷受到错误批判，被打成"右派"。1959年10月1日，在周恩来、陈毅关怀下，傅雷给波兰毕业、远在英国的儿子傅聪写去中断联系两年后的第一封家书。1961年9月,有关部门摘掉傅雷"右派"帽子,此后的四五年他一直深居简出,翻译了巴尔扎克的《赛查·皮罗多盛衰记》《搅水女人》《都尔的本堂神甫》《比哀兰德》《幻灭》,再次修改《高老头》,正式翻译泰纳的《艺术哲学》。1966年8月底,"文化大革命"初期,傅雷遭到红卫兵抄家,受到连续四天三夜批斗,罚跪、戴高帽等各种形式的凌辱,被搜出所谓"反党罪证"。1966年9月3日上午,女佣周菊娣发现傅雷夫妇已在江苏路284路5号住所"疾风迅雨楼"自杀身亡,傅雷与夫人朱梅馥愤而弃世,双双自缢。傅雷夫妇死后,他们的骨灰先被一个叫做江小燕的女子冒死救下,装进骨灰盒葬在永安公墓。后来江小燕被造反派查到了,但是造反派不知道骨灰盒葬在哪里,傅雷夫妇的骨灰才幸免于难。但由于没人祭扫和交管理费,永安公墓的人打算清理掉他们的骨灰盒,一位工作人员听说那是傅雷夫妇的骨灰盒,于是偷偷拿走藏在了青浦乡下的一个公墓里。直到1979年平反的时候,傅家亲属急于寻找傅雷夫妇的骨灰盒,询问了永安公墓的人员后,成功找到了这个管骨灰盒的工作人员,在他的陪同之下,最终领走了骨灰盒。1979年4月,由上海市文学艺术界联合会和中国作家协会上海分会主办傅雷朱梅馥追悼会,柯灵致悼词,宣布1958年划为右派分子是错误的,应予改正;"文化大革命"中所受诬陷迫害,一律平反昭雪,彻底恢复政治名誉,骨灰移葬上海革命烈士公墓,最终得以入土为安。

傅雷的翻译活动始于1929年赴法求学之时,终于"文革"初年,共计译著34部,五百多万言,为国内引进了许多法国大文豪的作品,丰富了我国的外国文学,也为翻译文学提供了研究素材。长期从事法国文学翻译,傅雷深刻认识到不同国家民族的精神原则大不相同,外文都是分析的、散文的,中文都是综合的、诗的,因此双方的词汇不容易对等,中国人的思想方式和西方人的也相距很远。西方人喜欢抽象,长于分析;中国人喜欢具体,长于综合。因此,翻译时一定要在精神上彻底融化,如果只是硬生生地照字面搬过来,不但原文完全丧失了美感,连意义都晦涩难懂,使读者莫名其妙。得益于留学期间受法国艺术的熏陶,傅雷对音乐和美术都有不凡的见地。傅雷擅长融会贯通,从绘画中汲取了翻译理论的灵感,从临画的方法推导出翻译原理,提出"神似说",把翻译从推敲字句提升至艺术的高度。傅雷在选择原作时,大多是名家名作,因此傅雷的翻译作品具有极强的影响力和艺术力,当然这与傅雷对待翻译的认真严肃的态度不无关系。傅雷每每翻译时,总是充满炙热的喜爱之情,而且在翻译中倾注了心血。文学语言不但是艺术化的语言,而且还是心灵的语言,若非心灵的对话,是很难触动读者的。译者跨越时空与作者进行心灵的交流,用心感受和领会原作,融入自己的"心"和"情",才能创造出与作者完美融合的意境。

二、傅雷翻译观及文艺思想

一代翻译巨匠傅雷幼年丧父,在寡母严教下,养成严谨、认真、一丝不苟的性格。早年留学法国,学习艺术理论,多艺兼通,在绘画、音乐、文学等方面,均显示出独特而高超的艺术鉴赏力。傅雷把法国作家伏尔泰、巴尔扎克、梅里美、丹纳、罗曼·罗兰的重要作品介绍给了中国读者,一生翻译了 34 部外国文艺名著,数百万言的译作成了中国译界备受推崇的范文,形成了"傅雷体华文语言"。去世后,傅雷的墓志铭是"赤子孤独了,会创造一个世界",的确,"赤子"二字似乎特别适合傅雷的一生:对人真诚、做事认真,代表着他的赤诚,亦贯穿傅雷一生,赤诚对待国家,真诚对待朋友,热情洋溢而又严谨缜密地对待自己的翻译事业。

傅雷到法国留学不久,一个偶然的机会,读到了罗曼·罗兰写的一本小书《贝多芬》,"读罢不禁嚎啕大哭,如受神光烛照,顿获新生之力,自此奇迹般突然振作。此实余性灵生活中之大事"。至此,傅雷与罗曼·罗兰结下了不解之缘。《贝多芬》是一部与前辈音乐家相互契合、交流、感染的非凡精神史,罗曼·罗兰受贝多芬精神影响,当时的罗曼·罗兰与读书时的傅雷颇为相似,因此,傅雷感动得不禁嚎啕大哭,欲将《贝多芬》译出:

疗治我青年时世纪病的是贝多芬,扶植我在人生中的战斗意志的是贝多芬,在我灵智的成长中给我大影响的是贝多芬,多少次的颠扑曾由他挽扶,多少的创伤曾由他抚慰……由此他认为:除了把我所受的恩泽转赠给比我年青的一代之外,我不知道还有什么方法可以偿还我对贝多芬,和对他伟大的传记家罗曼·罗兰所负的债务。

《贝多芬》翻译出版后,傅雷一鼓作气,又译出了罗曼·罗兰合称为三大"名人传"的另两部——《米开朗琪罗传》和《托尔斯泰传》。这三人之所以伟大,并非以思想或强力称雄,而是因为具有伟大的品格。罗曼·罗兰希望通过他们号召"英雄"们汲取前辈"英雄"的勇力,结成一支共同奋斗的队伍。傅雷希望通过翻译它们给国家、给民族树立精神支柱,传递坚忍、奋斗、敢于向神明挑战的大勇主义。罗曼·罗兰最著名的作品《约翰克·里斯朵夫》,这本书的原型就是音乐家贝多芬,全书充满了浓厚的艺术气息。罗曼·罗兰还赋予了主人公思想探索者和文化研究者的精神,反映了当时文学、社会、哲学、历史等不同领域的风貌。

从"诗学"的角度看,抗战期间是革命浪漫主义文学蓬勃发展的时期,所以傅雷翻译的《约翰·克利斯朵夫》等作品能广受欢迎,因为在灰暗的日子里,这样的作品能让读者迸发出激情,燃起生命的希望。但是,解放之后,新生政权要求文艺为社会现实服务,曾得到马克思和恩格斯首肯的"现实主义大师"巴尔扎克自然受到追捧。这一时期,傅雷所写的译者序言中,出现了许多"典型环境"下的"典型形象",出现了对所译作品的批判甚至否定性的文字。"实际上这也是特定的时代语境下译者为了不与主流意识形态或主流诗学标准发生尖锐冲突的一种自我保护的翻译策略。……在严峻的意识形态和僵化的文学观念占主导地位的文化语境下,译者总是根据所译作品的具体情况,灵活采取不同的翻译策略使文学翻译合法化。"(谢天振,李小均,2005)

例1

原文:à ses yeux,symbolisait en art l'esprit d'indépendance! Il attendait de lui la parole d'amitié et de vaillance,dont il avait besoin pour continuer l'ingrate et nécessaire bataille que tout véritable artiste doit livrer au monde,jusqu'à son dernier souffle,sans désarmer un seul jour.

初译:他认为这个人物象征着艺术界的独立精神。他指望从他那里听到些友善的勉励的说话,使他得以继续那毫无收获、但必不可少的斗争,那是一切真正的艺术家至死也不肯放过的工作。

重译:他认为这个人物在艺术界是独立精神的象征,指望从他那儿听到些友善的勉励的话,使自己能继续那毫无收获而不可避免的斗争,那是一切真正的艺术家和社会的斗争,一息尚存决不休止的斗争。

《约翰克·里斯朵夫》激昂着个人奋斗的精神,是一本极富人格魅力的书。主人公敢于进取,冲破自身小市民阶层的局限,敢于反抗,排除上流社会的禁锢,敢于超越自我,抵御金钱的诱惑,超脱传统文化的束缚,最终成为艺术大家。傅雷的译文语句流畅,语言简洁明快,看似寥寥数语,却在语言结构上形成了对比,他的翻译紧扣着时代的脉搏,希望一代又一代的英雄儿女,像克利斯朵夫那样去努力、去奋斗,才有希望重新缔造一个理想的文明世界。这是一部古今中外英雄圣哲的历险记,是贝多芬式的一阕大交响乐,更是可以让每个普通人燃起希望、在绝望中听到"江声浩荡"的恢宏巨著。傅雷深刻诠释了强者哲学及力量美学的西方美学元素和观念,主人公的一生就是不断地奋斗、反抗、斗争,以强力去追求真理和光明,使其自身生命在不断超越中获得永生。同时,诱惑也是另一个重要的西方美学元素,西方将人性恶的一面视为必然,约翰·克里斯朵夫的一生也是一个不断迷失和自我救赎的过程。译文使作品更具深度和美感,这对唤醒和启迪当下国人,去改造和去除中华民族存在已久的某些固有劣根性,具有积极的现实意义。

傅雷在《约翰·克利斯朵夫》的《译者献辞》中写道:

真正的光明决不是永没有黑暗的时间,只是永不被黑暗所掩蔽罢了。真正的英雄决不是永没有卑下的情操,只是永不被卑下的情操所屈服罢了。所以在你要战胜外来的敌人之前,先得战胜你内在的敌人;你不必害怕沉沦堕落,只消你能不断的自拔与更新。

这段话朴实而又真诚,极具鼓舞性,能够触动几乎每一个读者,因为我们每个人都有英雄梦,原来英雄并非高高在上的完人,每个人都可以成为英雄。这是非常接地气的话,能够让所有读到这本书的人在内心产生希望的力量。

傅雷对自己的作品一直在不断追求完美的路上,他曾经说"自己常常发觉译的东西过了几个月就不满意;往往当时感到得意的段落,隔一些时候就觉得平淡得很,甚至于糟糕得很。当然,也有很多情形,人家对我的批评与我自己的批评并不对头;人家指出的,我不认为是毛病;自己认为毛病的,人家却并未指出"。

例2

原文:Melchior, atterré, s'agitait, faisait les cent pas, se penchait à la fenêtre.

译文:初译:曼希沃闷闷不乐,骚乱非凡,大踏步地踱着,俯在窗上张望。

重译:曼希沃听了大为丧气,魂不守舍地踱来踱去,靠在窗上东张西望。

傅雷译文的两个版本时隔几年发生了非常大的变化,初版亦步亦趋,更有碎片化的感觉,而重版时已然流畅自如,而且整合短句后保持和原作一样的节奏,更难能可贵的是,傅雷在重版时多用四字格,"大为丧气""魂不守舍""踱来踱去""东张西望"更贴近译文读者。

例3

原文:L'ordre! L'ordre! – s'é cria-t-il-vous ne connaissez pas d'autre ordre que celui de la police.Le génie ne se laisse pas mener dans les chemins battus.Il crée l'ordre, et érige sa volonté en loi.

译文:初版:法纪! 法纪! 难道你们除了警察厅底规律以外不知更有别的法纪了吗? 天才是不能听让你们拖到庸俗的路上去的。他创造法纪,他的意志就会变成规律。

重版:反了! 反了! 难道你除了王法以外,不知道还有别的法纪吗? 天才决不给你拖上庸俗的老路的。他创造法纪,他的意志会成为大家的规律。

对比同一作者的两个译本,重版明显更加地道,从"法纪! 法纪!"到"反了! 反了!"行文更加流畅,从"警察厅底规律"到"王法"用字精简,更富色彩变化。体现了傅雷追求的"神似说",也是我国众多翻译实践者努力追求的艺术目标。"傅雷的翻译在语言上努力接近目的语。 因此,傅译意合程度更高,情感表达中增减、改变感叹词和标点符号的情况更多,做出了更多适应汉语特征与目的语读者的改变,更倾向于归化的翻译策略;同时,傅译通过形式上的改变而达到了"得其精忘其粗,在其内而忘其外,是对原文内涵的忠实"。(赵宇霞,2022)傅雷对待译文精益求精,力求做到译文仿佛是原作者用中文写的,因此既要使用纯粹地道的中文,保持流畅和完整,同时又要兼顾原文的意义与精神。

法汉两种语言在"遣词"上存在巨大的差异,而且这些差异给翻译带来了许多阻碍,傅雷在翻译时,精读、熟读原文,深刻领悟原著的精神实质,然后通过传神的译笔将原作的意思及字里行间的意义表达出来。他既尊重原文,又尊重并顺从汉语的规律与特性,不硬搬、硬译,而是寻求译文的韵味与原文的贴切与和谐。他的译文无论在遣词上还是在造句上,基本都做到了生动传神地再现原文的神韵,用词精当,炼句出彩,尤其是短句的翻译。傅雷根据自己的翻译实践,总结出了著名的"神似"说,为从事翻译工作的每一个人提供了制定翻译策略的重要参照,对我国翻译理论的发展具有启发性,是中国特色翻译理论得以进一步阐发的重要核心资源,他的翻译思想和治学态度也为文学翻译理论提供了借鉴,文学翻译必须具备文学性、艺术性,译文要流畅、有文采,才能成为真正的文学作品,成为翻译文学。这样,也对文学翻译工作者提出了更具体的要求,译者如果想达到"神似",一定要付出百倍努力,静下心来做学问,要在文字上狠下功夫,千锤百炼,力求遣词造句精当,形神兼备,才能呈现精彩的译文。

　　傅雷后期的翻译实践最为著名的当属巴尔扎克的作品。巴尔扎克曾认为自己的笔胜于拿破仑的剑,因此他也被评为伟大的批判现实主义作家,欧洲批判现实主义文学的奠基人和杰出代表。巴尔扎克的巨著《人间喜剧》被誉为是人类精神文明的奇迹,作品以 1816—1848 年"王政复辟"到七月王朝期间广阔的社会现象为背景。作者以清醒的现实主义笔触,提供了一部法国社会,特别是巴黎上流社会的卓越的现实主义历史。而作为《人间喜剧》序幕的《高老头》更是表现批判现实主义的力作。《高老头》主要讲述了退休面条商高老头被两个女儿冷落,悲惨死在公寓的阁楼上;青年拉斯蒂涅在巴黎社会的腐蚀下走上堕落之路。与此同时,还穿插了鲍赛昂夫人和伏脱冷的故事。通过寒酸的公寓和豪华的贵族沙龙这两个不断交替的具有极大反差的主要舞台,作家描绘了一幅幅巴黎社会物欲横流、极端丑恶的图画,批判了浓厚的封建宗法观念的商业资产者,暴露了金钱势力支配下资产阶级的道德沦丧和人与人之间的冷酷无情,揭示了在资产阶级的进攻下贵族阶级的必然灭亡,真实地反映了波旁王朝复辟时期的特征。

例 4

原文: Quant à nous, nous avons de l'ambition, nous avons les Beauséant pour alliés et nous allons à pied, nous voulons la fortune et nous n'avons pas le sou, nous mangeons les ratatouilles de maman Vauquer et nous aimons les beaux dîners du faubourg Saint-Germain, nous couchons sur un grabat et nous voulons un hôtel!

译文：至于咱们自己，咱们有野心，有鲍赛昂家撑腰，咱们拼着两条腿走去，心里想发财，袋里空空如也；嘴里吃着伏盖妈妈的起码饭菜，心里爱着圣·日耳曼区的山珍海味；睡的是破床，想的是高堂大厦！

《高老头》历经了傅雷的三次重译，足见原著具有极高的文学艺术价值，也可以看到傅雷作为一个翻译家严谨务实的翻译风尚。傅雷在《〈高老头〉重译本序》的末尾说："这次以三阅月工夫重译一遍，几经改削，仍未满意。艺术的境界无穷，个人的才能有限：心长力绌，惟有投笔兴叹而已。"原文中使用了1个重读人称代词"nous"，9个主语代词"nous"，傅雷在译文中出现3次"咱们"。虽然与原文相比，译文缺少主语，但意合程度更高，并不影响读者理解句意，而且更加流畅，更符合中文的语言习惯。语篇衔接连贯理论认为"语篇中小句之间的逻辑—语义（logico-semantic）关系和相互依赖（interdependency）关系，如果没有连词，则也必须有标点符号来表示它们之间的关系"。（张德禄、刘汝山，2018）因此，标点符号也是语篇衔接连贯的手段之一，可以表示逻辑—语义关系的标点符号有冒号、分号和逗号。傅雷使用逗号和分号，使译本的排比和并列关系更加清晰。冒号更加凸显译本上下文之间的解释关系，下文对上文进行了更加详细的交代和说明，是对原文的明晰化，有助于读者更好地理解原文内容。

例5

原文：Mais, enfant que vous êtes, s'écria la vicomtesse, madame de Restaud est une demoiselle Goriot.

译文："哦呀！你这个孩子。"子爵夫人嚷道，"特·雷斯多太太便是高里奥家的小姐啊。"

特·朗日公爵夫人感慨拉斯蒂涅的不成熟，没弄清楚特雷斯多家的各种关系就唐突地说话。原文中用了一个"que"引导的感叹句，并将"enfant"提前以示强调。傅雷在翻译时使用感叹词"哦呀"和感叹号，更好地传达了原文的感叹之情。译文不仅符合中文意合的特征，而且较多地通过标点符号使文章的逻辑语义更加清晰，有助于中文读者的阅读。从语篇情感来看,译本中多使用感叹词和感叹号以及语际语气转换,这样可以消除不同语言、不同文化间理解上的障碍,语篇情感传达更到位。傅雷的翻译词汇丰富,句法简短,表达凝练,不受原文长句束缚,实现了对目的语读者语言上的适切;同时,借助语篇情感的传达,实现了译文语言与情感的结合;而且,衔接连贯的意合性,于无形之中增强了文本的易读性和可读性。从傅雷的翻译作品中我们可以学到如何更好地做好中国故事、中国文学的对外翻译及传播,尽力消解语言及文化间的隔阂,满足译入语读者在阅读中语言与情感的需求,提高翻译文本的可接受度与可读性;从这个角度来看,傅雷的翻译可以给我们宝贵的启示。从译者翻译风格研究的角度来看,不仅要突破原有的词汇、句法层面,进行译者语篇层面翻译风格特征构建,更要关注译者在语篇情感传译中的特征体现。

傅雷是我国翻译理论与实践两方面都堪称独树一帜的少数翻译大师之一。他的翻译文学自成一派,着重传神,其"神似说"对于从事翻译理论及翻译实践的人士均有重大借鉴意义。"他除了对译者的专业修养极为重视外,还反复强调译者的人生经验、全面的学识修养对于文学翻译的极端重要性。因为文学的对象是以人为主,人生经验不丰富,就不能充分体会一部作品的妙处;还得训练我们的观察、感受、想象的能力,要深入生活,了解人、关心人、关心一切,才能把伟大的作家的心曲诉说给读者听。"(高华丽,2013)傅雷一生为中国读者介绍了几十部世界名著,极大地繁荣了我国文艺事业,并在发展翻译理论方面贡献了自己的力量。他在艺术上精益求精,广博的学识和严谨的治学态度,使得"巴尔扎克有幸,在中国文坛上获得了一位不辱使命的代言人"。

第七节　小　结

20世纪初,我国社会面临着封建帝制的困境和压力,催生了一场旨在改革传统社会观念和制度的文化思想运动,即新文化运动。这一运动批评了旧有的封建文化传统,呼吁现代化和民主化的理念,强调个体的思想解放与独立思考。新文化运动在文学艺术、知识和文化领域产生了深刻的影响,成为我国近现代社会启蒙的一个重要里程碑。新文化运动不仅解释了我国近现代社会的发展轨迹,还为推动社会的进步和改革提供了宝贵的经验和启示。新文化运动主张个体的思想解放和自由思考,呼吁人们摒弃束缚,敢于追求真理,对我国的教育和科学领域产生了积极影响,推动了我国现代科学的发展。新文化运动在我国社会中引发了一场思想和文化的革命,推动了社会变革和现代化的进程。它激发了人们对自由、平等、科学和文化创新的渴望,为我国近现代历史的发展留下了重要的遗产。这些影响在我国当代社会中仍然可见,并依然产生深远的影响。五四运动后,马克思主义哲学,即辩证唯物主义和历史唯物主义开始在中国传播、发展,并与中国革命实践相结合,形成了中国化的马克思主义哲学——毛泽东思想。三四十年代,马克思主义者内部开展了反对教条主义、主观主义的斗争,以毛泽东为代表的中国共产党人把马克思列宁主义与中国革命实践相结合,经过艰苦卓绝的斗争,领导中国革命取得了胜利。

民国时期先进的思想家和革命家,为了寻找救国出路,尝试通过翻译活动来传播资产阶级民主主义思想。这一时期,涌现出一批著名的哲学家,发表了他们对翻译的哲学思考,运用哲学观点考察中国传统翻译核心理论"信、达、雅"的辩证关系、"意译与直译"的辩证关系等。著名的翻译大家们在自己丰富的翻译实践中,总结出各自的代表性翻译理论和思想,如林语堂的"达意传神论"、朱生豪的"神韵说"就代表了当时翻译界对这一翻译理论的推崇和肯定,从而将这一理论推向一个新的发展阶段。在中国传统翻译思想史上,林语堂、朱光潜、朱生豪等旗帜性人物的翻译思想可以构成这一时期中国传统翻译思想发展的缩影。然而,中、西方的翻译对话和交流还不够,中国翻译学者的独立思考还有待加强,还需听到更多学者的话语。现在,中国许多翻译研究者尝试从中华民族的传统思想中挖掘出翻译理论的基础,以开拓新的翻译研究视角,这是令人欣慰的,是中国翻译研究者参与对话和交流的实际表现,今后必将还会有更多这样的参与和成果。

第五章　波澜壮阔绘新篇

　　中华人民共和国成立后,面临着建设国家的艰巨任务,百业待兴。从思想上鼓舞人民建设国家,从文化上振兴国家,从科学技术上学习先进国家,因此,外交、经济、教育、文化、军事等方面与各国的交流都离不开翻译活动。进入新世纪,我国的社会主义现代化建设更加稳步奋力迈进, 继续向着中华民族伟大复兴和全面实现现代化的目标不断前进。翻译受到了前所未有的重视,翻译事业和译学研究呈现了从未有过的繁荣景象,翻译工作者队伍空前壮大,国外许多新的翻译思想也纷纷进入,大大推动了我国当代翻译事业的发展,为我国当代文艺思想注入新的活力。

第一节 走向世界舞台的新时代

　　新中国成立后,我国在政治、经济、文化各个领域取得了卓越的成绩。随着社会主义经济建设的发展,迎来了社会主义文化建设的高潮。翻译事业和其他科学文化事业一样日益繁荣,也获得了前所未有的蓬勃发展。据统计,从建国到"文革"前夕的 17 年里,翻译数量不断增加,翻译出版的仅外国文学作品总印数不低于 1 亿册,平均每种书出版 20,000 册,书种约有 5,000 种,大多集中在政治文献和文学翻译领域,并翻译了许多翻译理论著作。"十七年"(1949—1966)是中国现代史上特殊的政治历史时期,在此期间出现了"译业兴盛、译人众多、译著繁富、译笔精湛的繁荣景象"(周发祥等,2009)。1949 年以来,从事中国文学译介的发起者既包括中国也包括外国,中译外的翻译活动被纳入政府外宣机构的日常工作,翻译采取集体合作的形式且规模庞大,组织方面更加集中、有序、高效。作品选择方面,一方面强调作品的经典性,一方面强调译介的及时性,将中国文学的最新动态介绍出去。译介目的方面,中译外文学翻译实践背后的文学外交思维十分突出,翻译中国文学主要不是为了批判某种意识形态,而是为了塑造积极正面的中国形象。20世纪80年代初,中国进入了改革开放新时期。日益频繁的中外政治、经济、文化交往,促进了翻译事业的新繁荣,引进了外国翻译理论,推动了中国现代翻译思想的发展,迎来了新中国成立后第二次(以英汉翻译为主)翻译高潮。在这次翻译大潮中,大体而言,占主流地位的,主要是世界文学名著的翻译以及社会科学著作的翻译。

改革开放以后,学术界解放思想,开拓创新,借助翻译来全面、系统地介绍外国新思想,促进我国翻译文学和文艺思想建设。对外交流极大地提高了对翻译的需求,翻译活动与翻译思考充分互动。老一辈翻译家和新一批中青年翻译工作者将许多外国名著翻译成中文,逐步建立并发展了翻译学科,确立了翻译人才培养体系。新的历史时期,国内外环境均为翻译文学的发展提供了良好的生态环境,推动了跨文化交际的繁荣,使我国文艺思想更具多元性与包容性。

第二节　中国的"安徒生"——叶君健

在中国文学如火如荼地"走出去"的今天,这番话格外意味深长。中国与世界的距离,似乎从来没有如此近过,而叶君健和他的同行者踏出的艰难足迹使我们知道,不管东方与西方、我们与他们的差异有多大,仍然可能互相理解、彼此欣赏;同时,叶君健的创作实践又让我们领悟到,只有真正回到民族的土壤,回到我们的大地、我们的人民,回到我们的历史、文化,我们共同的过去、现在和未来,文学才有可能成为穿越和化解隔膜的力量,成为让互相遥望和想象的人们相互走近、贴近的桥梁。

　　　　　　　　——铁凝《讲述"中国故事"的先行者——纪念叶君健百年诞辰》

叶君健是中西互化,他的翻译自然贴切,毫无欧化之痕迹,句法措辞很符合中国人的阅读及审美习惯。叶君健的翻译再创造建立在对原文的阐释基础之上。

——刘军平《后严复话语时代:叶君健对严复翻译思想的拓新》

作为蜚声中外的翻译家,叶君健是一位掌握多种语言的奇才,同时也是对西方文学深有研究,在中译外、外译中方面作出过杰出贡献,取得了重大成就的国内为数极少的专家之一。

——宋韵声《跨文化的彩虹——叶君健传:纪念叶君健100周年诞辰》

英国文学史上的一个片段在叶君健这个人身上体现出来了。

在四十年代后半期的那几年间,他成为了布隆斯伯里和剑桥一位人所熟知的作家。就是在剑桥,他用英文写了许多短篇小说和长篇小说,成为好几个刊物的撰稿人。

——迈克尔·斯卡梅尔《布隆斯伯里中的一个中国人》

对叶君健来说,他创作英语小说是介绍和解释中国的职责所系,但置身英国文化和文学的包围中,他对中国的塑造和想象也会自觉不自觉地融入英国的眼光及品味。而对西方读者而言,叶君健和他的英语小说的意义,就在于使他们可以亲临其境般地打量并了解中国,从中寻觅文化、政治、审美的新的发展可能。

——倪婷婷《跨文化语境下的"表演":叶君健的外语创作》

一、个人生平及成果

叶君健1914年12月出生于湖北省红安县城八里湾镇叶家河村。叶君健虽然不是出身书香门第,但家中一直有读书的传统,祖父粗通文墨,算得上乡村知识分子,因此对子女的教育非常重视。叶君健的父亲自幼练得一手好字,十五六岁时到沙市棉花店当学徒,凭借诚实可靠和勤勉努力,被老板提升为账房先生。叶君健六岁时到哥哥创办的私塾学习,以背诵古诗文为主。三年时间里,叶君健背诵了大量经典诗文,随着年龄增长,这些诗文被逐渐消化,为他奠定了深厚的国学根底。叶君健的父亲和二哥常年在外,接受了新的社会思潮,于是他们主张让叶君健到大城市去学习。1929年春,叶君健赴上海,留在做店员的二哥身边,并入读位于法租界的青年中学附属小学。城市孩子比乡下孩子入学早，所以已经 14 岁多的叶君健在班里比八九岁的同学个子大很多。在城市孩子眼里，叶君健是个乡下孩子，穿着、打扮、言谈举止都显得非常土气。入学三天后，他成了同学嘲弄的对象，这对他造成了人格上的侮辱。于是，他下定决心要在上海校园里受到同学尊重和认可。好好学习是唯一捷径，便更加刻苦地学习起来。为了牢记英语单词，叶君健每天天不亮便起床，到屋外一处林地高声朗读课文。他还时时注意改进自己的学习方法，竭力运用旧知来引发对新知的理解和把握。老师不仅帮他纠正英语发音，还鼓励他多读英语文学原著，以便扩大他的词汇量，加深对英语的理解。叶君健非常喜欢林语堂编写的《开明英语语法》，他用一个暑假的时间学通了英语语法，英语水平远远超出同班同学。一年后，叶君健便可阅读《伊索寓言》、简写本《天方夜谭》等简易读物。

1932 年 9 月，叶君健考入国立武汉大学外文系。在这里，叶君健打下了扎实的外国文学研究基础，大学期间便开始翻译外国弱小民族国家的文学作品。当时，武大在陈西滢等著名教授影响下，创办《盘谷》刊物，旨在为学生提供练笔机会。叶君健开始借鉴西方人的创作手法，创作了许多精彩的作品。一次，叶君健借鉴安徒生《卖火柴的小女孩》的写法，写了一篇类似生活速写的短文，主要讲述一个每天从早到晚在建筑工地上锤石子的工人，挣得的报酬却微乎其微。夏天的太阳常常晒得他几乎昏厥，冬天北风呼啸却没有一件棉衣为他御寒。最后在一个雪夜，主人公饥寒交迫被冻死了。早在高中时，叶君健阅读了鲁迅翻译的普列汉诺夫《艺术论》，后来，他发现很多国家和民族的文学都首先通过世界语作为媒介传送给中国读者。于是，为了实现用笔来为被压迫民众伸张正义的理想，叶君健开始如饥似渴地投入了世界语的学习。1933 年，他用世界语发表了第一篇短篇小说《岁暮》，这也是第一篇中国人写的世界语小说。

在学习的过程中，叶君健渐渐发现中国学界吸收的西方文化大多是通过日本转译而来。虽然此刻日本正虎视眈眈觊觎着中国，但为了救国救民，从武汉大学毕业后，叶君健决心赴日本学习。抵达日本后，叶君健在一位同乡主持的民办外语学校执教，凭着大学时代已经熟练掌握的英语，他很快受到学生们的欢迎。教学之余，叶君健的时间都用于逛旧书摊"淘宝"，他不仅找到了许多用世界语出版的好书，而且和日本世界语学会建立了联系,这是一家具有一定财力支撑的民间机构。在日期间,叶君健频繁参加该学会的各项活动,该学会承诺帮助叶君健推荐他在大学期间用世界语创作的短篇处女集《被遗忘的人》。这本书在国际世界语文学史上占据了一席之地,被国际世界语领导人拉本纳称为"世界语无产阶级文学的一个重要组成部分"。1937 年,《被遗忘的人》顺利出版,署名马耳,不仅扩大了叶君健在世界语者中的影响,而且对在经济上处于困境的作者也给予了最切实的支持。世界语在当时是世界上一些被压迫的弱小民族进行文学交流的有效工具,这些国家的知识分子将自己的作品译为世界语,传达出自己民族的呼声。叶君健选择世界语作为创作和翻译的工具,也是想要把中国这个当时被遗忘、被欺凌的民族的声音,传达到世界人民中间去。然而,正当叶君健与学会的许多知名世界语学者建立密切关系时,却遭到了日本警视厅的跟踪直至被捕。入狱两个多月后,他最终因缺乏案情证据被"限定近日离境",回到上海。抗战爆发后,叶君健从上海到了武汉。在母校武汉大学校长的帮助下,他去了离武汉只有三小时车程的列山中学执教。适逢中华全国文艺界抗敌协会在武汉成立,叶君健得知消息后,便向学校告假赴武汉投入新的工作。

1938 年,他在武汉参加周恩来、郭沫若领导的政治部第三厅,做国际宣传(翻译)工作。叶君健主要承担笔译、口译、英语广播的职责。当时,只要是进步的国际友人来访,或途经武汉到延安参观访问,都是叶君健做翻译。他每天把中国抗日的新闻稿翻译成英文交给外国记者,同时还和一些同志把新闻稿译成世界语,再由中国革命者、精通世界语者刘仁的日本妻子绿川英子(也是世界语者)译成日文,对日本兵广播做反战宣传。武汉沦陷后,叶君健去了香港,他在做《世界知识》杂志编辑的同时,还在《大公报》《星岛日报》《东方使者》《文艺阵地》等报刊用中文、英文和世界语发表抗战作品;他创办了英文版的《中国作家》杂志,翻译刊登国内抗日作家的作品;他还用世界语出版了中国抗战短篇小说集《新任务》,用英文发表了题为"两个十年的中国新文学"的文章,论述了以抗战文学为主流的中国文学的发展轮廓。香港人多房屋短缺,叶君健租用了一间厕所,坐在马桶盖上从事写作和翻译。毛泽东的《论持久战》等正是在这样的工作环境下由他传播到世界其他国家的。他在香港期间翻译了毛泽东的《论持久战》和其他一些最新论著,在菲律宾马尼拉出版,这是毛泽东著作第一次在国外以英译本形式正式出版流传。同时,叶君健与戴望舒、冯亦代等人创办、由他主编的英文刊物《中国作家》。他还翻译了当时一些优秀的中国抗战文学作品,并在欧美国家刊物上发表,后集成《中国战时小说集》。香港沦陷后,叶君健又辗转越南,长途跋涉,最后来到重庆,受聘为复旦大学、中央大学(后来的南京大学)和重庆大学的教授。尽管那时经常为躲避日军轰炸钻防空洞,但叶君健仍利用业余时间,用中外文创作和翻译了包括抗战内容在内的多部文学作品。1944年,他应英国战时宣传部之请,赴英国巡回介绍中国人民英勇抗日的情况。他常夜以继日地做准备,有求必应,使许多英国人和在英国的其他欧洲人十分感动,激励了英国人民,并为他们开辟欧洲第二战场做动员工作。二战结束后,英国政府授予叶君健英国永久居留权,并根据他的个人爱好安排他到剑桥大学国王学院研究英国文学。在剑桥大学期间,叶君健主要研究了欧洲的作家,如法国的巴尔扎克、梅里美,丹麦的安徒生,俄国的托尔斯泰、屠格涅夫等。也是这一时期,叶君健开始系统地阅读欧洲文学作品,在这些作品中,他尤对安徒生的童话特别感兴趣。在阅读中,他不由得想起自己单调枯燥的童年,他和安徒生这位不同时代的异国作家有着相同的成长经历。通过对照彼此的出身和经历,让叶君健对安徒生及其童话产生了一种发自内心的认同感。读到安徒生早期的童话《海的女儿》时,他禁不住被作家笔下的女主人公深深吸引,为她追求纯真爱情而勇于牺牲的精神品格所感动。

安徒生是诗人、哲学家、民主主义者,他的童话作品,也像世界许多其他的名著一样,也是诗、哲学和政治思想的结晶,虽然这些作品是"为讲给孩子们听"而写的——其实青年人、中年人和老年人都喜欢读,特别是老年人,生活阅历深,最能从中体会出"人生的真谛"。但对这种"真谛"的实质,并非人人都是"英雄所见略同",不同的人有不同的体会和理解。其所以"不同",也就是各人的生活经历、文化水准和政治及哲学素养的差异。

——叶君健《发现如诗般的童话》

他想起自己的中篇《冬天狂想曲》与《海的女儿》颇有相通之处。艺术表现的同一性,不仅在叶君健心里激起极大的感情共鸣,而且促使他翻译了《海的女儿》。

1946年暑假,在朋友的帮助下,叶君健动身去了丹麦首都哥本哈根,在朋友家生活了两个月。多年以后,回忆起这段丹麦生活时,叶君健很有感触地说:"在安徒生的童话语言的感召下,我甚至对整个北欧的文学都感兴趣,后来我又学了瑞典文和挪威文,它们都属于同一个语系,比较容易学。"假期结束回到英国剑桥后,叶君健不但根据《海的女儿》的丹麦语版本进行了重译,而且还下决心要把安徒生童话介绍给中国年轻一代,并将之确立为自己永不放弃的追求。从那时起,叶君健就把翻译安徒生童话作为毕生追求,他希望可以把安徒生童话作为中国儿童文学的借鉴。因此,从1947年秋天起,叶君健便每年都要利用寒暑假去丹麦两次,住在丹麦朋友家里,了解他们的生活,感受丹麦人民的思想感情,也呼吸丹麦这个北欧国家所特有的童话空气。此后的三十多年里,叶君健凭着严肃和认真的态度,一一对照英文和法文译本,完成了《安徒生童话全集》的翻译。1977年12月,叶君健在《安徒生童话全集》的译者前言中写道:

北欧在冬天天黑得早,夜里非常静。特别是在圣诞节和新年前后,家家户户窗上都挂着人工制作的星星,在夜色中发出闪亮,普遍呈现出一种童话的气氛。在这种气氛中我觉得再好莫过于把这幽静的夜花在翻译安徒生的童话上面了。

我用我的一切感情和思想来写童话,但是同时我也没有忘记成年人。当我写一个讲给孩子们听的故事的时候,我永远记住他们的父亲和母亲也会在旁边听,因此我也得给他们写一点东西,让他们想想。

叶君健对安徒生创作的艺术特色的把握十分到位,在全世界数百种安徒生童话译本中,唯有叶君健翻译的16卷本《安徒生童话全集》被丹麦的汉学家誉为是"比安徒生原著更适于今天的阅读和欣赏"的译文。自20世纪50年代到90年代,叶君健译介的安徒生童话分别以单行本、精选本乃至系列或套书形式在我国数十家出版社出版。叶译安徒生童话丰富了几代中国读者的精神生活,并极大地影响了我国当代儿童文学作家的创作。

1999年1月5日,叶君健像一支耗尽最后一滴油的蜡烛,他的生命之火熄灭了。这架以出色翻译安徒生童话闻名于世的思想机器,停止了转动。但是,这位一生追求生命燃烧的儿童文学作家将永远活在中国读者心中,成为中国现代著名作家、文学翻译家、外国文学研究家。作为作家，叶君健在中国文学创作方面取得了出色的成就，同时因用英文创作出多部有影响力的中长篇小说而成为英国人所熟知的作家并在英国文学史上占有一席地位；作为翻译家，叶君健以翻译外国文学名著，特别是安徒生的童话而享誉世界文坛。1988 年，丹麦女王玛格丽特二世授予叶君健"丹麦国旗勋章"。

二、叶君健翻译观及文艺思想

20 世纪，刘半农根据《皇帝的新衣》翻译并改写成《洋迷小影》，发表在 1914 年第 7 期的《小说世界》，这是中国最早的安徒生童话的译介。之后，许多著名学者都对它进行了译介，然而这些译本都并非是比对安徒生原著翻译过来，大多是从英美等其他国家文字转译而来，只有叶君健对安徒生童话进行了系统的翻译研究，因此叶君健被称为"安徒生童话第一人"，而且他的译本也被安徒生童话研究者认为是当今世界上最好的版本之一。叶君健最初接触安徒生童话是他留学剑桥的时候，当时他受到英国战时宣传部的邀请，去往英国各地演讲，叙述中国抗日的大好形势来鼓舞英国人民的士气。英政府为了感谢他，特允他去英国剑桥的国王学院进修。叶君健一读到安徒生童话便爱不释手，逐渐萌发了对安徒生童话原著的兴趣。叶君健想，要在译文中准确生动地传达出具有诗人气质的安徒生的童话情韵，仅仅靠英文和法文的对照还是远远不够的。于是，他决心融入丹麦人的圈子，通过熟悉他们的文化氛围和生活习惯去了解安徒生童话的真正含义。正因为此，他开始学习丹麦语，并竭力争取到安徒生的故乡去观察和体验童话诞生的真实背景。

由于叶君健精通丹麦文，因此他的译本更能真实地还原安徒生所表达的真正本意，加之叶君健的参考版本是当时安徒生童话最权威的版本，并在翻译前做了大量的准备工作，收集了每篇童话的写作背景等参考资料，在做翻译工作时的严谨与认真，使得他的译本获得了国外汉学家的高度评价。叶君健的译本完整地保留了安徒生的孩子性和诗性，也保留了浓厚的生活气息和灵动俏皮的幽默感，能对儿童的教育起到良好的启蒙作用，同时在大人看来也具有不小的教育意义。

翻译是一种"再创造"。既然如此，就不能只限于对原手稿、写作背景和作者生平的考据和推敲、从而在文字上"精确"地表现出原作字面上的意义,那只是把一种文字机械地移植到另一种文字的生硬过程——过去所谓的"直译"大概就是如此吧。也许对数学论文和机械说明书,人们可以这样做,但即使这样做,也还得具有严复所提出的翻译三个标准中的两个标准,即"信"和"达"。文学翻译则还必须满足第三个条件"雅"。但这三个标准也还不过是"文字"的标准,我想还应该加一个"文学"的标准。

——叶君健《发现如诗般的童话》

例1

原文:when the wind swept through the great rose hedges outside the house, it seemed to whisper to them, "What can be more beautiful than you?" But the rose shook their heads and answered, "Eliza!"

译文:风儿吹过屋外玫瑰花组成的篱笆;他对这些玫瑰花儿低声地说:"还有谁比你们更美丽呢?"可是玫瑰花摇摇头,回答说:"还有艾丽莎!"

《野天鹅》发表于1838年,主人公艾丽莎是个柔弱的女子,她原本是公主,有11个哥哥,后来继母使用魔法将11位哥哥变成天鹅,柔弱的艾丽莎忍受着荨麻的刺痛、环境的恶劣和有权势的主教对她的诬陷,争取织成那11件长袖披甲,使她的哥哥们恢复人形。她承受了肉体上的折磨,但精神上的压力却更难忍:"她的嘴是不说话的,因为一旦说出一个字就可以使她的哥哥们丧失生命。"正因为如此,她只能忍受人们把她当作巫婆和把她烧死的惩罚,而不能辩护。艾丽莎的善良感动了小耗子,它们帮她收集荨麻;画眉鸟也"栖在窗子的铁栏杆上,整夜对她唱出最好听的歌,使她不要失掉勇气"。她坐上囚车,穿上丧服,正在走向"死亡的路途上也不中断她已经开始了的工作"。在最后一分钟,她的编织工作终于要完成了,她的11个哥哥也及时赶到,穿上她织好的披甲,恢复了人形。这时她才可以讲话了。她说出了真相,取得了群众的理解,同时也击败了有权有势的人对她的诽谤,最后她赢得了幸福。她终于成了胜利者,战胜了比她强大得多、有权有势的王后和主教,救出了11位哥哥,这一切都归功于她的勇气、决心和毅力。叶君健选择童话作为翻译事业的重心,一方面是由于他希望能为中国儿童带来好看的读物,另一方面是因为童话唤醒了他自己的童年,足见叶君健对儿童的重视与关怀,这种盛情在他的译文中更是处处都有流露。叶君健非常尊重儿童的读者地位,根据儿童的心理特征及语言接受能力选择对应的翻译策略。"风儿""花儿"的儿化音瞬间增添了译文的可爱与俏皮,"低声地说""摇摇头"使译文从语言上尽可能以儿童为中心。

《海的女儿》也被译为《人鱼公主》,首次出版于1837年。小美人鱼在儿童文学中是一个悲剧形象,也是安徒生在童话中树立的一个尖锐、生动的形象。亚里士多德认为理想的悲剧人物应该是本身具有某种缺陷或者是犯过失的人。作为童话中的女主人公,小美人鱼近乎完美:海底世界中最小的公主,也是最受宠爱的公主,拥有别人无法比拟的美妙声音,她的鱼尾在海底世界中是最漂亮的。然而,正是这条鱼尾,在岸上世界看来却是丑陋而不被世人所接受的,这就是悲剧人物的缺陷。为了克服这个缺陷,小美人鱼向可怕的海巫婆求助,并最终用她的美妙声音换了两条漂亮的腿,同时她又有了另外一个缺陷——哑。小美人鱼拥有自己的花园,其他公主都种上了自己收集的奇珍异宝,但小美人鱼的花园里只有一座王子的雕像。由此可见,小美人鱼渴望被爱,她想同真正的人类恋爱,喜欢听所有人类的故事。安徒生出身贫寒,地位低微,少年时便展露出不凡的才华,为丹麦有钱的绅士所收养,供他受教育。小人鱼对人类的向往,便是安徒生对贵族权势的羡慕,为了进入高等社会,他像人鱼一样每一步都如行走在刀刃上。因此,安徒生虽然置身权贵却格格不入。他抵挡着嘲笑、诽谤和侮辱,忍受内在的痛楚、寂寞与失败等精神折磨,像小人鱼一样为世间所不容。此外,更具自我写照色彩的还是爱情描写,安徒生赋予小人鱼勇敢追求爱情的无畏,但最后却以自我牺牲的方式毁灭,这与他一生的爱情悲剧有关。安徒生终生未娶,把自己对意中人爱而不得的情感深深埋藏在心里,正因为这种感情埋藏很深,最后起了突变,终于以海的女儿的形象展露出来。小人鱼对爱的执着,也可以看作为理想而自强不息,在艰难中奋起的精神动力,也正是安徒生的自身写照。该作品的影响力从丹麦首都哥本哈根入海口礁石上的美人鱼铜像就可见一斑。

例2

原文:"I carried him across the sea to the forest where the temple stands; I sat behind the foam and watched for someone to come. I saw the beautiful maiden whom he loves more than me!" And the mermaid sighed deeply, since she could not cry.

译文：小人鱼想"我把他从海里托出来，送到神庙所在的一个森林里。我坐在泡沫后面，窥望是不是有人会来。我看到那个美丽的姑娘——他爱她胜过爱我"。这时小人鱼深深地叹了口气——她哭不出声来。

　　小人鱼为了爱情，放弃了海底自由自在的生活和 300 年长寿的生命，把美妙的歌喉丢弃在恶毒的巫婆手里，忍受住把鱼尾变成人腿后所带来的巨大痛苦，用她的爱、她的心和她年轻的生命，去追求那永生而崇高的人的灵魂。可惜，爱人近在咫尺，她却"哭不出声来"。这是一种极尽凄婉动人的爱情，绝不呼天抢地，而是内敛地、沉稳地，甚至带着一抹淡淡的忧郁的微笑，却把一份精致的忧伤悄悄地不绝如缕地缠绕在读者的心上。叶君健提倡翻译要出精品，他的作品堪称童话界的精品，他不仅讴歌了对爱情、灵魂、理想的追求，塑造了主人公善良纯洁的品格、坚强的毅力和牺牲精神。叶君健在译文中为原作发声，追求"不灭的灵魂"——人的生命价值，应该摆脱低级趣味，而真正具有值得"人"的称号的高尚的灵魂。

例 3

原文：Now don't suppose that there are only bare white sands at the bottom of the sea. No indeed. The most marvelous trees and flowers grow down there, with such pliant stalks and leaves that the least stir in the water makes them move about as though they were alive. All sorts of fish, large and small, dart among the branches, just as the birds flit through the trees up there. From the deepest spot in the ocean rises the palace of the sea king. Its walls are made of coral and its high pointed windows of the clearest amber, but the roof is made of mussel shells that open and shut with the tide. This is a wonderful sight to see, for every shell holds glistening pearls, any one of which would be pride of a queen's crown.

译文：不过人们千万不要以为那儿只是一片铺满了白沙的海底。不是的，那儿生长着最奇异的树木和植物。它们的枝干和叶子是那么柔软，只要水轻微地流动一下，它们就摇动起来，好像是活着的东西。所有的大小鱼儿在这些枝子之间游来游去，像是天空中的飞鸟。海里最深的地方是海王宫殿所在的处所。它的墙是用珊瑚砌成的，它那些尖顶的高窗子是用最亮的琥珀做成的；不过，屋顶上却铺着黑色的蚌壳，它们随着水的流动可以自动开合。这是怪好看的，因为每一颗蚌壳里都含有亮晶晶的珍珠。随便哪一颗珍珠都可以成为王后帽子上最主要的装饰品。

我对安徒生童话的理解，就是我在各方面"素养"的一种表现。我的译文的所谓"风格"就为我的这种理解所制约，因此这里面有很大的个人主观成分。尽管我在翻译时逐字逐句紧扣原义，但当我把它们转变成为中文的"文章"时，我个人的"文字风格"就发生作用了。我所选择的词汇及通过它们我所希望产生的联想和所掀起的感情冲动，就带有很深的个人色彩——所谓"文如其人"，在这里也露出了它的马脚。但有一点认识我是坚持的，即安徒生的童话是诗，因此我希望我的译文也能具有"诗"的效果——是否达到了这个愿望，那当然只能由读者去判断了。

——叶君健《发现如诗般的童话》

安徒生的 Mermaid 直译为"美人鱼"，而叶君健并没有采用这种译法，而是翻译为《海的女儿》，这一点与叶君健一直提倡的翻译即是"再创造"的观点是一致的。《海的女儿》充满了人文关怀，小美人鱼不仅是一条鱼，她是大海的女儿，广阔海洋是她的家，她拥有博大的胸怀，因此才会有对王子那般无私的爱。此例中，句首的"now"转化为"不过"，与上文保持紧密衔接，将"most marvelous trees and flowers"扩大范围译成"最奇异的树木和植物"而不局限于"神奇的树木花草"。处理"pride of a queen's crown"时，并没有亦步亦趋地译为"骄傲、自豪"，而是通过"queen's crown"将语义精确至"最主要的装饰品"。叶君健的译文看不出丝毫翻译痕迹，语言优美流畅，选词大都简单，随着故事的节奏改变语言的力度，如本例中用了简单轻快的词语描述大海的美好与丰饶，色彩对比鲜明，动作轻盈灵动，既十分传神，同时也传递了原作的意图，且体现了叶君健的创造性阐释才情，这些无一不是叶君健再阐释后的再创造翻译。他的再阐释、再创造来自于他对作家作品的精深研究。

叶君健的翻译担负起将外国文学引进国内的责任，为中西方文化架起了交流的桥梁。鉴于当时中国人民迫切需要的是鼓励，为支撑他们渡过难关，叶君健选择了童话这一美好事物，并描写出了一个个善良必定战胜邪恶、阶级统治必定消亡的美好前景。除此之外，叶君健选择契合当时中国抗战和中国人的生活的作品进行翻译,他翻译的刘白羽、张天翼等人的作品是中国进步文化界公认的反映抗日斗争和生活的佳作,把中国进步作家反映当前现实生活的最新作品推介给西方,以潜移默化的方式争取国际同情和舆论声援。在香港,叶君健还同戴望舒、徐迟、冯亦代创办了英文刊物 *Chinese Writer*,翻译出版了英文战时小说集 *Wartime Chinese Stories* 和短篇小说集 *Three Seasons*,这样,一批抗战中涌现的中国作家被国外所知。中华人民共和国成立后,叶君健创办了《中国文学》(*Chinese Literature*)英文刊物,中国新文学如《谁是最可爱的人》《太阳照在桑干河上》《新儿女英雄传》等通过这个窗口走向国外,使国外了解了中国土改、抗美援朝等划时代的历史巨变。上述所有作品的选择和翻译无一例外地体现了叶君健响应时代的呼唤,把握时代的命脉,为国家的生死存亡而述译的使命感。

例 4

原文:四大娘就在廊檐口糊"蚕箪"。 去年他们为的想省几百文钱,是买了旧报纸来糊的。老通宝直到现在还说是因为用了报纸——不惜字纸,所以去年他们的蚕花不好。今年是特地全家少吃一餐饭,省下钱来买了"糊箪纸"来了。四大娘把那鹅黄色坚韧的纸儿糊得很平贴, 然后又照品字式棚上三张小小的花纸——那是跟 "糊箪纸"一块儿买来的,一张印的花色是"聚宝盆",另两张都是手执尖角旗的人儿骑在马上,据说是"蚕花太子"。

译文:Maid Four was sitting under the eaves, pasting paper over the hatching baskets. This paper was specially bought for the purpose with the money they had saved by forgoing a meal. In the past they had generally used newspaper. This year, however, Old Tungpao was absolutely against its use, because newspaper was printed with characters which would be sacrilegious to defile as with them the sages in the past had written down the most sacred sayings.

茅盾的《春蚕》以 20 世纪 30 年代的江南农村为背景,描写了老通宝一家为夺取蚕事丰收而竭尽心力和财力地奋斗, 用血汗换来了春蚕的丰收, 但因为叶价飞涨,茧厂倒闭,雪白的蚕茧竟卖不出去,还"白赔上十五担叶的桑地和三十块钱的债"。春蚕丰收而成灾,鞭辟入里地剖析了"丰收成灾"的社会根源,由此揭露帝国主义、国民党反动派、资本家以及地主高利贷者重重压榨农民的罪恶,反映了旧中国的社会面貌。例4描写了四大娘准备养蚕器具的过程。四大娘在小说中主张用洋种和新工具,而老通宝却固守陈规,他俩之间的冲突体现了新与旧的冲突、变革与守旧的茅盾。"糊'蚕箪'"是养蚕工作中重要的一环,四大娘精心准备蚕箪的材料,细心贴在养蚕用的竹匾上,不仅要在蚕箪上绘制特别的图案以祈求发财和丰收,还需写上文字以示对文化的敬重。叶君健对原文进行了重组。在引出第一句"pasting paper"后,紧随其后用"this paper"来指代上一句中做蚕箪的纸,将原文的第三句提前,先解释今年的纸,特意强调该纸张的特别与重要性,凸显了农民们对蚕事的重视程度。同时,将原文第2句退后。第四句加了 however 做转折,可以形成鲜明对比,体现老通宝的顽固保守。例4中最大的改变在于叶君健删除了原文第5句中描写的内容,包括"聚宝盆""蚕花太子"等细节,虽然经过调整增删后的译文在忠信度上有折损,但是表意更加简练、通达,呈现出一副"精品"。

例5

原文:天老爷没有眼睛!

译文:Providence was blind!

例6

原文:天老爷到底是生眼的!

译文:Heaven had eyes for the miserable at last.

《秋收》是茅盾三部曲的第二部,故事讲述了以鲁四老爷为代表的鲁家大院在时局动荡、军阀混战的社会背景下,为了自己的利益,对佃农们残酷压榨,要求佃农们无偿耕种土地,一旦佃农奋起反抗时便用暴力手段镇压。鲁四奶奶自私自利,嫉妒丈夫的财富和地位,在家里煽风点火,挑拨鲁家和佃农之间的关系,以便满足自己的私欲,获取更多的利益。佃农身处水深火热之中,展现了当时的黑暗现实和人性的复杂。秋收时,农民们已经历了春天养蚕丰收成灾的打击,但是他们未能意识到是时任政府的腐败、外资入侵和战争导致生活每况愈下,仍把生活的苦难与幸福归结为上天的安排。中国文化中,"天"有许多意思,一指苍苍者谓之"天",头顶上这个茫茫荡荡的苍穹之谓也,即现代物理学的"天空""天气"之义;一指最高神——天帝,天帝简称为"天"。"天帝"因其高高在上,故又名"上帝""帝""皇天"等表示上古时代中华民族所信奉的最高神这一概念。例 5 和例 6 中的"天老爷"即"老天爷",是指中国神话传说中的天帝,具有宗教神秘性。叶君健并没有将这两个词都译为"God",而是不断变换,避免重复,用有着西方文化色彩的词汇"heaven"和"providence"翻译"天老爷",恰能表现"天"在中国文化中的宗教性意蕴。

例 7

原文:"豆腐店的老头子早点回答天亮了,多么好呢!"

"哪里成?哪里成!他不能犯天条,天机不可泄漏!呀,回答了'天亮'就怎样么?咳,咳,六宝,那就,天兵天将下来,帮着真命天子打天下!"

译文:"Why doesn't the old man answer 'the day has broken' sooner? Surely it's time for a change."

"How can he? How can he?" the Taoist replied. "He can't violate divine law......And look, Lupao! You ask what will happen when the day has broken. Well...... well, then divine soldiers and divine generals will come down to help the real God-appointed one, kill the lords and squeezers, and set up a paradise in our world."

翻译文学作品应该不只注重作品的艺术价值,还要重视其社会效用。"叶君健的翻译工作一直都是与救亡图存相结合"(刘军平、罗菁,2014),他的农村三部曲译介对象主要是描写中国普通农民和民众在当时苦难的社会环境下挣扎和反抗的作品。他认为,中国普通民众的悲惨遭遇和他们积极抗战的行为值得向外国人民宣传,以获得更多的激励。例 7 中,叶君健将陈述句转化为反问句,同时增加了"surely it's time for a change"加强语气的同时表现了希冀社会改变的呐喊。"kill the lords and squeezers"是对能够推翻地主和压迫者的渴望。叶君健增译的内容源于他内心的情感,反映了他对翻译的社会效用的重视,也使得他翻译后的文学作品具有打动译入语读者内心的力量,但这打动人心的力量则源于译者在翻译过程中的情感迸发,这也是叶君健译者主体性在其翻译作品中的充分展现。叶君健长期目睹日本帝国主义残暴入侵和国民党消极抗战导致民不聊生的悲惨现实,这些增译都是他内心积压的忧愤情感的自然流露和体现。人们常说:"诗以言志,文以载道"。在措辞方面,对于具有浓厚中国文化特色的词"天条""天兵""天将",叶君健充分发挥了译者主体性。由于这几个词同属一个体系,因此在"条例""士兵""将军"词前面增加"divine",在翻译"天子"时,叶君健将其理解为"真正的天选之子",处理为"real God-appointed one"不仅传递出文学作品的语言、修辞等美学价值,而且还实现了文学作品的道德政治效用。

翻译作为人类一种有目的的社会实践活动,自然有其功能所在。为了更好地发挥其功能和价值,叶君健认为翻译文学一定要选择有政治哲理和诗情的文学作品。对于翻译的整个过程而言,首先译者要对原作完全吃透消化,经过加工而再创造成为本国文字,通过译者的学识、思想感情和文学修养与原作相结合,这种融合本身是一种再创造,凝结了译者的人生修养、文化水平、文字功夫、艺术审美,甚至意识形态的操纵。这种"精品"与其说是译作,不如说是译者的再创造。读者读到的作品与其说是外国文学不如说是经过阐释的翻译文学:"就我们今天的广大读者而言,外国文学实际上就是翻译文学,因为这种文学是从外国语翻译过来的,把外国的作家作品,通过我们的移植,变成我们的读物。"(叶君健,1981)丹麦专家评价:"只有中国的(叶君健)译本把他(安徒生)当作一位伟大作家和诗人来介绍给读者,保持了作者的诗情、幽默感和生动活泼的形象化语言,因而是水平最高的译本。"

第三节 漏船载酒忆当年——杨宪益

杨宪益可能是最后的集"士大夫""洋博士"和"革命者"于一身的知识分子。

——雷音《杨宪益传》

杨宪益系我国当代成就卓著的翻译家、外国文学专家。自40年代起,他即与夫人密切合作,译出了大量卷帙浩繁的经典名著,将中国丰富的文化遗产,逐一向外国推介,同时,因他精通多种外文,又把世界各国的文学瑰宝,译介给中国读者,为中外文化交流作出了巨大贡献。

——林煌天《中国翻译词典》

50和60年代,对那些在困难中研究中国文学的西方人来说,他和乃迭已是当时的活传奇。若无他俩极其丰富的翻译成果，我都不知道我们该如何入手。

——英国汉学家闵福德

宪益不但学行奇，诗也做得奇，他是一位学者和翻译家，行有余力，则以学诗。……他的诗和文学，是从深度修养和高度天分出来的。

——黄苗子《奇文不可读——〈杨宪益传〉小序》

杨宪益译的《奥德修纪》，并不是诗体版，但我非常喜欢。后来，翻阅过一些诗体版翻译，感觉都不如这个版本简洁、用语中国味，也容易阅读。说起来，诗歌在原文中的音乐性和节奏，是无法通过翻译表达出来的。有时候，硬要用中文节奏去迎合原文节奏，如果译者又未经过专业诗歌训练，对中文诗性理解深浅不一，反而容易破坏原诗的美感。荷马史诗原文，是用音节来实现格律的，并不用尾韵，这种格律如译成诗体，在中文中极易变成整齐的豆腐块，反而会非常难看。而散文体翻译，更能呈现出荷马史诗的凝练。从这个译本可以看出，杨宪益即使对诗体的翻译，也是有自己明确主张的。

——叶匡政《杨宪益的翻译智慧是一座富矿》

关于中西交通史的诸多重大论题，杨宪益皆凭借其精通中西典籍的优势，贡献出了精彩的考证、精细而深入的求证。杨宪益的确是他那个时代视野最开阔的学者；他应该是抗战后期，陈寅恪患眼疾而几乎无法从事学术研究后，我国国际汉学研究领域的第一人。

——采诗《杨宪益的未竟之路》

中国译协把这一奖项授予杨先生，是对他卓越成就、严谨治学态度和敬业精神的高度评价和充分认可，杨先生获得"翻译文化终身成就奖"当之无愧。

——郭晓勇2009年中国翻译协会授予杨宪益"翻译文化终身成就奖"

一、个人生平及成果

杨宪益，号维武，生于1915年（民国四年乙卯）1月10日，阴历甲寅年冬月二十七日。也许是因为与屈原同日出生，所以继承了三闾大夫的爱国情怀与忧患意识。这位大知识分子一生都坚定地站在苍生黎民的一边。他的父亲杨毓璋（字霁川）

曾是中国银行天津分行的第一任行长,与早期的中国北洋政府首脑来往密切。九岁时,家里为他请了一位老师——魏汝舟,这位老师国学底蕴深厚,保留着中国读书人的良好传统:自尊大度、不卑不亢。魏老先生一直强调"孔孟之道"的核心思想"忠恕之道"和"达则兼济天下,穷则独善其身"的自律精神,以及孟轲"民为贵,社稷次之,君为轻"的民办思想。他主要教授四书五经、《古文释义》《古文观止》《唐诗三百首》《千家诗》《楚辞》等。杨宪益自学能力很强,少年时每天几乎要读完两本以上的书,自学过《道德经》《庄子》《列子》《淮南子》《墨子》《搜神记》《酉阳杂俎》《阅微草堂笔记》《聊斋志异》《子不语》等,可见,杨宪益在年少时已经熟读中国儒家经典和诗词歌赋,拥有了扎实的古文功底,从中国传统文化中获得了许多宝贵的典籍知识,但更重要的是得其精神、风骨、节操,这些使他逐渐树立了崇高的理想和信念,时刻准备为国家、为社会、为人民贡献自己的力量。杨宪益十三岁时进入天津新学书院(后改名为"天津新学中学")学习。"这个由英国基督教教会办的中等学校有个显著特点,即除去'国文'(现称语文课)、中国史以外,几乎所有的课程都采用英文课本,由英国老师用英语来讲授,也用英语做笔记、考试。"(邹霆,2001)

杨宪益从小就有非常理性的批判性思维,虽然他在这所用外语授课的学校品学兼优,但从未有过皈依基督教的想法;虽然他对西方的宗教文化(主要是梵蒂冈的天主教文化和马丁·路德倡导宗教革命以后的基督教文化)怀有浓厚的兴趣,但却一直认为西方教义中所讲的"三位一体"论、"圣母童贞"实在难以令人信服。这一时期,杨宪益对政治开始产生兴趣,满怀拳拳的爱国之情。十四岁时,杨宪益是当时天津法租界"秀鹤书店"的常客,这是一家专卖外国原版书的书店,杨宪益从那儿阅读过格林兄弟、安徒生、王尔德的童话故事,刘易斯·卡罗尔的《艾丽斯漫游奇境记》和《镜中世界》,巴利的《彼得·潘》、斯蒂文生的《金银岛》、儒勒·凡尔纳的《海底两万里》等儿童读物。他觉得莱德·哈葛德的冒险小说趣味无穷,后来还阅读了大仲马的许多历史传奇,从《三个火枪手》到《铁面人》直至《波赫多斯的儿子》,都为杨宪益带来了不同的文学感悟。一个偶然机会,杨宪益在天津的秀鹤书店买到了一部当时非常畅销的英文小说——由美国通俗作家勃洛写的《人猿泰山历险记》。他被书中坚持正义、抑强扶弱的"人猿泰山"所深深打动。他如海绵般吸收各国的文学精髓,为的是锤炼自己的文化根基。杨宪益受此书的启发，很快写出他一生唯一的一部长达10万余字的章回小说《鹰捕记》。中学期间，杨宪益还曾购买林琴南的《说部丛书》，开始对林纾翻译的外国小说产生了浓厚的兴趣。杨宪益曾经"为了好玩"，将一些英美诗歌译成中文旧体诗。在当时学衡派思潮的影响下，写了一篇题为"驳胡适文学改良刍议"的文言文论文，受到国文老师的好评与青睐。虽然"五四"新文化运动认为传统的格律诗与真实情感格格不入，但是，对于深受古文熏陶、深爱传统文化的杨宪益来说，他还是习惯用七言律诗和五言古风来抒发自己的情感。1934年夏季，杨宪益随新学中学的英国教师朗曼（C. H. B. Longman）先生由上海乘邮轮出国，奔赴欧洲攻读希腊文学和罗马文学，研究古老而深邃的雅典文化，希望在学成归来之时能够将满腔的爱国热情转化为报国行动。抵达英国后，杨宪益一边到欧洲各地去旅行，增长见识，一边刻苦学习希腊文和拉丁文，把大量时间花在阅读上，他学习柏拉图、亚里士多德、培根、叔本华、尼采、博格森、巴克莱和西格蒙德·弗洛伊德等人的文学、哲学著作；还有弗雷泽的《金枝》等一些人类学著作、希腊神话、宗教书籍以及古代历史、文学典籍。他阅读了十八世纪意大利改革家兼革命家朱赛贝·玛志尼（Giuseppe Mazzini）的《人的责任》（*The Duties of Man*）一书的英译本。这本书深深地打动了杨宪益，唤醒了杨宪益狂热的爱国热情。

　　玛志尼成了杨宪益心目中的英雄。他特地买了一座意大利大理石狮子，在狮子上写了一首诗，诗中把中国与意大利相比较：两国都是世界上著名的文明古国，意大利在她的国父玛志尼领导下打败外敌侵略，建立了共和国。他认为，中国也会像意大利一样，睡狮苏醒，复兴灿烂的中华文明。同一时期，杨宪益还诵读了拜伦的著名长诗《哀希腊》，诗人对希腊命运的哀叹又引起杨宪益对祖国命运的联想。从《学衡》杂志上，杨宪益知道了柏拉图和亚里士多德，对这两位伟大哲人的憧憬又引起他对古希腊的强烈兴趣。这时的杨宪益已经能读懂法文，读过法国作家勒南的《耶稣传》、比埃尔·洛蒂的波斯游记《走向伊斯法罕》和《儒勒·凡尔纳小说全集》的大部分作品。在巴黎，他还聆听了马伯乐和格格拉奈等著名法国汉学家的讲座。1935年，杨宪益用英语撰写了一部大型历史言情剧，描写中国战国时代美女西施的传奇故事。1936年秋，杨宪益进入英国牛津大学学习，不知疲倦地汲取西方文化的营养,并结合国内外大背景,尝试了一些创作,用英文写了一部颇有莎剧味道的大型历史剧《吴越春秋》,创作过一部宣传抗日救亡的四幕五场话剧——《夜色降临到神州大地》,抨击南京政府面对日本帝国主义的侵略大搞投降主义的"攘外必先安内"政策,把日寇不断对中国蚕食、鲸吞的状况描写为黑暗的夜色即将笼罩整个大地。他还试着把《离骚》译成18世纪的英文诗,给他的英国导师过目。1937年,杨宪益当选中国学会主席,戴乃迭(Gladys Tayler)担任秘书。戴乃迭出生在中国北平协和医院,是一位曾经在北平生活过七年的英国传教士之女,考入牛津大学默顿学院后,攻读中国语文即"中国学"(Sinology)。为了帮助戴乃迭学好专业中文,也有时与戴乃迭合译一些中国古今文学作品,譬如,唐代的传奇小说、鲁迅和周作人的散文、艾青和田间的新诗等。

杨宪益后来放弃法国文学,专攻英国文学;而戴乃迭放弃法国文学,专攻中国文学,成为"牛津大学第一个取得中国文学荣誉学位的毕业生"(雷音,2007)。杨宪益受西方文化浸润多年,学会了多门语言,但更重要的是得其自由、平等、创造的真谛。抗日战争爆发后,杨宪益在英国积极投身抗日救亡的宣传活动,倾全力以"唤起海外华人"。杨宪益在一度狂热地奔走救亡之后,大约在20世纪30年代末,进入思想冷却期。他开始阅读社会主义、共产主义的读物,譬如,《共产党宣言》《资本论》《国家与革命》《法兰西内战》等。这位出身豪门、养尊处优的世家子弟连硕士毕业典礼都来不及参加,就匆忙赶回祖国,共赴国难,时年二十五岁。他回国后,还阅读过毛泽东的许多著作,从《论持久战》到《在延安文艺座谈会上的讲话》,从《论联合政府》到《新民主主义论》。杨宪益夫妇在重庆、贵阳、成都等地先在大学里教了几年英文,后来到重庆附近的北碚,加入了当时从南京迁来的国立编译馆。这可以说是他们从事中译英翻译工作的开始。应时任编译馆翻译委员会负责人梁实秋之约,他们在编译馆开始把《资治通鉴》译成英文。在北碚编译馆不到三年,杨宪益与戴乃迭合作译完了战国到西汉部分的《资治通鉴》。业余时间,杨宪益夫妇又译了大部分陶渊明的诗歌、部分温庭筠的词以及一些唐代变文。在当代中国文学方面,他们还译过鲁迅的散文集《野草》和《朝花夕拾》,小说集《呐喊》和《彷徨》,一些艾青和田间的诗歌,郭沫若的剧本《屈原》,阳翰笙的剧本《天国春秋》等。这些译作有的在新中国成立后得以出版，有的因为战乱等大环境的因素而散失。杨宪益曾出版过一本名为《近代英国诗钞》的小书。这个集子里所收的诗都是在第一次大战结束和第二次大战开始之间一些英国著名诗人的作品，包括艾略特(T. S. Eliot)的长诗《荒原》(*The Wasteland*)，奥登（W. H. Auden）、赫伯特·里德（Herbert Read）、恩普森（William Empson）、布伦顿（Edmund Blunden）等的作品。这些诗人都在抗日战争期间或以后在中国居住过或访问过中国。这些诗作反映了这一重要时期西方青年的精神面貌，因为是杨宪益本人挑选的诗歌，所以在一定程度上也反映了杨宪益这个中国青年当时的心境。虽然中国和欧洲国家处境不同，但当时中国青年与欧洲青年一样，经历迷惘与失望，同时又孜孜以求，对祖国和世界人类前途保持了美好的理想和希望。"文革"之后，杨宪益除了在《中国文学》杂志社工作以外，还被中国社会科学院外国文学研究所聘为高级研究员，帮助该所研究希腊文学和拉丁文学。政府决定出版多卷本的《中国大百科全书》，杨宪益被聘为古希腊、拉丁文学分部的主编，与其他学者一起花了两年时间终于出版了《外国文学》分卷，共两册。

杨宪益与戴乃迭合作翻译的模式是：杨宪益翻译初稿，戴乃迭进行修订，杨宪益最后定稿。杨宪益在打字机上翻译一遍，戴乃迭修改则常常要打二三遍，她花的时间一般比杨宪益还多。她翻译中文诗歌常常觉得没有十足的把握，有时要反复修改多次。他们在翻译过程中，如果需要交流时，通常使用英语，而在家里与孩子说话一般用中文，单独交流还是用英语。杨宪益回忆说，他们合译宋代范成大的田园诗时，戴乃迭重新修改了有七八次之多。后来翻译《红楼梦》时，碰到书中旧诗词时，戴乃迭也常常几易其稿。合作翻译时，戴乃迭花费的工夫总比杨宪益多好几倍，这也说明在翻译工作中，审稿耗费的时间与精力往往比初稿要多。解放后，作为文化界的名人，杨宪益有幸接受过毛主席的接见。他非常重视与毛泽东的会面，除了他崇拜毛泽东的领袖才能与诗人天赋外，还有一个原因，他把这些会面看作是他与中国共产党党中央的接触。杨宪益在伦敦青年时代就接受了社会主义思潮，回国后由于对蒋介石独裁统治不满而积极投向中国共产党，并与中国共产党共患难，因此，他非常珍惜自己的信仰与选择。在他心目中，早已认定自己与中国共产党是一家人。在南京时期，他虽与中共干部亲密共事，但毕竟只是与一些地方干部接触。到了北京后,杨宪益直接与党中央最高领导接触,可以聆听到中央的声音,感到格外的兴奋和激动,一种被信任的畅快感油然而生。

二、杨宪益翻译观及文艺思想

杨宪益是中国当代著名的文学翻译大师,成绩斐然,尤其在中国古典文学的英译方面影响甚为深远。学界称其翻译了整个中国,并于 2009 年获得中国翻译协会"翻译文化终身成就奖"。杨宪益一千多万字的译作涉猎之广、数量之大让人叹为观止,从古典诗词到现代歌剧都寄托了他的心血。他对于中国古典文化向外传播所作出的贡献无人能及。杨宪益一生最幸运的事莫过于遇到通晓西方文化的英文学者和痴迷汉文化的汉学家戴乃迭,二人经历了一段长达 60 多年的异国情缘,杨宪益扎实的中国古典文学功底和戴乃迭精湛熟练的英语语言技巧的巧妙结合,为中国经典文学外译事业、为中国的文化舞台、为传递中西文化文明,留下了一段夫妻翻译家的传奇佳话。

杨宪益的翻译生涯一直都与祖国的命运和未来紧紧地联系在一起,形成了自己关于翻译可行性和翻译本质的看法。

翻译是沟通不同民族语言的工具。不同地区或国家的人都是人,人类的思想感情都是可以互通的。在这个意义上来说,什么东西应该都可以翻译,不然的话,人类就只可以闭关守国,老死不相往来了。

——杨宪益《略谈我从事翻译工作的经历与体会》

杨宪益和戴乃迭夫妇在近半个世纪的时间里联袂翻译了许多中国文学作品,在中国文化外译的历史上最具浓墨重彩,贤伉俪携手汉英翻译仿佛上天注定,珠联璧合的杰作为二人双双赢得了"译界泰斗"的美誉,不仅创造了翻译史上的奇迹,也为中华文化在世界范围内争取了一席之地。因为中外合作的优势,他们翻译的作品比其他译文更能体现两种文化的精髓,不但有对外译介的意义,而且对国内英文学习者、爱好者及英译工作者,都是极有价值的读本。杨宪益对妻子戴乃迭充满了感激之情。他晚年时候回忆道:"今天大家说起来,好像所有译文好处,都归功于我们两人,其实她的功劳比我大得多……同事们也都称赞她是我们翻译工作者的典范。"(杨宪益,2003)杨宪益非常认同前辈严复的译事三原则"信、达、雅"。"信"和"达"缺一不可,反对"宁顺而不信"和"宁信而不顺",评价二者都是极端的翻译策略,并不可取。译者不能对原作的内容随意增加或减少。

例 1

原文:……小尼姑之流是阿 Q 本来视若草芥的,但世事须"退一步想",所以他便赶紧拔起四个萝卜,拧下青叶,兜在大襟里。

译文:……Ah Q had always had the greatest contempt for such people as little nuns.There are times when "Discretion is the better part of valor." He hastily pulled up four turnips, tore off the leaves and folded them in his pocket.

　　例 1 选自鲁迅的中篇小说《阿 Q 正传》。该小说共九章,发表于 1921 年 12 月至 1922 年 2 月《晨报》副刊。小说以辛亥革命前后未庄社会生活为背景,描写了阿 Q"精神胜利法"的种种表现,以及阿 Q 悲剧性的一生,真实地反映了辛亥革命前后中国农村的面貌,深刻地揭露了封建势力凶残、狡猾的反动本质,批判了资产阶级领导的旧民主主义革命的妥协性和不彻底性,形象地表明只有彻底摧毁封建势力,实现农村的革命变革,才有可能完成民主革命的任务。鲁迅通过塑造阿 Q 这一典型,得出"哀其不幸,怒其不争"的叹息,以深沉的感情和精湛的艺术手法剖析了由于封建的经济剥削和精神毒害而形成落后的"阿 Q 精神"。小说以喜剧形式蕴含悲剧主题,借典型环境塑造各类典型人物,语言生动简练,富有幽默和讽刺色彩。《阿 Q 正传》是我国新文学史上最杰出的作品,也是世界文学史上的名著。

　　此句语言方面有两个特点,一是四字词"视若草芥""退一步想",二是用"拔""拧""兜"三个字描写阿 Q 偷萝卜的场景,惟妙惟肖。杨宪益将"视若草芥"译为最高级"the greatest contempt"表示阿 Q 对小尼姑的轻蔑、鄙视之情到了最高境界,一方面是对小尼姑的鄙视,但自己偷萝卜的行为又是如此鲜明,正好与拔萝卜、拧青叶、兜大襟等行为形成反差和对比,更好地表示了孔乙己"双标"的两面性和劣根性,使文章生动起来,同时也让读者对两个主角的联想形象化。"退一步想"意为"退让一步,从宽处想",即为衡量之后做出保守的决定,谨慎不破坏规矩,也不失为一种勇敢,而且是一种富有智慧的勇敢。因此,杨宪益将"凡事"译为"有时候",而将

"退一步想"译为"Discretion is the better part of valor"。

例2

原文:那女人虽是山里人模样,然而应酬很从容,说话很能干,寒暄之后,就赔罪,说她特来叫她的儿媳回家去,因为开春事务忙,而家中只有老的和小的,人手不够了。

译文:Although this woman looked like the hill-dweller she was, she behaved with great self-possession and had a ready tongue in her head. After the usual civilities she apologized for coming to take her daughter-in-law back, explaining that early spring was a busy time and they were short-handed at home with only old people and children around.

《祝福》以第一人称的视角讲述一个离开故乡的知识分子在旧历年底回到故乡后寄寓在本家四叔鲁四老爷家里准备过"祝福"时,见证了四叔家先前的女仆祥林嫂猝死的悲剧。小说创作的背景正是中国新文化运动的发展时期。鲁迅以极大的热情欢呼辛亥革命的爆发,可是不久,他看到辛亥革命以后,帝制政权虽被推翻,但取而代之的却是地主阶级的军阀官僚的统治,封建社会的基础并没有被彻底摧毁,中国的广大人民,尤其是农民,他们过着饥寒交迫的生活,宗法观念、封建礼教仍然是压在人民头上的精神枷锁。小说通过描述祥林嫂悲惨的一生,表现了作者对受压迫妇女的同情以及对封建思想、封建礼教的无情揭露,以及一些知识分子对当时人们自私自利以及世态炎凉的社会现状无动于衷和不知所措。

鲁迅的思想系统是个人主义和人道主义的融合,换言之,他是抱着爱人的信念来批判国民的劣根性的,他的批判因爱而起,他在猛烈揭露和批判国民的愚昧、麻木的时候,也是在以一种非同常人的方式表达着他对国民的爱和同情。原句一共九个小短句,一逗到底,杨宪益对此进行了重加工,整合为两个英语句子。为了保持句子通顺,第二句没有直译原文中的"因为"和"而",而是根据逻辑和语气,用连接词"and"来替代"because"和"as"等,用"with"来译表递进关系的"而"。译文中的"hill-dweller""self- possession""had a ready tongue in her head"和"short-handed"用词简洁地道,足见杨宪益深厚的英文功底以及妻子戴乃迭的辅助。

例3

原文:独有这一件小事,却总是浮在我眼前,有时反更分明,教我惭愧,催我自新,并且增长我的勇气和希望。

译文:Yet this small incident keeps coming back to me,often more vivid than in actual life,teaching me shame,spurring me on to reform,and imbuing me with fresh courage and fresh hope.

《一件小事》讲述一位人力车夫撞到人但并没有其他人看见,且在冒着被人讹诈的情况下还去帮助老人的故事。文章以第一人称的视角,通过对"一件小事"和"我"的思想情感前后变化的叙述,歌颂了人力车夫正直、善良、无私、勇于负责的高尚品质,表现出"我"勇于自我批评、严于解剖自己的精神,进而揭示知识分子必须向劳动人民学习的深刻社会主题。"第一人称回忆性叙事中一般都存在双重视角,即'经验的自我'的视角和'叙述的自我'的视角。"(申丹,2002)这篇小说中,"经验的自我"是指1917年正在经历这个事件的"我",而"叙述的自我"则指的是六年后在回忆这件事并把它叙述出来的"我"。这两个"自我"在年龄、成熟度及世界观上是不同的,因此某一叙述是从谁的视角在看、在说,所产生的叙事效果是不同的。所以,在翻译中,准确判断某一叙述是以谁的视角在叙述是非常重要的。全文短小精悍,情节真实可信,通过小事展现深刻的道理,是对以小见大的写作手法的成功运用。"独有"并没有译为"only"或"mere"之类表示"仅仅"的词,反而用了连接词"Yet"既承上启下,又能表达转折的意思。"coming""teaching""spurring"和"imbuing"多个非谓语动词并列做"keeps"的表语,保留原文中有递进关系的并列句,保留其排列次序和逻辑关系,并且完美地体现了原创风格,难能可贵。

翻译不仅仅是从一种文字转换成另一种文字,更重要的是文字背后的文化习俗、思想内涵,因为一种文化和另一种文化都有差别……《红楼梦》是一部中国古典文学名著,为了西方人真正读懂曹雪芹笔下的贾宝玉和林黛玉的爱情故事,我们尽量避免对原文作出改动,也不作过多的解释,在这点上,我们和英国汉学家霍克思翻译的《石头记》有所不同。

——杨宪益口述《我与〈红楼梦〉英译本》

翻译不是机械的语言转码,而是传递文化信息的媒介,是两种语言所承载的不同文化的交流与沟通。忠实原作,准确传达原作的文化精神是杨宪益翻译生涯中一直坚守的翻译理念。好的译作应该尊重原作的文化特色和风貌,采用异化策略,尽量保留原作的文化习俗和精神内涵。《红楼梦》的经典举世瞩目,该小说早已在全世界传播开来,杨宪益坚守自己的翻译理念,强调译者克制,忠实传达原文内容,尽量让译文读者像原文读者一样接收到原文传达的信息,反对对原作的改写和操纵。翻译《红楼梦》时,"他尽量忠实地把中国文化信息和内涵保留下来,对原文中具有浓厚中国文化特色的词语进行异化处理,不做改动,也不做过多的解释"。(欧阳友珍,2014)《红楼梦》无论是思想内容,还是遣词造句,无处不充满丰富的互文性,同时又是我国唯一一部真正"文备众体"的小说。《红楼梦》中的诗词曲赋,共计两百多篇,其数量为中国章回小说之冠。《红楼梦》诗歌中意象异彩纷呈,存在大量互文指涉,无不蕴涵着深厚的历史文化积淀。译者必须对中国古典文艺美学理论有深刻的了解,在绘画、音乐、美术等领域有深厚的艺术修养,译者应该阅读大量优秀的文学艺术著作,丰富自己的审美情趣,提高自己的审美趣味,同时刻苦磨练自己的翻译技巧,在翻译策略和翻译方法上实行多样化。

例4

原文:　　　　　　　　　　　　《分骨肉》

一帆风雨路三千,把骨肉家园齐来抛闪。恐哭损残年,告爹娘,休把儿悬念。自古穷通皆有定,离合岂无缘? 从今分两地,各自保平安。奴去也,莫牵连。

译文:Separation from Dear Ones

Three thousand *li* she must sail through wind and rain,

Giving up her home and her flesh and blood;

But afraid of distress their declining years with tears

She tells her parents: 'Don't grieve for your child.

From of old good luck and bad have been predestined,

Partings and reunions are decreed by fate;

Although from now on we shall dwell far apart,

Let us still live at peace;

Don't worry over your unworthy daughter.'

这首《分骨肉》暗示了贾探春的结局,写探春与亲人骨肉分离的悲苦命运,暗示其"远嫁"的结局。全曲摹拟探春的口吻,用第一人称写出。"Three thousand *li* she must sail through wind and rain",写探春穿越风雨远嫁他乡,"Giving up her home and her flesh and blood"身后是骨肉亲人和熟悉的家园。"sail"一词和"一帆"完全吻合,既表明探春远嫁是乘船而去,又符合地道英语"风餐露宿"的表达。"But"一词既承接上文,又转折表达担心之情,"残年"没有用"old"或"senior",而是用"declining years"写探春看到为她送行的父母痛哭流涕,设想自己远嫁之后可能给父母带来的悲痛。于是,探春临行前对父母劝慰,"Don't grieve for your child"。"穷通"即贫困和显达,意为"good luck and bad",分离和团聚也是注定的。这两句带有宿命论色彩,但也表现出探春性格中豁达、开朗的一面。杨宪益在处理"缘分""注定"之类的佛家表述时非常灵活,分别译为"been predestined"和"decreed by fate"达到了避免重复的目的。此次分别将是一次一去不复返的永别,所以特别道一声"各自保平安",既嘱咐亲人多多珍重,又告慰亲人不必挂念自己。"奴去也,莫牵连"句,是告别语。全句是说:我走了,请不要把我惦念。奴,古代女子对自己的谦称,译为"unworthy daughter"。

《红楼梦》是一部中国古典文化的显学,里面既有生动细腻的人物描写,也有充满互文性的诗词借鉴,更有衣食住行各方面的展示,堪称古典小说的典范。杨宪益运用各种翻译策略和翻译方法,但也只是译出了其中的部分含义。这部人类共同的精神财富巨著值得一代一代人努力传承下去。杨宪益认为,我国人民应该知道外国的文化遗产,外国也应该了解中国有多么丰富的文化遗产。他又说,他把中译英当作自己的正业,但也没有忘记将外国的优秀文化遗产介绍到中国来。显然在杨宪益看来,"应将中西两大文明均置于视野之中"(任生名,1993)。

《卖花女》是英国著名戏剧家、诺贝尔文学奖获得者萧伯纳(George Bernard Shaw)于1912年发表的剧作,是关于语言学家亨利·息金斯(Henry Higgins)和朋友辟克林上校(Colonel Pickering)之间的语言赌博的戏剧,Henry说他能够在六个月内将一名满口伦敦方言的卖花女伊丽莎白·杜立特尔(Elizabeth Doolittle)成功转变为谈吐高贵的贵妇人。因此,语言以及对话艺术在这部剧中占有非常重要的地位。林语堂于1929年完成《卖花女》的翻译,并在1932年出版。杨宪益在1951年出版《卖花女》的中译本,1956年的重译本更为中国观众所熟悉。"综观杨先生的译文行文流畅,语言风趣……即遵守了忠实于原著的原则,又形象具体地再现了萧伯纳这位语言大师诙谐、语言凝练的艺术风格。"(孙芳琴,1998)《卖花女》深受世界范围内的读者的喜爱,杨宪益把它介绍给中国读者,使中国读者也能领略这位戏剧大师的语言魅力。杨宪益的双语和双文化知识和长期的翻译实践活动使他具备将这个作品翻译成汉语的能力。在翻译过程中,他实现了语言、文化和交际的三维转换,综合运用了同化和异化的翻译策略,是一部整合适应度很高的作品。

例5

原文:What I done (correcting herself) what I did was not for the dresses and the taxis, I did it because we were pleasant together and I come – came to care for you' not to want you to make love to me and not forgetting the difference beween us but more friendly like.

译文:我干这个(改正自己的话),我做这个并不是为了漂亮的衣服和汽车;我做这个是因为我们相处得很好,我也就——也就逐渐对你关心;但并不是要你爱我,我也没有忘记我们中间的不同,我只要求彼此之间能够友爱一些。

卖花女 Elizabeth 出身卑微、口音浓重并且举止粗鲁。接受训练前,她满口方言,说话粗鲁,语言极不规范;在训练中,她的语言时而标准,时而刻板,不伦不类;而训练后,她凭借标准的语音、规范的措辞、优雅的仪表,仿佛谈吐文雅的上流社会名媛,甚至被误认为是匈牙利的公主。经过六个月的训练,卖花女 Elizabeth 成为发音标准、举止优雅的伊莉莎,出现在一个大使馆宴会上竟然无人识破。杨宪益在译文中再现了 Elizabeth 娴熟又得体的语言。此时的伊莉莎语音清晰,尽管有两处表现出她的语法不规范,但她立刻纠正了过来,体现出她已掌握了比较规范的语言。杨宪益在翻译中选择了汉语的正式体,而且原文中的 done 和 do 在汉语中分别用"干"与"做"以示区别,以及"我也就……也就……"的重复,有效地再现了伊莉莎的语言选择过程。除此之外,这一段每句都以"我"开头,似乎与原文意义不等,意义大于原文,但正是这几个"我"以及"并不是……我只要求……"及"我做这个并不是为了……我做这个是因为……两句结构上鲜明的对比，形象地表现了当时的伊莉莎对语言娴熟的运用能力。因此，此处的翻译虽然看似不忠于原文，但却做到了更高层面上的对等，即通过语义来补偿语音，从而使整篇译文准确地反映了整篇原文所表达的内容。

杨宪益是中国当代著名的文学翻译家，他和夫人戴乃迭几乎将他们的一生全部奉献给了祖国以及祖国的翻译事业。夫妇两同为学者、同为翻译家，举案齐眉间默契合作，以精湛的译笔将一部又一部中国文学作品翻译成英文，介绍给了渴望了解中国的西方读者。同时，杨宪益还独自承担了将一些世界优秀文学作品翻译成中文的工作，满足了中国读者渴望了解世界的需求。夫妇两为中国文学作品在世界的传播以及外国文学作品在中国的流传作出了巨大的贡献。面对这么多自己辛勤劳作的成果，杨宪益认为一切东西都可以翻译，但是译者在进行文学翻译时，根本不可能把原文中由许多其他因素构成的某些文化含义完全传达给不同文化背景的人。译者需要将自己置身于作品所处的每个时期，设法体会当时人们所要表达的意思，然后才能翻译成英文。此时，需要再把自己放在今天读者的地位，这样才能使读者懂得那时人们的思想。杨宪益在翻译事业上的成功离不开自己深厚的中西文化修养以及宽阔的比较文化视野，对待翻译工作，更是坚持严谨的翻译态度。最后一点也是最重要的一点是他有一位学者兼翻译家的夫人——戴乃迭。他们夫妻二人作出的贡献足以光耀后人，他们以自己的生花妙笔推动了中国乃至整个世界的文学、文化和翻译事业的进步。

第四节　外语学人治业楷模——王佐良

王佐良一生著述丰富，是中国现代以来少数几位用英文撰写比较文化与文学的研究论著的先驱。王佐良先生是杰出的翻译家，他以民族文化为立足点，吸纳西方先进的方法，形成独特的具有前瞻性的翻译理论。王佐良先生也是享誉文坛的诗人、作家，此外，他更是杰出的教育家，他的一生都献给了祖国的教育事业，为国家培养大批外语人才,他为新中国外语教育事业发展奠定了重要基础。

——北京外国语大学彭龙校长

王先生对美国文学研究有很大的贡献,可能他自己都没意识到,是他对文学史的看法,1980年代之后,发表了很多文章,很多新的理论,但是对我而言,王先生的著述里面占很大比重的是他的文学史,对我们当时编新编文学史具有非常大的借鉴意义。王先生提出来要建立有中国特色的外国文学史的模式,态度上要一丝不苟,文字上要简练具体,风格上要有文采和生动。我个人觉得王先生的说法最简洁、最根本、最到位,也最深刻。

——南京大学朱刚

王佐良先生在翻译领域成就卓著,是中国比较文学的奠基者,他的论著契合成为了中国比较文学的奠基之作,是我们中国比较文学的经典,为中国比较文学作出了开创性贡献。

——比较文学学会会长曹顺庆

与其他诗人不同,他不只是写诗,还评诗、翻译诗、编诗集、写诗史,读《王佐良全集》可看到他毕生用心于诗,他的全部著作中有七部与诗有关。1936年他才20岁,诗作《暮》就展示了他的才华。他讲外国文学讲得最精彩的也是诗,一是因为他是这个领域的专家,造诣很深,二是作为诗人,他讲课时能把诗人的激情都投入进去,因此极富感染力。他使我们这些听课的学生爱上了音律诗,他讲课有诗人的风度,走进教室往往是空手而来,不带讲稿,在讲台站定后,从西装口袋取出几张卡片放在讲台上。王先生有超强的记忆力,能成首背诵诗,成段背诵莎剧。我们这些学生印象最深的是他讲的苏格兰诗人罗伯特·彭斯的爱情诗,《一朵红红的玫瑰》和《友谊地久天长》,这两首诗几乎传遍了英语国家,后者成为歌词后更是唱遍了全球。

——北京外国语大学教授张中载

一、个人生平及成果

王佐良,1916年出生于浙江上虞。童年时随父亲移居现今的武汉市,1922年就读于汉口的宁波小学。1928年就读于武昌文华中学。这是一所由英美圣公会等基督教派开办的教会学校。在这所学校里，除国文（汉语）课外，包括体育在内的几乎其他所有课程都用英文授课，还给学生提供了大量英文原著和资料。在这样的学习环境下，王佐良对西方文学产生了浓厚的兴趣，因而王佐良在中学时代便打下了扎实的英文基础。中学毕业时，因其父亲所在公司破产，王佐良不得不暂时放弃报考大学，在湖北省盐务稽查处当了一名三等课员（会计）。1935年，王佐良以优异成绩考入北平清华大学外国语言文学系，与李赋宁、许国璋、周珏良并称为外文系"四大才子"，四人后来都成了国内著名学者。大一时，王佐良获得了全校英文演讲比赛一等奖，还以笔名"竹衍"在《中学生》上发表散文《旅途》《一二·九运动记》等，抒发对山河沦陷的忧伤和对学子们爱国情怀的赞叹。1937年，抗日战争全面爆发，清华大学、北京大学和南开大学合建成西南联合大学，王佐良随西南联大南迁，经广州和香港，入境越南，再由滇越铁路来到学校所在地昆明。两年的流亡生活一路辗转，王佐良体味到了国家蒙难的苦楚，更坚定了求学报国的信念。西南联大办学条件极为艰苦，师生时常还要躲避日军空袭，但这丝毫没影响王佐良的求知热忱，他与好友许国璋组织"湖畔绅士"英语演讲会，他由衷感慨："尽管四面八方在引诱，真正的大师还是在教室里。"

在西南联大，英国现代主义诗人、诗歌批评家燕卜荪（William Empson）开设的"英国现代诗歌"课程，不仅介绍现代主义诗歌，还运用现代主义诗学理论分析评论欧美现代主义诗歌。同时，朱自清、冯至、卞之琳等文学名家，也在这一文化圣地极力倡导现代主义诗歌艺术。自幼就喜爱诗歌的王佐良，浸淫于这样一个现代主义诗歌氛围浓郁的大学校园，对他后来的学术走向产生了极大影响。西南联大毕业后，王佐良留校任教。他撰写的论文《诗人与批评家艾里奥特》分章节刊登于《大公报》和《益世报》，开创了国内研究英国现代主义诗人艾略特（旧译艾里奥特）的先河。1946年，他发表长文《今日中国文学之趋向》，从新文化运动说起，纵横捭阖，清晰勾勒出20世纪上半叶中国文学的脉络，阐释中国文学与外国文学间的深层联系与互动，颇具学术穿透力。1947年秋王佐良参加了庚子赔款公费留学选拔考试，以第一名的成绩进入英国牛津大学茂登学院，师从英国文艺复兴研究专家威尔逊教授，主攻 17 世纪英国文学。留学期间,他在与好友的通信中,就经常流露强烈的家国情怀。四十多年后,追忆往事,他仍动情地说,"从留学一开始,就觉得回国是天经地义的"。1949 年 9 月,牛津大学的学业结束,获 B.LITT 副博士学位。他毅然放弃留学法国攻读博士学位的机会,回到已解放的北平,入职北京外国语学校(北京外国语大学前身)。在北京外国语大学,王佐良开设过多门课程,每门课都讲得很精彩。上课时,只凭手上几张卡片就把英国文学的脉络交代得清清楚楚,他的引文句句动人,而他讲的英文犹如一篇篇漂亮的散文,引人入胜,使学生对英国文学产生了浓厚的兴趣。他的非文学翻译始于 1949 年,即他回国执教于北京外国语学院后不久。当时,中央宣传部组建了《毛泽东选集》英译委员会,他和老师金岳霖、钱锺书等著名学者一起被聘为委员,共同参加了《毛泽东选集》1—4 卷的英译工作。1970 年代后期,王佐良还参与主持编写了《汉英词典》。20 世纪五六十年代,英语教材奇缺,英语学习资料匮乏,他便四处搜寻,精挑细选,与周珏良、李赋宁等人共同编写了《英美文学活页文选》系列丛书,系统介绍英美著名作家的经典作品,成为众多读者了解英美文学的重要窗口。后经整理形成的《英国文学名篇选注》,也被公认为"国内出版的最佳英美文学选读读本"。因此,王佐良与许国璋、吴景荣曾被誉为新中国的"三大英语权威",成为国内外语学人的治业楷模。

王佐良曾任北京外国语学院教授、英语系主任、外国文学研究所所长、副院长,中国外语教学研究会副会长,中国外国文学学会副会长,中国英语教学研究会会长,中国莎士比亚研究会副会长,学术期刊《外国文学》主编,多语种学术杂志《文苑》主编等。历任第六、七届全国政协委员,国务院学位委员会学科评议组外国文学组组长,国家教委高等学校专业外语教材编审委员会主任等。王佐良博古通今,一生致力于外语教育与外国文学研究事业,不仅为国家培养了大批外语人才和学术骨干,还与老一代学者一道为我国外语教学的学科建设和外国文学研究的发展作出了卓越贡献。作为著名的教育家、杰出的语言学家,王佐良学贯中西,多才多艺,是出色的作家和诗人、英国文学研究的权威学者,中国比较文学研究的开创者,还是卓越的翻译家和翻译理论工作者,在国内外学术界享有盛誉,是一位不可多得的"文艺复兴式的人"。王佐良学术视野开阔,对西方历史、文化、语言有广泛的认知和深刻的了解,以此为背景展开的英国文学研究体大思精、成果丰硕,从而跻身国际最著名英国文学研究专家之列。王佐良是中国现代以来少数几位用英语撰写比较文化与文学研究论著的先驱之一,所涉及的多为该研究领域内影响重大的学术议题,充分体现了其深厚的语言功底和会通中外文化的高度融摄能力。他以民族文化为立足点,吸纳西方先进的研究方法,形成了独特的、具有前瞻性的翻译理论,且身体力行,翻译了多部佳作,并参与了《毛泽东选集》一至四卷的翻译工作。王佐良曾说:"我是喜欢翻译的。有时候,当我写完了一篇所谓的'研究'论文,我总是感到:与其论述一个外国作家,不如把他的作品翻译一点过来,也许对读者更有用。"(王佐良,1989)可见,王佐良与翻译和翻译研究的情结源自热爱,唯有热爱可抵岁月长,在王佐良漫长的一生里,著述等身,成就卓著。他的译文篇篇都是精品,语言新鲜隽永,耐人寻味。王佐良不仅拥有丰富的翻译实践经验,在翻译理论方面也很有建树。由于研究需要,翻译活动伴随了他的一生,他边翻译边思考,不断总结翻译经验,提出了自己独到的翻译主张。这些翻译主张汇成了自成体系的翻译思想——文体翻译观、文化翻译观、译诗观、理论与实践统一观以及新时期翻译观"五位一体"的王佐良翻译思想。

王佐良最早的文学翻译活动始于他在西南联合大学任教之时,主要译作就是著名剧作家曹禺的成名作《雷雨》。他在一个暑假花了三个星期把全剧译完后,但是觉得对话不够出色,特别是转接处不够灵活,经过一位英国朋友的通读和润色,才算有了改进。他还先后选译过一些汉诗,如杜甫的《戏为六绝句》(其二)、元好问的《论诗三十首》(选二首),黄遵宪的《夜起》,谭嗣同的《夜成》,卞之琳的《断章》及《尺八》和《〈论持久战〉的作者》,冯至的《十四行诗》(之二十一和二十七)和《诗八首》(之四),穆旦的《诗八首》等等;他还翻译了一些文论、译序方面的篇章,如刘勰的《文心雕龙》,林纾的《孝女耐儿传序》和《〈块肉余生述〉前编序》,鲁迅的《〈论语一年〉——借此又谈萧伯纳》和《〈中国新文学大系〉小说二集序》等等。王佐良在致力于英译汉的同时,也不忘引进一些外国文学作品。王佐良在为中国广大读者译介英语文学的大量优秀著作,尤其是诗歌和散文方面,作出了重要贡献。他的英译中工作也开始于在昆明西南联合大学外文系做助教时。王佐良翻译了爱尔兰著名作家乔伊斯的短篇小说集《都柏林人》。可惜当他译完集子后把手稿交给朋友带往桂林准备出版时，却碰上日机轰炸，手稿不幸化为灰烬。后来仅整理出较短的一篇《伊芙林》，于 1947 年载于天津《大公报》的《文学副刊》。在散文方面，他译过培根的《随笔》中部分篇目，篇数虽然不多，但篇篇精妙，被译界视为经典散文译作。他还摘译过英国散文家科贝特的《骑马乡行记》。科贝特的文章曾受到马克思的盛赞，王佐良非常喜爱，而他的译文也如同原作一样质朴有力，散发着土地的芳香。王佐良最为喜爱、最为倾心的当数英国诗歌，所以英诗译作颇丰，主要收录在《彭斯诗选》《英国诗文选译集》和《苏格兰诗选》等著作中。所译作品涵盖了密尔顿、彭斯、拜伦、雪莱、蒲柏、司各特、麦克迪儿米德等一大批英国诗坛有影响力的诗人作品，以及爱尔兰诗人叶芝等人的作品。彭斯在诗作中大量运用了苏格兰方言，很多词汇连以英语为母语的人都不熟悉，其翻译难度之大是可以想象的，王佐良的《彭斯诗选》是他的成名之作，也是他译的唯一一部单个诗人的诗集，代表了我国彭斯研究和翻译的最高水准。

王佐良认为译者必须对原作的内容和文字有深刻的了解，抓住其中音调、韵律、句法、词汇、形象或结构上的某些特点，包括它们的分布和重复，了解到作品所要突出的是什么，必须能够对原作的文字质量、风格特点做出判断，这样在翻译时才能灵活运用语言表达，努力做到"神似"。不同的文体要有不同的译法，科学、商业、体育、宗教之类的文体布告，就要用一种合乎布告的语言来译，广告有广告的译法，通知有通知的译法，政治文章要有政治文章的处理办法。翻译诗歌，则要考虑格律、音韵、形象等问题，要注意是咏唱体还是说话体，要努力传达整首诗的情调。最重要的一点是，不能忽视原文的语气。因此，译者的主要任务便是再现原作的面貌和精神，还原原作的风格和内容。

作为外语教育专家，王佐良堪称外语学人的楷模；作为翻译实践家和翻译理论家，王佐良对我国的翻译事业做出了垂范后人的榜样。王佐良的译作措词得体，行文流畅，脉络清晰，不论在语意、语体，还是在文体、审美特征上都与原文在形式、内容和风格上实现了高度的统一，篇篇皆精品，对翻译界产生了深远影响。在翻译理论方面，王佐良的"五位一体"翻译思想为我国翻译研究作出了重要贡献。从王佐良身上,我们看到了理论与实践的辩证统一。

二、王佐良翻译观及文艺思想

王佐良不仅是一位著名的教育家,英国文学研究界权威,比较文学研究开拓者,杰出的语言学家,出色的作家、诗人,而且还是卓越的翻译家、翻译理论家。王佐良将大量的中国优秀古典、现代和当代文学作品译介给了西方读者。同时,王佐良也将许多优秀的世界文学作品翻译介绍给了中国读者,为中国翻译事业的发展作出了重大贡献。王佐良认为,翻译可以丰富我们的文化生活,可以促进文化繁荣,而文化繁荣往往会掀起翻译高潮。纵观历史社会发展的脉络,文化的繁荣总会伴随翻译运动或以翻译浪潮为前驱。古有佛经翻译影响中国政治、经济、文化、思想的发展,后来晚清民初酝酿的文化巨变,也离不开翻译运动的推动。从"西学东渐""师夷长技以制夷"到"新文化运动",翻译对于任何民族的发展、任何民族的文化都有莫大好处,不仅可以打开开眼看世界的门窗,而且还能给社会发展以新的生命力。

不仅如此,王佐良在翻译理论方面也很有建树。翻译活动伴随了王佐良一生的文学研究生涯,他在一边翻译一边思考中不断总结自己的翻译主张,提出了自己独到的"五位一体"翻译观,颇具前瞻性。

我首先要说明,大家不要听到"理论"这两个字就感到不妙,以为是很枯燥的,或者玄而又玄的。其实理论应是出自翻译实践又能指导翻译实践的。我们要能够通过丰富的翻译经验总结出几条来,这几条要很精练,不是很玄,能对以后的翻译工作起指导作用。严复的信、达、雅这三点就是理论。他是一个伟大的翻译家,能够把他的实践总结出这么三个字,了不得。我们要的理论是这样子的,但是不要以为这个很容易,这个最难,而且据我所知,科学界也是这样。爱因斯坦有一个有名的公式,$E = mc^2$。你看多么简洁,任何人一看都很清楚的,而且有一种特殊的美。我们就要这样的一种理论。

——王佐良《翻译:思考与试笔》

王佐良的这番话明确了翻译理论的重要性,也指出了理论与实践的关系,即理论来自实践,是对实践经验的高度概括和提炼,而理论反过来又能更好地指导实践。20世纪下半叶开始,随着社会和文化的发展,翻译实践的规模也随之更广,质量也更高,学习外语的人数大量增加,各国之间的文化交流也空前频繁,翻译的势头更猛。王佐良看到了翻译的重要性,如果没有翻译,每个国家、每个民族的文化都将大为贫乏,整个世界也将失去光泽,"宛如脱了锦袍,只剩下单调的内衣"。他认为译者不仅要做真正意义上的文化人,还要不断地把两种文化加以比较,因为翻译是一个动态的过程。在这个过程中,译者面对的最大、最直接的困难就是两种文化的不同,译者必须在注意语言与社会文化关系的基础上,根据原文的要求,运用各种不同的语类、文体知识,不断寻找"对等"。

王佐良一生的译作以诗歌最多、最出名,对于诗歌翻译的体会自然也就极为深刻。一直以来,诗歌被不少人视为不可译,如美国诗人罗伯特·弗罗斯特就曾说"Poem is what gets lost in translation."但是王佐良却有自己的看法。诚然,诗歌翻译难度极大,节奏、措辞、韵律、氛围等的对等传达非常困难,肯定会丢失原诗中的某些东西,但是在努力攻克难关这方面却是其乐无穷,而且诗歌翻译更是一种创造性的艺术活动。诗歌最大的特点是语言凝练、情感充沛、想象丰富,因此,译诗必须首先弄清原诗意义,不仅包括字面意义,还有语气、句子结构、节奏、风格的层次等,尽可能高度展示社会生活和人的精神世界。

要忠实传达原诗的内容、意境和情调;格律要大致如原诗(押韵的也押韵,自由诗也作自由诗),但又不必追求每行字数的一律;语言要设法接近原作,要保持其原有的新鲜或锐利,特别是形象要直译。更要紧的,是这一切须结合诗的整体来考虑,亦即首先要揣摩出整首诗的精神、情调、风格,然后才确定细节的处理。

——王佐良《论诗的翻译》

例1

原文:　　　　　　　　No Second Troy

Why should I blame her that she filled my days

With misery, or that she would of late

Have taught to ignorant men most violent ways,

Or hurled the little streets against the great,

Had they but courage equal to desire?

What could have made her peaceful with a mind

That nobleness made simple as a fire,

With beauty like a tightened bow, a kind

That is not natural in an age like this,

Being high and solitary and most stern?

Why, what could she have done, being what she is?

Was there another Troy for her to burn?

译文：　　　没有第二个特洛伊

我有什么理由怪她使我痛苦，

说她近日里宁可把最暴烈的行动

教给那些无知的小人物，

让小巷冲上去同大街抗衡，

如果它们的勇气足以同欲望并肩？

什么能使她平静，而心灵

依然高贵，纯净有如火焰，

她的美又如强弓拉得绷紧，

这绝非当今时代认为自然，

由于它深远、孤独而又清高。

啊，这般天性，又怎能希望她改换？

难道还有一个特洛伊供她焚烧？

　　这首诗是爱尔兰诗人、剧作家和散文家威廉·巴特勒·叶芝的作品之一。叶芝不仅是爱尔兰文艺复兴运动的领袖，还是诺贝尔文学奖的获得者，他的作品"用鼓舞人心的诗篇，以高度的艺术形式表达了整个民族的精神风貌"。这首诗是叶芝为他心目中的女神——英国的女演员毛德·冈所作，叶芝一生为她写了若干首诗，另一首著名的便是《当你老了》，还被改编成歌曲。在叶芝心目中，毛德·冈是一位拥有不寻常美丽和美德的女性，是一个动荡的缪斯女神，她是爱尔兰革命家，爱尔兰文化的捍卫者,以及坚定的妇女权利捍卫者。如果说郭襄在风陵渡"一见杨过误终身",那么 24 岁的叶芝在见到毛德·冈第一眼后"我一生的烦恼开始了"。毛德·冈拒绝了至少四次来自叶芝的婚姻建议,而这份单恋却成为叶芝诗歌的主题之一。《没有第二个特洛伊》是叶芝最受欢迎的诗歌之一,全诗没有具体描述毛德·冈的美丽,却处处流露出为其美貌和才华折服,叶芝通过描述她不寻常的美丽和才能,折射出爱尔兰爱国者争取独立的社会和政治动荡的背景和努力。

全诗十二行,押 abab,cdcd,efef 韵,王佐良的译本严格遵循了这一韵律格式。此外,原诗以问号为意义单元,一共三个单元。最后两个连续问句作为第三单元承接前面两个问句,加强反问的语气,突出了毛德·冈的高贵天性,因此翻译时再现原诗的语气就极其关键。第一个意义单元的一个难点是第四行的"little street"和"the great",二者分别在诗中隐喻现实中处境贫贱和身居高位的人。王佐良译为"让小巷冲上去与大街抗衡",忠实地表达了原诗的隐喻性,又让译文含义显豁,易于读者理解。这个意义单元内的另一个关键点在于整个反问语气的把握,因为疑问在句首,表示说明作用的从句是由两个句子构成的并列句,而从句中的后一个句子还是条件成份后置的复合句。因此,到这个意义单元的末尾时,反问的语气不可避免地会减缓。"如果他们的勇气足以同欲望并肩"准确传达了原诗的意味。第三个意义单元只有两行,王佐良着眼于跟前面的译文呼应,故进行调整。王佐良将"ignorant men"译作"无知的小人物"、将"being what she is"译作"这般天性",显示了译者在诗歌翻译中对语言的自觉要求,做到了朴素而准确,恰切地再现了原诗的神采。

王佐良认为诗歌翻译有三点至关重要,即诗意、诗艺和译者使用的语言。他喜欢读诗、译诗,也喜欢写诗,他既是译者又是诗人。诗人的气质使他毕生都充满着旺盛的创造力。只有诗人才能把诗译好,译者既把自己写诗的经验用于译诗,又从译诗中得到启发。王佐良头衔众多,但他最喜欢的是称他为"诗人",他一生中著述等身,写的诗少而精。二十岁时,王佐良写下《暮》。

暮

浓的青,浓的紫,夏天海中的蓝
凝住的山色几乎要滴下来了。

夕阳仍以彩笔渲染着。

云锦如胭脂渗进了清溪的水———

应分是好的岁月重复回来了。

它于是梦见了繁华。

不是繁华!

夜逐渐偷近,如一曲低沉的歌。

小溪乃不胜粗黑树影的重压了。

树空空地张着巨人的手

徒然等待风暴的来到———

风已同小鸟作着亲密的私语了。

静点吧,静点吧;

芦管中有声音在哭泣。

看。谁家的屋顶上还升腾着好时候的炊烟?

王佐良认为译者应该翻译与他自己的风格相近的作品,不应该什么都译,没有人能够掌握所有的风格。同时,翻译是一个让译者适应他人风格的过程,又是一个对译作施加自己个性的过程,于是便形成了译者独有的风格。因此,王佐良选择英国近代著名思想家、散文家和哲学家弗朗西斯·培根(Francis Bacon)的作品《培根随笔》,这部散文集精辟见解、独特文风、盎然生趣和幽默睿智于一体,在英国乃至世界上都享有盛誉。而其中 *Of Studies* 的译文更是一篇极富影响力的佳作,最大限度地完美再现了原作,堪称译作中的瑰宝,受到众多翻译爱好者津津乐道、爱不释手。

例2

原文:Studies serve for delight, for ornament, and for ability. Their chief use for delight, is in privateness and retiring; for ornament, is in discourse; and for ability, is in the judgment and disposition of business.

译文:读书足以怡情,足以博彩,足以长才。其怡情也,最见于独处幽居之时;其博彩也,最见于高谈阔论之中;其长才也,最见于处世判事之际。

培根的文风庄重典雅、精巧隽永,语言庄严简要,警句层出不穷,修辞形象生动。这种独到的文风得益于其深刻的思想、严谨的逻辑,也得益于其追求文学的准确性。原文第一句连用 3 个"for",并在其后省略"serve",组成工整的排比结构,开门见山地讲述了读书的妙用。区区 9 个英语词汇就将读书的妙处传达到位,可见培根散文古朴简练的文风。为了追求与原文相似的传神之效,王佐良采用与原文一样的排比结构,用 3 个"足以"对应 3 个"for"。又以"怡情"对应"delight","傅彩"对应"ornament"、"长于"对应"ability"。译者只用十四个字便在句式上与原文保持了一致的简练,而且在选词炼字上也突出了原文的古朴文采。第二句对 3 个"for"分别做解释,又用 3 个"其……也"承上启下,保持句子的连贯,谓语则用"最见于......之时 / 之中 / 之际"来处理,句式上不仅整齐划一,而且富有变化,不失灵动之美。王佐良译作不仅忠实于原文,而且最大限度地传递了原文简洁庄重的风格。译文多用排比句,语言简洁凝练,富有音乐感和节奏美,读来琅琅上口,不仅是一篇优美的译文,同时也是一篇优美的中文散文。

例 3

原文:To spend too much time in studies is sloth; to use them too much for ornament is affection; to make judgment wholly by their rules is the humor of a scholar.

译文:读书费时过多易惰,文采藻饰太盛则矫,全凭条文断事乃学究故态。

王佐良认为翻译要努力传达一种比词、句简单的含义更高更精微的东西,原作者的心智特点,原作的精神光泽。译文的对等不仅包括词对词、句对句的对等,更应该包括情感力量,背景烘托,这便是"神似"问题。任何好的译文总是意译与直译的结合,该直译时就直译,该意译时就意译。对于译语的使用,王佐良认为译语要生动活泼、新鲜简练,还要深刻地体会原作者的思想感情,直至其最细微、最曲折处。因此,译者采用较为正式的书面语词,做到了与原文古雅、正式的文风相符合,同时这些兼具古朴、文雅的文言词汇更能让读者准确地捕捉到原文意蕴古香的特点。再者,原文三个不定式作主语的分句构成巧妙工整的对偶句式,王佐良在处理这样的句式时,只用 3 个简单的文言词汇"易""则""乃"来构成与原文相似的排比,巧妙地在句式上与之契合。又用"易惰""则矫""乃学究故态"自然地流露出否定和鄙视之意,给读者一种耐人寻味的感觉。译者的学识与细致谨慎的翻译态度,不禁让人敬仰和佩服。

例4

原文：Some books are to be tasted, others to be swallowed, and some few to be chewed and digested; that is some books are to be read only in parts; others to be read, but not curiously; and some few to be ready wholly, and with diligence and attention. Some books also may be read by deputy and extracts made of them by others; but that would be only in the less important arguments, and the meaner sort of books; else distilled books are, like common distilled waters, flashy things.

译文：书有可浅尝者，有可吞食者，少数则须咀嚼消化。换言之，有只须读其部分者，有只须大体涉猎者，少数则须全读，读时须全神贯注，孜孜不倦。书亦可请人代读，取其所作摘要，但只限题材较次或价值不高者，否则书经提炼犹如水经蒸馏，淡而无味矣。

王佐良认为翻译者必须了解原作的意义。然而确定意义却并不容易。词义不是简单地一查词典就得，而是要看上下文语境，还有内涵的、情感的，牵涉许多联想的意义。上下文即语境不只是语言问题，实际上提供了一个社会场合或情境，正是它决定了词义。词义不能只看语言形式，还与用词者的意图有关。原文把读书与日常生活中的吃饭连同起来，这种比喻符合正常的逻辑思维，在翻译时忠实地表达出来即可。因此，王佐良用"有可浅尝者""有可吞食者""少数则须咀嚼消化"忠实传递出了原文的基本意思，好书数量之少，需细细品读，表达习惯也符合汉语的行文特点。第二个"some"引领的句子是对第一句的解释，具体哪种书需要如何去读。译文语句通顺、表达通畅。例4中的四字词"全神贯注""孜孜不倦""淡而无味"更显译者古文功底之深厚，措辞之妙。

我们发现，王佐良的许多佳译，无论是英译汉，还是汉译英，一般都有三个必然条件：原作都是绝好文章，译者自己喜欢的，还有出于学术研究的需要。健康的翻译动因是译作成功的重要因素。1958年夏天，王佐良受外文出版社之托翻译《雷雨》，他被剧本深深吸引："虽然剧中的社会和家庭黑暗压抑，却有两个年轻人显示着可贵的朝气，带来了巧、情气息。另外，作者的写法也很有新意，不仅对话写得好，而且舞台说明细致而有文采,读之如读好小说。"(王佐良,1989)王佐良初次翻译时虽然已经精益求精了,但自己仍觉得对话不够出色,后来经过英国杜伦大学巴恩斯教授的通读和润色后才终于满意。《雷雨》是曹禺先生的代表作,是中国现代话剧史上的里程碑。全剧以半封建半殖民地的中国旧社会为背景,向人们讲述了周、鲁两家近30年的恩怨最终在一个暴风雨之夜爆发的故事。作为一部优秀的文学名著,《雷雨》不仅拥有戏剧语言的简练特征,还有扣人心弦的情节以及各具特色的人物性格。此外,《雷雨》中还有许多蕴含深意的意象表达。就书名本身而言,雷雨也是重要的意象。第一幕"外面没有阳光,天空灰暗,是将要落暴雨的神气",第二幕"外面风雷大作",第三幕"以后闪电更亮得蓝森森地可怕,雷也更凶恶似的隆隆的滚着,四周却更沉闷地静下来……狂雨就快要来了",直到最后所有的矛盾在第四幕的狂风暴雨中爆发。"雷雨"这一意象贯穿全剧始终,伴随着情节跌宕起伏。在中国神话中,"雷公"(Thunder God)掌控着雷雨天,而"雷声"往往意味着上天的不满,带有道德评判和命运安排的双重意味,"天打雷劈"一词就是很好的例子。谈到《雷雨》,总会令人产生恐惧、危险甚至毁灭即将来临之感。雷雨到来之前的让人透不过气来的闷热,也正暗示了剧中人物所生活及服务的周家极其沉闷压抑的气氛。而与之相对应的,英语文化中"thunderstorm"一词意为"an extreme weather condition with very strong wind ,heavy rain,thunder and lightning",往往带有危险、灾难等引申义。王佐良将《雷雨》译为"*Thunderstorm*"很好地顾及到了中西间文化意象的传递,帮助西方读者产生共鸣。

例5

原文:鲁贵:(无聊地唱)"花开花谢年年有。人过了青春不再来!"哎。(忽然地)四凤,人活着就是两三年的好日子,好机会一错过就完了。

译文:

LU(singing dispiritedly):

Every springtime brings the flowers

Which died in last year's autumn rain

The springtime of this life of ours

Once past, can never come back again......

(Suddenly.) You know, Ssu – feng, we're only young once, and we have to make the most of it. And opportunity only knocks once.

　　王佐良坚持"译者必须是一个真正意义上的文化人"。一个人要想真正掌握语言,必须了解语言中的社会文化,细致、深入了解使用这一语言的人民的历史、动态、风俗习惯、经济基础、情感生活、哲学思想、科技成就、政治和社会组织等等。译者不仅要对原文有透彻的了解,因为原文中总含有若干外国人不易了解的东西,这就使深入了解外国文化成为十分必要,而且还必须深入了解自己民族的文化,因为翻译的目的是突破语言障碍,最终实现并促进文化交流。译者在寻找与原文相当的"对等词"的过程中,就必须充分认识到,真正的对等应该是在各自文化里的含义、作用、范围、情感色彩、影响。例5出现在第三幕,背景是四凤准备离开周家跟着鲁侍萍去济南,鲁贵舍不得女儿这棵"摇钱树",于是唱起了《花开花谢》这首"春曲"暗示四凤抓住周萍这个"机会"。在中国文化中,"花"往往带有"情爱"的引申含义。王佐良将"花开花谢年年有"译为"Every springtime brings the flowers which died in last year's Autumn rain"。"花开花谢"也灵活运用"springtime"和"autumn rain"来表达,非常符合王佐良"以诗译诗"的观念,传达了意境和神韵。而"springtime"往往和"青春""爱情""美好时光"相联系。总体而言,在文化意象方面,王佐良选择归化策略,考虑译入语读者的文化背景,选择易于他们产生相关联想的词汇。

　　王佐良强调指出,一部作品要靠读者来最后完成,作品的效果只能从读者的反应中获取。同样,翻译也要看读者的接受度。因此,译本要不断地更新。一个人如果要真正做好文学翻译,成为一名优秀的翻译家,他本人最好也是位优秀的作家或者诗人。只要他是位优秀作家或者诗人,他就有可能做到透彻理解并巧妙表达原作意义,译诗像诗,译散文是散文,既能传达原作风格,又不失灵活变通。

第五节 阵地翻译"老人"——高健

高健先生是个刻苦、严谨的翻译家，在翻译散文和诗歌方面获得了很高的成就。从他出版的书可以知道，他是萧乾先生称赞的那种"阵地翻译家"。

——杨自俭，刘学云《翻译新论》

高健先生不仅是一位外语专家，而且是一位国学大师。汉英语言上的造诣成就了这位举世公认的翻译大家。

——冯庆华

高健先生认为译诗者最好"是个非常懂诗的人，甚至他自己就是一位诗人"。而拜读过高先生诗作的人都知道，他本人其实恰是一位艺术造诣极高的诗人。因此，高先生的译诗总能妥帖而自然地兼顾诗歌的内容与形式、情感与风骨。

——万江波

说起高健先生，现为山西大学外语学院退休教师，在外语界已工作了五十余年，从事翻译事业也不下三四十年，可谓这方面的一名"老手"。他的译文信而不泥，达而不俗，字字珠玑，尤以散文和诗歌为佳，仅收入各类丛书选集的就多达百八十部，由此也可看出他的翻译已经得到了广泛认可。不过我们在这里介绍他绝非仅是因其老，主要是因其老而有成——在翻译实践与理论两方面均作出了令人可美的扎实成绩。但这些事也确实与其"老"有关。他的一些更有分量的译品，尤其是译论，便主要完成于退休之后。

——王正仁，马海良《一个勤于翻译的"老人"——记翻译家高健先生及其语言个性理论》

他的理论则是一种哲学的产物——其受益于近代哲学与科学思想的影响十分明显，带有其所处时代的明显印记。在思想理论上，他是以认识论和方法论的双重性为其基准的，因而在他那里，理性与感性、分析与直觉、实证与思辨、推论与感悟、规律与语感、抽象与具体……一切方面都贯穿着这诸多二者的相对并重与交相依存,但又在这每对矛盾中给予其各自的后者以更为优先的着重。

——秦建华《高健翻译研究》

高健翻译思想立足于中国传统哲学、美学、文(诗)学、经学乃至书画音乐等国学思想,以实践为基础,既有宏观抽象的翻译理论研究的本体论范畴,又有辩证灵活的认识论和方法论体系,整个理论体系博大精深,自成一家,对中国传统译学既是辩证的继承,也是锐意创新和发展。高健翻译思想是理论与实践的高度结合,是感悟与思辨的智慧结晶,是哲学范畴与科学体系的水乳交融。

——刘彦奎,李建华《高健翻译思想与传统美学的关系探讨》

一、个人生平及成果

高健,山西大学外国语学院教授。1929 年 8 月生于上海,祖籍天津静海县,成长于书香门第之家,祖父与外祖父均为前清翰林,其父为留美物理学博士、教授。高健自幼在北京读书,1947 年考入北京辅仁大学外语系,曾师承张秀亚(台湾作家)、张万里与张谷若三位译界名家,1951 年毕业后在中央人民政府情报总署与中国人民解放军军事委员会工作,1954 年夏到山西大学外语系任教,1991 年,高健被评为"山西省优秀专家",1992 年获国务院"政府特殊津贴"。2005 年荣获全国译协"资深翻译家"称号。2013 年 11 月 6 日,高健因病逝世,享年 84 岁。

高健文学功底深厚,自幼注重从中国文学、小说、诗歌、辞赋、西方哲学、汉语典籍、野史、杂记、随笔等各类体裁作品中吸取营养,仿写旧体诗,品味西方不同时代的戏剧,酷爱中国的昆曲、京剧和元曲,所有这些底蕴的积累使他将自身的翻译实践主要锁定在英美散文、诗歌、小说与幽默作品的汉译,并注重翻译理论的提升。高健淡泊名利,治学严谨,潜心译事,著译颇丰。先后撰写了《翻译中的风格问题》《浅谈散文风格的可译性》《语言个性与翻译》等系列论文,分别发表于《翻译通讯》《外语教学与研究》《外国语》等知名刊物。同时,高健还出版了系列译作与论著:《英美散文六十家》二卷(1981—1984,山西人民出版社)、《英美近代散文选读》(1986,商务印书馆)、《圣安妮斯之夜》(译诗集,1988,北岳文艺出版社)、《英诗揽胜》(1992,北岳文艺出版社)、《英国散文精选》和《美国散文精选》(1996,北岳文艺出版社)、

《欧文见闻礼记》(1996,花山文艺出版社)、《英美散文一百篇——英汉对照本》(2001,中国对外翻译出版公司)、《培根论说文集》(2001,百花文艺出版社)《利考克幽默精华录》(2004,中国社会科学出版社)、《翻译与鉴赏》(2006,外语教学与研究出版社)、《伊利亚随笔》(2007年第2版,花城出版社)等,这些散文与诗歌等作品曾被选入百余部各类选集或教科书中。高健先生并不是那种名震四方的翻译家,而是一位刻苦、严谨、成绩斐然的"阵地翻译家"。

高健从教五十余载,总是来得早、回得迟,风雨无阻。桃李满天下,每每与学子侃谈,诙谐幽默,妙语迭出。高健对英美散文之翻译情有独钟,平日烟茶为伴,吟诵笔耕,殚精竭虑,乐此不疲。多位学生曾登门拜见,问及恩师七十岁以后的打算,高健脱口而出:"翻译。"说完淡淡地朝学生笑着。学生们不禁惊讶,物欲横流的社会里,近八十高龄的老先生依然醉心于这苦多利少的翻译工作,同时,学生也由衷敬佩老师的风骨,那是对译事追求的一种韧劲。工作之余,潜心钻研翻译实践与研究,对物质生活毫不讲究,别人看重的享受,他却看得很淡,一排书架、一张老式桌子便是他所谓的"书屋"。在翻译上他既立足传统,又在翻译上敢提出崭新理论。高健在文学翻译上个性鲜明,见解独特。作为一名孜孜不倦的译者,他不仅译作颇丰,质量上乘,还非常善于理论思考。高健不仅把一篇篇优美动人的英美经典散文呈现在读者面前,而且他的语性理论在我国翻译理论界也激起涟漪无数,其翻译文学所体现出的文艺思想也值得我们研究。

高健的翻译实践涉及范围宽广,包括军事、外交、政经、商贸、文艺、哲学、科技、传记等诸多方面。但是,在他生命的最后二十余年里,主要占据他注意力的则是英美文学作品的汉译,包括散文、诗歌、小说与幽默作品,尤其是英语经典散文。高健十分擅长散文翻译,能够针对写法派路风格迥异的不同作者,翻译出不同风格的作品,或庄严或诙谐。高健在翻译前总会仔细考量作者的写作意图,品味作者的微言大义,遵从作者的文笔风格,可以做到从容应对。不仅如此,高健还善于译诗。因为他本人就是一位诗人,多写旧体诗,尤其擅长律诗。他年轻时曾撰诗400多首,这也为他后来翻译英诗做了充足的准备。他翻译外国诗歌比较全面,从比较轻松活泼的民谣牧歌到文人墨客的庄重典雅的优美散文,从行数有限的短小诗行到篇幅较大、格律谨严的鸿篇巨制,他都可以轻松驾驭。由于从小深得传统文学的影响,他译诗重格律,重音韵,特别注意形式,非常尊重汉语的行文习惯与修辞审美。高健对翻译的追求可谓完美,坚持翻译要比原文更好。他认为,翻译是把一种语言所负载的内容转换到另一种语言中去。在大量的翻译实践中,高健先生不断思考总结,逐渐形成自己独到的翻译思想,逐渐形成以"语性论"为核心,以"相对论""协调论""复式语言论"和"停顿论"为支撑的翻译思想,也称翻译五论,即协调理论、相对理论、复式语言理论、节奏理论与语性理论。

高健首次提出"语言个性"概念,是在其发表于 1999 年《外国语》第四期上的《语言个性与翻译》一文中。

每种语言都有它自己所独具的性格、习性、脾气、癖好、气质,都有它自己所独具的倾向、性能、潜力、可能性、局限性以及优势与不足等等,也即是说有它自己的语言个性。由于每种语言都有上述各不相同的个性,它们在各自的运用与发展过程中于是逐渐物化为多种多样纷繁不一的具体语言特征。

2000 年 4 月在山西大学山西省高教外语协会年会上所作的报告中,高健对"语言个性理论"(简称为"语性论")做了更为全面详尽的阐释,语性是一个综合体,由每一语言的许多方面如语音、语法、词汇、搭配方式、表现手法、修辞、风格乃至音素、音位、义素、义项、语义、语用及各种文化因素等构成。英汉两种语言具有不同的语性特征,是一种语言区别于其他语言所独具的品性,该论述指明了"语性论"在翻译理论与实践中的重要意义。1994 年,高健在《外国语》第 2 期上发表了论文《论翻译中的一些因素的相对性》,在该文中高健提出翻译中的相对性来源于翻译这一活动自身的复杂性,任何翻译标准和方法都是相对的,翻译语言的使用也是相对的。这一相对性不仅存在于翻译的几乎每一范畴、概念、原理与规则条例之中,它实际上就存在于翻译这一总的社会现象中,存在于这门学科或科学的自身,存在于它的每一具体环节及其全部过程。

高健一向认为,翻译是转换,而这种翻译转换只应当是协调。翻译的每一步,翻译的自身都是协调,协调贯穿于翻译的全部过程,翻译即是协调。

简单说来,协调就是操纵。是译者的人为操纵,是有意识、目的、有效果的操纵。是目的语(来源)到译入语(结果)的双方兼顾的操纵。

对于翻译语言,高健提出了"复式语言说",用他自己的话说,就是反对四个"如之":"清淡如之,深浅如之,口气如之,风格如之"。

复式语言指的即是翻译语言,而翻译语言应当是一种多类型、多层次、多领域、多品种、多等级、多体式、多风格、多用途、多功能以及在使用上涵盖着更大的时空领域与范围的相当广阔而全面、既具有极强的表达修饰能力又具有精妙的区分性与高度的灵活性、适应性、伸缩性,又具有相当的民族性、社会性与特殊而具体的个性,最后还有足够艺术性的这样一种工具……一句话,翻译语言应当是一种在其功能上作用与效果显现上相当全面与丰富和极具表现力的这样一种交际工具。

关于语言节奏问题,高健还特别强调了停顿以及停顿的合理分布在翻译中尤其是在散文翻译中的重要性。他认为停顿是形成节奏诸要素中的核心要素。高健翻译思想的传统美学源于他的翻译实践,而理论思想扎根于中国古典哲学和美学。高健以大量的翻译实践为基础,批判地继承和发扬了中国传统翻译理论的精华,形成了自己系统的思想理论体系,是对中国传统译论的扬弃,是发展与创新。

二、高健翻译观及文艺思想

作为我国资深翻译家,高健主攻英汉翻译,尤其擅长英语散文翻译。随笔散文在英国蓬勃发展,有近四百年历史,散文名家名作众多。其中,十九世纪初作家查尔斯·兰姆的作品 *Essays of Elia*(《伊利亚随笔集》)和 *The Last Essays of Elia*(《伊利亚随笔续集》)以其独特的魅力闪着耀眼的光芒,吸引一代代中国读者去品读、赏鉴。可惜的是,只有极少数精通英文的学者、研究人员才能读懂原文,普通读者被英语语言这道坎挡在了门外。幸运的是,高健的译本《伊利亚随笔》于 1999 年由广州花城出版社出版。从此,兰姆的作品在改革开放后有了适合当代读者阅读的中文译本。查尔斯·兰姆是浪漫主义时期著名散文家。兰姆言辞幽默,拉丁文引语常见于文中,同时他擅长运用修辞,让读者一边眼含泪水,一边嘴角挂笑。就连英国文坛大家弗吉尼亚·伍尔芙都对兰姆心悦诚服。《穷亲戚》选自《伊利亚随笔》,描绘了穷亲戚踟蹰不决、忸怩作态的形象,引人乐道。

例 1

原文：A poor relation——is the most irrelevant thing in nature，—a piece of impertinent correspondency，—an odious approximation， ……—a death's head at your banquet，—Agathocles' pot，—a Mordecai in your gate，—a Lazarus at your door……

译文：一门穷关系是什么？——那实在是天底下最扯不到一起的关系了，——一种迹近渎犯的相应的关系，——一件令人作呕的近似事物，……——你家筵席上的死人骷髅，——阿迦索克里斯的讨吃锅盆，——宅院前的莫底凯，——堂门边的拉匝勒……

　　《穷亲戚》是兰姆的经典作品之一。多样的修辞作为多层次语言的表现，在《穷亲戚》中应用广泛；对生活的洞察力使兰姆总能捕捉到表现人物特性的细微之处，字里行间透漏出幽默特色。兰姆观察细致入微，通过一系列的动作、语言描写，洞悉人物心理。穷亲戚到富主人家蹭饭甚为尴尬，但能再现穷亲戚忸怩作态、富主人哭笑不得的画面的非兰姆莫属。《穷亲戚》开篇用了整段排比，排比中又包含隐喻、类比和用典。这段描写中，兰姆思维跳跃，一连串不同的意象，不断更新读者的"期待视界"，最终使读者产生独特的审美体验。就此文而言，译者的最终目标是将兰姆语言的形式标记及非形式标记尽量完整地展现给中国读者。对于一系列的排比，高健基本选用"一 ＋ 量词"的形式，一连串意象使读者产生了经验冲击，译文完整保留了原文风格。原文前三个并列短语属于类比，分别将穷亲戚类比为"thing in nature""correspondency""approximation"，后两个名词的修饰词又分别和这两个名词间构成了矛盾修辞，因为"impertinent correspondency"和"odious approximation"有荒谬之处，兰姆借此表达主人对这类"亲戚"的厌恶。高健的译文将这种荒谬完整地表现出来，保留了原文矛盾修辞对读者的思维挑战。兰姆的幽默尽人皆知，高健在译后记中写道：

　　兰姆没有下一个字的评论……令人可发一哭！只因为缺少了一点金钱，便把一个人害得这么悲惨！而这点正是兰姆特别感人的地方，是他的幽默的真正精髓所在。

——高健《穷亲戚》

美国著名作家，美国文学之父欧文 Washington Irving 的代表作为《*The Sketch Book*》(《柑掌录》即《见闻札记》)，该书自 1819 年出版以来，立即引起了欧洲和美国文学界的重视，也奠定了 Irving 在美国文学史上的地位。高健的译本《见闻札记》发表于 1996 年，该书是美国文学中"至今仍最为人珍爱的瑰宝之一"，并且凭借其深厚的英、汉语言功底及出众的翻译技巧，译文令人手不释卷。《瑞波·凡·温克尔》是其中的一篇，描写了哈德逊河畔一个名叫瑞波·凡·温克尔的农民的神奇遭遇。

例 2

原文：Every change of season, every change of weather, indeed, every hour of the day, produces some change in the magical hues and shapes of these mountains, and they are regarded by all the good wives, far and near, as perfect harometers.

译文：此地物候亦大有特色，四时之代谢，寒暑之更迭，乃至一天内的不同时刻，均使此山顿呈各异之状貌，诡谲之色彩，因而对于远近家庭主妇不啻一晴雨表。

原句主语由三个"every"＋名词结构组成，这在英语中较为常见，源语读者看来也不觉冗长费解，反而还能体会到作者使用排比手法带来的节奏美感。但若呆板地按原文译成"每一次季节变化，每一次气候变化，一天中每一不同时刻"，会令中文读者觉得主语内容过于松散，给整句的理解带来一定的困难，更无从体会原文作者的修辞之美。高健在此翻译环境中巧妙地选择了增译法，在原句前添加了"此地物候亦大有特色"一句作为之后排比分句的总领，将几个名词短语概括为"大有特色"的物候，使读者一目了然。此外，为了译出原文的修辞效果，译者采用了类似文言诗句的"名词＋之＋动词"的形式，再现了原文的排比句式及其节奏美感，并用"代谢""更迭""各异""谲诡"等文学化较强的词汇灵活译出了原文的"change"一词，使读者读来不仅不觉单调，更似身临作者笔下四季各异、美丽静谧的独特山村。在此，高健从语言维度出发，使用增译、转换句式、灵活用词等方法，选择转换出的译文既忠实于原文，又不显拘泥。

文化是人类通过对自然与社会认知而形成的一种物质或精神产品的复合体。跨文化研究发现不同的文化背景中成长的个体对文化有不同的认知。同时，文化也深刻影响着人类认知过程，是文化赋予认知过程的意义解释性。文化是人类创造的一切物质和精神产品的总称,包含艺术、道德、知识、法律、习俗、伦理和个人与群体所需的各种能力和习惯。在文化内涵的传递过程中,典故往往起到了重要作用。典故来源于历史事件、神话传说、宗教故事以及古人虚构的故事。在文学作品中,典故的使用常使其精简的文字被赋予更多、更深刻的文化内涵。如何在译出典故字面含义的同时将其中蕴含的文化沉淀等效译出,对译者而言是个巨大挑战。

例 3

原文:In place of these,a lean,biliou-looking fellow,with his pockets full of handbills,was haranguing vehemently about rights of citizens-elections-members of congress-liberty-Bunker's Hill-heroes of seventy-six-and other words, which were a perfect Babylonish Jargon to the bewildered Van Winkle.

译文:他在这地方见到的却是一名身体消瘦、性急气躁的家伙,衣袋里揣满着传单,此刻正在慷慨激昂地宣讲着什么公民权——投票选举——国会议员——自由——本克山——七六英雄,等等——此外还说了不少别的,可这些话在凡·温克尔听来,只令他目瞪口呆,跟当年巴比伦造塔时的胡乱语言也差不了多少。

这段话描述了凡·温克尔睡二十年后回到村中的情景。二十年间,美国经历了脱离英联邦的独立战争,但凡·温克尔显然对此一无所知。因此,当村民宣扬资本主义政治名词和战争事件的时候,凡·温克尔目瞪口呆,不知所云。原文中"Babylonish"的字面意思是"巴比伦的",但同时还暗指出自《圣经·创世纪》第十一章第 1—9 节中的典故"Tower of Babel":巴比伦人想造一通天塔扬名,上帝怒其狂妄,使造塔之人突操不同语言,以致塔最终未建成。若在此将"Babylonish Jargon"直译为"巴比伦的难懂语言",易使读者误以为这里仅指巴比伦当地方言较为难懂,而完全忽略了其中的宗教文化。高健在翻译时添加了"造塔"一词,更将"jargon"一词译作"胡乱言语",译出典故内容的同时也使读者结合上下文容易辨析,这一典故在此喻指凡·温克尔完全听不懂他人所言的情形。由此,译者成功地将西方宗教文化转换为易于中文读者接受的语言信息,圆满地完成了文化维度的选择转换。

高健在散文翻译方面成就卓越,堪称是对我国译坛的一项巨大贡献。高健是我国迄今为止以个人力量完成的篇数、卷数最多的散文翻译家。据学界名流评价,高健散文译作的质量最高。从时间及地域来看,高健所选原作选材跨越三四百年,遍及英、美、加三国。尤为可贵的是,高健在众多作家的不同风格的传达上做出了有差异的区分,给予了有特色的处理,所涉及的文类、体式与风格丰富多样,不一而足。高健在《英美散文六十家》和《美国散文选》的每一篇译文之后都附有作者简介与风格赏析,足见其对原著作者写作风格的把握和重视程度。高健认为,译文的风格来自它与原作在"形"与"神"两方面的协调统一。译者不仅要使译文在形式上、方式上与内容上酷似原作,而且要更好地把握其一般格调与特殊韵味等。因此,译者应尽可能地让自己的风格与作者的风格协调一致,传达原作风格的语言必须具有高度的灵活性与适应力,这种语言必须是高度标准化和高度个性化的和谐统一,是符合现代模式而又不离传统基地框架的和谐统一,是顺应世界潮流趋势但又保持民族气派风味的和谐统一。

例 4

原文:To them she gave a language different from that of actual use,a language full of resonant music and sweet rhythm,made stately by solemn cadence,or made delicate by fanciful rhyme,jewelled with wonderful words,and enriched with lofty diction.

译文:艺术赋予了他们一种与实际用法很不相同的语言,一种充满着宏富的音乐与美妙的节奏的语言,时而音律端肃,格调庄重,时而韵味飘逸,情思幽细,其中妙绪珠联,辞藻富赡。

在实际的翻译中,既要考虑句子内部各成分间的适当对应,更应重视句子的外部因素,即句际关系的协调、句群的衔接、话语的连贯与风格的统一,以保持整体上的和谐性。在翻译中不仅是词义的协调转换,词形的协调改变等也很常见。在段落翻译中,也需要译者根据情况对单词进行适度协调。这段选自奥斯卡·王尔德的作品,以简洁明快的古典笔法与兴发美感的抒情力量再现其华美醇朗的风格,经过"音律端肃,格调庄重,韵味飘逸,情思幽细,妙绪珠联,辞藻富赡"系列文言特征词汇的协调,成为译文的点睛之笔。正如余光中在《百家讲坛》中所说,只要文言在白话里用得好,就好像白话文上面有了一层浮雕,更加立体化,而且可以隐隐约约地引起我们对历史、对文化的许多遥远的回忆,宛如一些美妙的回声出现在字里行间。

例5

原文:On one of those sober and rather melancholy days in the latter part of autumn, when the shadows of morning and evening almost mingle together, and throw a gloom over the decline of the year, I passed several hours in rambling about Westminster Abbey. There was something congenial to the season in the mournful magnificence of the old pile; and, as I pass its threshold, seemed like stepping back into the regions of antiquity, and losing myself among the shades of former ages.

译文:时为晚秋。风物凄清,气象萧萧,岁既将暮,一日之间,几乎晨昏相连,而朦胧暧曃,浑不可辨。正逢这样一天,我曾去惠斯敏斯大寺作半日之勾留。而这座嵯峨古刹,宏伟之中,气极惨戚,也与岁时相符;因而自入门阶,我深感已经踏进远古世界,而恍然忘形于昔年的幢幢鬼影之中。

欧文的创作时代是十九世纪初,语言风格显得有些古雅。傅雷曾认为,"翻译时,有时要用文言,如果纯用普通话则索然无味,如何使文言与白话水乳交融,和谐无间,的确是个大学问"。虽然文言词语和句法与古典英语文学作品之间没有任何的必然联系,但却可以使译本产生所需的效果,让读者感受到原文本与现实社会之间的时间差距。文言词语和句法的运用把读者带入时间性的错觉中,使他们在这种假象中把握原文本的历史性风格。译者不但考虑了作品的时代性,也考虑了现代读者的可接受性,译文基本上是以现代汉语译成,但中间也不乏文言句法和词汇的点缀,灵活运用,使句式简洁,富有节奏。为了表现原文的风格特点,使用了一些文言句子,使译文古色古香,把读者带进古雅的时空隧道,忠实地传达原文的意义、模仿了原文所渲染的氛围,"连古雅风格也传达出来了。同时,原作诵读起来,音调铿锵,而译文在这方面也能与原作亦步亦趋,诵读起来照样抑扬有致"。(林以亮,1984)原文绮丽体是一种装腔作势追求高雅的文体,与我国的骈体文有几分相似性。"几乎晨昏相连,而朦胧暧曃,浑不可辨",这几句译文明显具有骈体文特色,恰到好处地再现了原作语言绮丽、做作、浮华的特点,体现了原文文本语言的历史风格。译本内部的差异恰到好处地表现出了原文本内部的语言时间差距以及其中迥异的风格特色。虽然文言词语和句法与古典英语文学作品之间没有任何的必然联系,但却可以使译本产生所需的效果,让读者感受到原文本与现实社会之间的时间差距。文言词语和句法的运用把读者带入时间性的错觉中,使他们在这种假象中把握原文本的历史性风格。译者不但考虑了作品的时代性,也考虑了现代读者的可接受性,译文基本上是以现代汉语译成,但中间也不乏文言句法和词汇的点缀,使句式简洁,富有节奏。

散文除了多用于叙事说理,借助文字表达情感外,也会像诗歌一样有自己的格律、押韵等音效。高健最以英美散文翻译著称。在选题上,高健摒弃狭窄的散文观,兼容并包、务实而讲求代表性,为国内读者译介了大量美文,译文题材广泛、风格各异,拓宽了国内读者的散文阅读视野,也为国内散文翻译与创作提供了指引与参考。在字、词、句层面上,高健在翻译时字斟句酌、语境高雅,力求达致最佳效果,体现译者严谨的翻译精神和深厚的双语功底。高健始终秉持自身翻译原则、价值观与世界观,向读者呈现了英美散文的菁华,勾勒出英美散文发展演变的脉络,不仅翻译技艺炉火纯青,值得称颂,让译文读者领略原文的气势和风格,而且这位翻译巨匠在推动文艺思想发展方面的良苦用心也不可忽略。

例6

原文:The cherishing and training of some trees;the cautious pruning of others;the nice distribution of flowers and plants of tender and graceful foliage;the introduction of a green slope of velvet turf;the partial opening to a peep of blue distance or silver gleam of water:all these are managed wih a delicate tact;a pervading yet quiet assiduity,like the magic touchings with which a painter finishes up a favorite picture.

译文:某些树木的当植当培,当剪当伐;某些花卉的当疏当密,杂错间置,以成清荫敷秀、花影参差之趣;何处须巧借地形,顺势筑坡,以收芳草连绵、茵茵席地之效;何处又宜少见轩敞,别有洞天,使人行经其间得以远眺天青,俯瞰波碧:所有这一切确曾费煞意匠心血,但同时又丝毫不露惨淡经营的痕迹,正像一帧名作脱稿之前那画师的奇绝而浑成的点睛之笔。

华盛顿·欧文的散文以华美著称,同时在笔调上不无诙谐、轻松。他在用词上极为考究,尤其在景物描写上,用词典雅清丽,优美而舒缓。在《英国乡村》这篇散文中,作者用极其华美流畅的语言描述了英国乡村的优美风光,可谓英文散文中的精品。高健借用停顿的技巧,烘托了译文的节奏感,明快清丽,如前两句以"某些"开头,句式长短基本对称,节拍匀称,连续几个以"当"为中心词的四字结构,产生了紧致而明快的节奏感,并且音响效果极佳。从"何处"开始的三、四句又基本采用四字结构,表达凝练,形成自然的停顿效果,节奏感同样强烈,读来流畅,一气呵成。高健一直特别注重译文的音响效果,他认为散文的节奏可以通过停顿的手法予以表现,停顿可分为语法性的(标点显示)、非语法性的(标点未明示)及自由式的。通过停顿的间隔、序列、分布、变化和循环往复等诸多内容,高健的译文产生了和原文相媲美的节奏类型。

"一位真正的散文家,是应该用自己的生命来写作的。从理论上说,一篇散文是作家在作品规定情境中自我生命的瞬间呈现。实际上,散文伦理证明,一切的散文都是表现个体生命意识和痕迹的,但只有自觉地用生命写作的散文作家,才可能成为优秀的散文家。"(吴周文,2022)同样,散文翻译中,高健首先以一种动态的眼光审视原语和译入语,考虑到原文本中所渗透的时代风格,在协调历史风格与时代风格的过程中,刻意在它们之间求取某种平衡,寻求两种语言之间的历史可比性,传递原文本在原语境下所可能产生的效果。与此同时,高健为了呈现原作者的个体生命意识和痕迹,力求自己也成为真正的散文家,自觉地用生命去翻译。在翻译活动中,高健从原文本的时代出发,从读者的阅读体验出发,极大限度地挖掘汉语的潜在表现力,适当地利用文言语体以造成历史陈旧感,有意识地保留译本和读者之间的隔阂,从而再现原文本的历史性。我们只看到高健是一位阵地翻译家,但"你却很难看到他那一颗含辛茹苦的心!你可以呷着香茗悠然指点他的功过;或者,登上讲台指责他的'失职'和'贻误后人'。但你却很难体验到(甚至有人根本无动于衷!)他为'一名之立,旬月踟蹰'仍留下的那一腔'我罪我知'的负疚心情!自古以来翻译家就担当着一份费力的'差事'。"(刘宓庆,2020)但是,即使如此,一代代翻译家仍然苦心孤诣,执着于这份工作,想来,只有对翻译的爱,对国家、对人民的爱,才是从事翻译活动的直接原因吧。

第六节 诗译英法唯一人——许渊冲

许渊冲的整个翻译生涯和译论研究由两条既平行又相交的线索构成：一是在古典诗词的翻译方面做了许多开创性的工作，可谓独树一帜；二是在诗歌诗词翻译理论的构建上不遗余力地著书立说，提出了许多有关诗词翻译的理论观点。可以说，许渊冲是实践与理论并重，成果与新论迭出。

——刘军平《莫道桑榆晚 飞霞尚满天——记著名翻译家许渊冲的翻译生涯》

许渊冲先生是汉语古诗英译的顶级专家，他所翻译的中国古诗甚至被国外学者赞誉为英美文学里的一座高峰。

——党争胜《"三化"并举译"长恨"，"三美"齐备诗如"歌"——许渊冲英译〈长恨歌〉赏评》

从翻译实践上看，许渊冲并没有超过创造性的限度，这种表达方式是译者翻译观和翻译方法的体现，他的翻译应该是创造性翻译，而不是创造性叛逆。

——王振平《论文学翻译的创造性与叛逆》

许渊冲前瞻性地看到了中国文化在新的世纪将越来越受到世界的瞩目，身体力行地积极投身于中国文化与文学经典的英译与法译，并进行了深刻思考，提出了一系列具有创新性的翻译观点，那么，在翻译所承担的文化交流的使命中，我们看到，许渊冲所提出的中国文学翻译工作者的责任是非常重大的。

——祝一舒《试论许渊冲翻译思想的前瞻性》

一、个人生平及成果

许渊冲，1921 年出生于江西南昌石头街。祖父是商人，可惜四十几岁便撒手人寰，留下三男三女，许渊冲的父亲排行最小。从小，许渊冲的父亲就教育他要将文房四宝放在最方便取用的地方，由此，成年后的许渊冲在翻译中习惯于把最好的文字放在最恰当的地方，也就是最好的表达方式，最佳的位置。许渊冲的母亲曾就读于江西省立女子职业学校。虽然母亲早逝,但是生前喜欢图画,许渊冲深受母亲影响。1926 年 8 月,五岁的许渊冲参加南昌模范小学的招生考试,由于母亲曾经教过他识字,所以许渊冲很容易就通过了口试,入读这所小学,后来小学改名为实验小学。小学六年,每天早晨都会开会唱歌,歌词大意为"大道之行,天下为公""世界大同""三民主义,吾党所宗。以建民国,以进大同"。虽然直到小学毕业都不太明白歌词的意思,但是至少在年幼的许渊冲心中留下了"天下为公、世界大同"的观念。二年级时,许渊冲的父亲为了养家糊口不得已到外地工作,在鄱阳湖畔、庐山脚下的星子县管理财务,许渊冲随继母也到了星子县。不久,许渊冲又回到实验小学直到 1931年毕业。升入南昌第二中学后,许渊冲最喜欢国文课。朱自清的散文、赵元任的诗歌使他深切体会到了古代"赋比兴"手法的妙处。彼时的许渊冲并不喜欢英文课。初中毕业时许渊冲的成绩并不突出,因此没有拿到保送高中的资格,但好在考上了二中的高中。高中时,许渊冲的英文成绩依然很糟糕。在此期间,许渊冲参加了为期三个月的抗日军事训练,高二时,许渊冲在老师的指导下,开始背诵英文短文,成绩不断提高,对英文也越来越感兴趣。1938 年,许渊冲考入昆明西南联合大学外文系。

西南联大大师云集,学术气氛浓厚。闻一多、柳无忌、陈梦家、刘文典的课程为许渊冲打下了坚实的中文基础,师从吴宓、叶公超、钱锺书等学者,许渊冲的英文日益精进。吴达元的法文课也给许渊冲奠定了良好的法文基础。根据《许渊冲百岁自述》,大一时,许渊冲曾亲耳聆听朱自清讲解《古诗十九首》、闻一多讲《诗经》、陈梦家讲《论语》、许骏斋讲《左传》等,让他在大饱耳福之余深深爱上古典文学。在叶公超和钱锺书的英文课上,许渊冲的英文水平不仅大有提高,而且善于模仿前人用词造句,写诗有韵有调。吴宓是一个改变了他的翻译观念的老师。许渊冲在中学时代就非常喜欢鲁迅的讽刺杂文,大学时读到鲁迅的译文虽然晦涩难懂,但依然认可鲁迅提出的直译理论。但在听到吴宓点评研究生的翻译考卷后,觉得还是意译更有道理。

吴宓教授认为外文系学生应该:一成为博雅之士;二了解西洋文明的精神;三熟读西方文学的名著;四创造今日的中国文学;五交流东西方的思想。如果用一个字来概括,那恐怕只好用一个"雅"字。

——许渊冲《许渊冲百岁自述》

这段话出自许渊冲回忆联大教授的雅与俗时,可见,如果能做到这五点,才可以算得上真正合格的外语人,也是吾辈外语专业学生的一个标准。关于翻译问题,钱锺书的"从心所欲不逾矩"给了许渊冲极大的启发,要充分发挥译者的主观能动性,追求文学翻译的求真、求美。1939年,大一的许渊冲就把林徽因的诗《别丢掉》译成英文,发表在《文学翻译报》上,这是他最早的译作。1941年,许渊冲在大学三年级参加了美国援华志愿航空队的翻译公开考试。这段经历中,许渊冲得到了镀金的"飞虎章",更收获了宝贵的翻译实战经验。陈纳德上校率美国志愿军空军来华支援,在欢迎会上,如何把"三民主义"用英语解释给对方,难倒了在场的许多人。这时,许渊冲引用中学时期背诵过的林肯演说词,提出了"三民主义"的译法"of the people, by the people, for the people",在翻译工作中展露头角。1943年,许渊冲从西南联大毕业,担任天祥中学首届毕业班的英文教师。授课期间,许渊冲为学生选读英文剧本,如莎士比亚的《罗密欧与朱丽叶》《凯撒大帝》,鼓励学生参演独幕剧《锁着的箱子》。许渊冲不仅和学生结下了深厚的情谊,而且培养了许多优秀的人才。后来,许渊冲考入清华大学外国文学研究所,研究莎士比亚和德莱顿的戏剧艺术。抗战胜利后,许渊冲通过教育部举行的第一次大型留学考试,先去英国伦敦、牛津和莎士比亚故乡游历,后入读巴黎大学,攻读文学研究文凭,研究拉辛和莎士比亚的戏剧。此间,许渊冲读了巴尔扎克和莎士比亚的现实主义作品,以及夏多布里昂和雨果的浪漫主义诗文,为其日后中法诗文翻译打下了坚实的基础。回国后,许渊冲被分配到北京外国语学院(今北京外国语大学)任教,讲授英语和法语。1959年,许渊冲在北京欧美同学会上见到了照君,二人从德莱顿谈到罗曼·罗兰,相谈甚欢。几个月后,许渊冲和照君结婚,开启了相濡以沫志同道合的婚姻生活。

许渊冲虽然在刚接触英语时,成绩并不优秀,但其实他的英语学习颇有家学渊源。许渊冲的表叔熊式一在20世纪30年代翻译过《王宝钏》并在英国演出,还翻译过散文体的《西厢记》。高中时许渊冲开始对英语产生了浓厚的兴趣,再加上西南联大时期广泛阅读英文名著,在名师的指点和影响下,成为优秀的英文学者。许渊冲与法语结缘纯属机缘巧合。大学时两年的法文课使他掌握了基本的语法基础,后来留学法国,许渊冲选修了与雨果、巴尔扎克、福楼拜等著名作家相关的文学课程,系统学习了法语文学,才有了后来蜚声海内外的"诗译英法唯一人"。1943年,许渊冲早在大学四年级时便将德莱顿的诗剧《一切为了爱情》翻译成中文,这是许渊冲汉译的第一部世界文学名著,也是我国出版的第一本德莱顿译著。许渊冲读过穆木天翻译的《欧也尼·葛朗台》,觉得译文虽然描写生动,但是显得生硬冗长,读来颇不流畅,便有重译巴尔扎克的愿望。1956年许渊冲翻译巴尔扎克的《人生的开始》,成为他翻译出版的第一本法国小说。1958年,人民文学出版社出版了许渊冲翻译的罗曼·罗兰的小说《哥拉·布勒尼翁》,得到罗曼·罗兰的好评。1986年,北京大学举行首届学术成果评奖,许渊冲英译的《唐诗一百五十首》获得著作一等奖。1994年,英国企鹅出版社推出了许渊冲翻译的中国古诗词集《不朽的诗》。入选企鹅丛书一直被视为一种荣誉和认可,这是该公司首次推出由中国人翻译的古典诗词,在英、美、加、澳等国同时发行,好评如潮,出版者评价此书的译文是"绝妙无比"。这标志着许渊冲的古诗词英译开始走向世界,被国际译坛所认可。1999年,《中国古诗词三百首》法文本获得诺贝尔文学奖评委的好评,称其是"伟大的中国传统文化的样本"。英国智慧女神出版社评价他翻译的《西厢记》时,认为其在艺术性和吸引力方面堪与莎士比亚的作品相媲美,墨尔本大学学者寇志明说他译的《楚辞》是"英美文学史上的一座高峰"。(许渊冲,2006)许渊冲形容自己是"五十年代翻英法,八十年代译唐诗,九十年代领风骚,二十世纪登顶峰"。(许渊冲,2011)一生笔耕不辍,所译内容皆为文学经典,时间跨度三千年,语种纵横中英法。许渊冲拥有大批海内外读者,译作受到广泛好评。2010年,许渊冲获得"中国翻译文化终身成就奖",2014年8月2日许渊冲荣获国际翻译界最高奖项之一的"北极光"杰出文学翻译奖。"北极光"评奖委员会的颁奖词热情洋溢地赞美许渊冲所取得的杰出的翻译成就:"我们所处的国际化环境需要富有成效的交流,许渊冲教授一直致力于为使用汉语、英语和法语的人们建立起沟通的桥梁。"(刘文嘉,2014)这是该奖自1999年设立以来,第一次授予亚洲翻译家,许渊冲更是成为迄今为止首位获此殊荣的中国翻译家。

许渊冲精通中英、中法互译,在八十余年的翻译生涯中,完成了100余部作品,将中国优秀传统文化精粹传向海外,同时为中国人带来了精妙绝伦的英法文学作品。许渊冲早在 20 世纪 80 年代初就提出："我想,中国文学翻译工作者对世界文化应尽的责任,就是把 一部分外国文化的血液,灌输到中国文化中来,同时把一部分中国文化的血液,灌输到 世界文化中去,使世界文化愈来愈丰富,愈来愈光辉灿烂。"(许渊冲,1984)作为"敢为天下先"的翻译理论家,许渊冲一直倡导中国学者应该为译学的发展作出应有的贡献,而在他看来,为尽到中国翻译工作者的责任,在文学翻译中,尤其是中国古典诗词的翻译中,应该在翻译艺术上下功夫,因为若要将中国文化瑰宝的血液输送到世界文化中去, 其美学精神与美学价值必须在翻译中得到有效的体现与传达。耄耋之年,老人仍然给自己制定了"每天翻译 1000 字"的工作计划,93 岁时为自己制定了翻译莎士比亚全集的目标, 这种永不停歇的劲头,让我们深感敬佩。也许,正是从文学的海洋中,许渊冲找到了新鲜的血液,找到了恒久的快乐,找到了永葆秦春的秘诀。96 岁的许渊冲做客央视的文化节目《朗读者》,让我们看到一位精神饱满、精力充沛、对生活充满热情的老先生。2020 年,99 岁的许渊冲再度献声《朗读者》,深情朗读英文版《诗经·秦风·无衣》,苍劲的声线传达着慷慨激昂的热血之势,更透露出老人对"抗疫"这场特殊战争的关切。2021 年 6 月 1 日儿童节时, 许渊冲在央视新闻中给全国的儿童们带去了 "六一双语祝福":"我 100 岁了,能跟 10 岁以下的小朋友说什么?"并寄语小朋友们:"好上加好,精益求精,不到绝顶,永远不停;Never let it rest,till good is better,and better best."6 月 17 日上午,翻译界泰斗许渊冲先生在北京逝世,享年 100 岁。

"许渊冲的整个翻译生涯由两条平行又相交的线构成:一是在古典诗词的翻译方面做了许多开创性的工作,可谓独树一帜;二是在诗歌诗词翻译理论的构建上不遗余力地著书立说,提出了许多有关诗词翻译的理论观点。可以说,许渊冲是实践与理论并重,成果与新论迭出。"(刘军平,1996)许渊冲实践与理论并重,二者如羽翼相辅,星月交辉。他善集百家之长,博览精义,其翻译理论根植于我国优秀的传统文化,创造性地提出三美论、三化论、三之论、三似论、创译论、优势论、竞赛论等系统理论,有《翻译的艺术》《文学与翻译》《中诗英韵探胜》等论作。许渊冲是翻译实践家,也是翻译理论家。他的翻译思想是传统思想与现代观念的统一,是忠实与创造的统一,是理论与实践的统一,其核心是重实践,重创造,重艺术。他的翻译理论都来源于他丰富的翻译实践,是实践的高度凝练与升华。

二、许渊冲翻译观及文艺思想

许渊冲的文学翻译理论大都根植于自身的翻译实践,他始终站在读者的角度考量翻译的可接受性问题,目的是为了使原作能够更好地为译语读者所接受。许渊冲在翻译工作中也一直实践着自己提出的翻译理念。他认为,做翻译的人,一定要有翻译的实力。翻译理论的解释是否站得住脚,需要用自己和别人的翻译实践来做检验。在翻译理论与翻译实践的关系中,实践是第一位的,理论是第二位的。在理论和实践有矛盾的时候,应该改变的是理论,而不是实践。要用实践来检验理论,而不是用理论来检验实践。许渊冲上述提及的理论互相连接,形成一个有机的整体,互为参考、互为引申,较好地实现了知行合一,能最大程度上保留原作的美感与风味,能给读者带来审美感受。"如羽翼之相辅,星月之交辉,足微非知者不能行,非行者不能知,空谈理论与盲目实践,皆当废然自失矣"。(许渊冲,2011)理论与实践的有机结合,成就了许渊冲独特的翻译事业。

许渊冲的翻译理念根植于我国优秀的传统文化,他善于集百家之所长,博览精义,向前辈翻译大师学习,融会贯通,结合自己几十年翻译实践经验,总结出了一套系统丰硕而又独具特色的文学翻译理论。他将其文学翻译理论总结为"美化之艺术,创优似竞赛"。许渊冲"从鲁迅提出的语言'三美'论中选了一个'美'字,从钱锺书提出的'化境'说中选了一个'化'字,从孔子说的'知之者不如好之者,好之者不如乐之者'中选了一个'之'字,加上朱光潜《诗论》之中'从心所欲,不逾矩是一切艺术的成熟境界'的'艺术'二字",(许渊冲,1998)把文学翻译总结为"美化之艺术"五个字,即三美论、三化论和三之论的艺术。如果译者能够发挥译文语言和文化的优势,运用'深化、等化、浅化'的方法,使读者'知之、好之、乐之',如果译诗还要尽可能再现原诗的'意美、音美、形美',那么文学翻译就有可能成为翻译文学"。(许渊冲,2003)此外,许渊冲又从郭沫若提出的"好的翻译等于创作,甚至超过创作"中选了一个"创"字(郭沫若,1983),从傅雷提出的"神似说"中选了一个"似"字,从"发挥优势论"中选了一个"优"字,再加上"竞赛"二字,又把文学翻译总结为"创优似竞赛"五个字,即创译论、优化论、三似论、竞赛论。他认为,文学翻译的本体论是优化论和三美论(优美);方法论分别是创译论、三化论和优化论;目的论是三之论;认识论是竞赛论。易言之,文学翻译就是三美、三化、三之的艺术。

例1

原文:　　　　　　　　　将进酒

　　　君不见,黄河之水天上来,奔流到海不复回。

　　　君不见,高堂明镜悲白发,朝如青丝暮成雪。

　　　人生得意须尽欢,莫使金樽空对月。

　　　天生我材必有用,千金散尽还复来。

　　　烹羊宰牛且为乐,会须一饮三百杯。

　　　岑夫子,丹丘生,将进酒,杯莫停。

　　　与君歌一曲,请君为我倾耳听。

　　　钟鼓馔玉不足贵,但愿长醉不复醒。

　　　古来圣贤皆寂寞,唯有饮者留其名。

　　　陈王昔时宴平乐,斗酒十千恣欢谑。

　　　主人何为言少钱,径须沽取对君酌。

　　　五花马,千金裘,呼儿将出换美酒,与尔同销万古愁。

译文:　　　　　　　　Invitation to Wine

Do you not see the Yellow River come from the sky,

Rushing into the sea and ne'er come back?

Do you not see the mirrors bright in chambers high

Grieve o'er your snow-white hair though once it was silk-black?

When hopes are won, oh! Drink your fill in high delight,

And never leave your wine-cup empty in moonlight!

Heaven has made us talents, we're not made in vain.

A thousand gold coins spent, more will turn up again.

Kill a cow, cook a sheep and let us merry be,

And drink three hundred cupfuls of wine in high glee!

Dear friends of mine,

Cheer up, cheer up!

I invite you to wine.

Do not put down your cup!

I will sing you a song, please hear,

O hear! Lend me a willing ear!

What difference will rare and costly dishes make?

I only want to get drunk and never to wake.

How many great men were forgotten through the ages?

But great drinkers are more famous than sober sages.

The Prince of Poets feast'd in his palace at will,

Drank wine at ten thousand a cask and laughed his fill.

A host should not complain of money he is short,

To drink with you I will sell things of any sort.

My fur coat worth a thousand coins of gold

And my flower-dappled horse may be sold

To buy good wine that we may drown the woes age-old.

许渊冲的译文最大的特点便是"韵"。"sky"和"high"押 /ai/ 韵,"back"和"silk-black"押 /k/ 韵,"delight"和"moonlight"押 /t/ 韵,"vain"和"again"押 /n/ 韵,"be"和"glee"押 /iː/ 韵,"up"和"cup"押 /p/ 韵,"gold"和"sold"押 /d/ 韵。许渊冲先生的诗歌英译非常适合朗诵,一边读一边感受韵脚的美,还能从中体会诗文的内容。正因为如此,许渊冲才受到中外读者的大力推崇。第一句"君不见"的翻译非常顺畅,按照原诗的顺序表达了语义。翻译第二句"君不见"时,译者在宾语从句中重新确立了主语,译文中的"the mirrors"被赋予了人的悲喜,看到青丝变白发,连高堂中的明镜都感到了"Grieve"。"人生得意"到底是什么样的时候呢? 许渊冲非常明确地告诉我们,那时"When hopes are won",所有希望都已经实现了,正是"得意",所以我们可以享受"high delight"。"天生我材必有用"这句诗体现出一种豪气,许渊冲的译文 "Heaven has made us talents, we're not made in vain" 更多地突出了一种自信,"上天让我们做天才,岂能无用?"但是,在翻译"岑夫子"和"丹丘生"时,译者却全部省略不译,这也是目的论的一个核心思想,不必刻意讲求"对等",只要达到传递的目的即可。因此,译者将二人统称为"Dear friends of mine",省去二人的身份年龄不表。对于一些不重要的细节,或者不影响原文意义传达的信息,译者可以充分发挥主动性,适当地进行增删,"friends"一词就已经足够交代清楚饮酒的主人公,以及彼此之间的关系,这样既简洁又明了。翻译讲求连贯性,译文必须让接受者理解,并在目的语文化以及使用译文的交际环境中有意义。连贯原则要求译者考虑语境和预期接受者的背景知识,使接受者理解其义,让译文达到语义连贯,准确妥当。为了遵循"连贯原则",译者增加了"Cheer up, cheer up",重复两次,既可以表示喝到兴头高的时候,也可以照顾与"杯莫停"中的"cup"押韵脚 /p/,这样的译文真正地做到了"音美"和"意美"。"我"要"与君歌一曲"时,不仅要"please hear"而且诗人再次叮咛"Lend me a willing ear",这样的重复翻译可以表现诗人非常强烈的兴致,以及邀请朋友的殷切。下一句"钟鼓馔玉不足贵"是指美食佳肴也没有任何稀奇,谈不上有多么珍贵,因为我只想"长醉不复醒"。译者将美食的"不足贵"转化为这些"rare and costly"的菜肴并没有什么不同,句尾的"make"和下一句的"wake"保持了韵脚的一致。不论是"圣"还是"贤",他们都是"great men"。即便他们曾经如何伟大,也都已经在岁月的流逝里被人们所遗忘,因此许渊冲将圣贤的 "寂寞" 解释为"were forgotten"。李白一生视金钱如粪土,他认为"千金散尽还复来",最后两句更是对他淡泊金钱的一种写照,安慰主人无须担心没钱买酒,只管放心喝就可以了,"I will sell things of any sort"。译者为了让读者更清楚地理解李白的人生信条,"any sort"都可以不要,有酒即可,有乐即可。同时,"any sort"也是对下文的"五花马"和"千金裘"的总括。原诗中的"千金裘"被译者分解开来,将"定语 + 名词"的格式转化为"My fur coat worth a thousand coins of gold"。"五花马"不单单是外形上的"flower-dappled",更重要的是这是一种宝马,非常名贵,所以才值钱。许渊冲在这一点信息上的处理不够完整。但是,这两句诗的最后一个词分别为"gold"和"sold",保持了"音美",对信息缺失作补充。中国的古诗讲究意境,许渊冲传神地再现了原诗的意境,使目的语读者能深刻感受唐诗之美。从整体来看,译本采用韵体翻译,既传达了原诗作者的意思,又保留了原诗的韵味,是极好的翻译作品。

例 2

原文: 月下独酌(一)

　　花间一壶酒,独酌无相亲。

　　举杯邀明月,对影成三人。

　　月既不解饮,影徒随我身。

　　暂伴月将影,行乐须及春。

　　我歌月徘徊,我舞影零乱。

　　醒时同交欢,醉后各分散。

　　永结无情游,相期邈云汉

译文: 　　Drinking Alone under the Moon（Ⅰ）

Among the flowers, from a pot of wine

I drink without a companion of mine.

I raise my cup to invite the Moon who blends

Her light with my Shadow and we're three friends.

The Moon does not know how to drink her share;

In vain my Shadow follows me here and there.

Together with them for the time I stay,

And make merry before spring's spent away.

I sing and the Moon lingers to hear my song;

My Shadow's a mess while I dance along.

Sober, we three remain cheerful and gay;

Drunken, we part and each may go his way.

Our friendship will outshine all earthly love;

Next time we'll meet beyond the stars above.

许渊冲认为"诗就是具备意美、音美、形美的文字",即译诗的"三美"原则。提到"三美"就不能不提"三似",因为"三美"的基础是"三似",即意似、音似、形似。"'意美'是指要再现原诗的意境美,是深层结构,'意似'是指不能错译、漏译、多译,是表层结构;'音美'是指译诗的节奏及韵律与原诗的对应程度,'音似'是指译诗用词的声音和原诗的字声音相同;'形美'指的是译诗的行数与原诗的行数是否一致、分节是否相当,'形似'指只译出了形式而没有传达原文的内容"。(龙泓燕,2017)在"三美"和"三似"的目的原则之下,译者努力为读者呈现一个既"美"又"似"的文本。然而,有时候却非常困难。这是因为中英文属于不同的语言文字系统,而且不同的地理位置决定了各自将形成迥异的文化和心理。作为译者,只能尽全力去实现更加贴切的译文。介词是组成句子和文章的重要韧带之一。英语介词有 280 个之多,英语的介词构成分为四类,包括简单介词(如 in,at,to, by 等)、合成介词(如 onto, outside,without 等)、双重介词(如 along by,in between 等)以及成语介词(如 apart from,in front of,on behalf of 等)。其中使用最为频繁的是简单介词 at,by,in,for,of,on,to,from 和 with,据有的学者统计,这 9 个介词的使用率占所有介词的 92%。与英语相比,现代汉语中介词的数量不多,只有约 30 个,且多数是从动词转变而来的。介词在英文里的用途远比在中文里重要。原诗里的介词只有个别,比如"间"。但是,在翻译成英语时,许渊冲在"三美"原则的指导下,力求达到"三似",第一个翻译策略便是增加了介词的使用,例如"Among"花"from"一壶酒,独酌"without"相亲,相期邀"beyond"云汉。第二个翻译策略便是定语从句的用法。英美人写作,定语从句用得多、用得活,其功用和意义多姿多彩;相比之下,中国人在英语写作时,定语从句用得就少了,其意义也比较单调。汉译英也是这样,因受汉语原句影响,定语从句也很少使用。许渊冲在翻译"举杯邀明月"时,"I raise my cup to invite the Moon"后面用关系代词"who"去修饰先行词"Moon",明月用它的"light"和"我"的"Shadow"混合在一起,定语从句的使用更加切近英美人的习惯用法。

例3

原文：　　　　　　　送元二使安西

渭城朝雨浥轻尘，客舍青青柳色新。

劝君更尽一杯酒，西出阳关无故人。

译文：　　　Seeing Yuan the Second Off to the Northwest Frontier

No dust is raised on the road wet with morning rain,

The willows by the hotel look so fresh and green.

I invite you to drink a cup of wine again,

West of the Sunny Pass no more friends will be seen.

这首诗是王维送朋友去西北边疆时作的诗，诗题又名"赠别"。从清朗的天宇、到洁净的道路，从青青的客舍、到翠绿的杨柳，构成了一幅色调清新明朗的图景，为这场送别提供了典型的自然环境。这是一场深情的离别，但却不是黯然销魂的离别。相反地，倒是透露出一种轻快而富于希望的情调。"轻尘""青青""新"等词语，声韵轻柔明快，加强了读者的这种感受。俗话说"好题半文"，题目必须能够吸引读者的眼球才能使读者眼前一亮，产生阅读的兴趣。唐诗由于格式和字数的限制，篇幅往往较短，古代诗人仅以寥寥数笔就为我们勾勒出一幅幅饱含情意的优美画卷，而这些画卷的主题往往都蕴含在题目里。因此，好的题目不仅能够清晰明了地点明诗歌主旨，更能成为一首唐诗的点睛之笔。所以，我们在翻译唐诗的过程中，也必须重视唐诗题目的翻译。许渊冲处理题目时，用动名词短语"Sending off"开头，对于人名"元二"的翻译，按照顺序来排列用"second"。安西，是唐中央政府为统辖西域地区而设的安西都护府的简称，治所在龟兹城（今新疆库车）。许渊冲没有翻译地名"安西"，却告诉读者这是一处"Frontier"，位于"Northwest"外。第一句主要意象是"雨"。大自然中的雨是一种客观存在的物象，一旦进入诗人的眼里，加入诗人的构思，就带上诗人的主观色彩，写入诗中就是意象。雨的诗词有很多，代表的情感也各不相同。"青枫飒飒雨凄凄"是凄风苦雨，"梧桐叶上三更雨"是离别苦雨，"春雨贵如油"是欣喜之雨，而渭城的雨是一种场景，诗人将要在清晨送别友人，淡淡的离愁别绪开始升腾。"浥轻尘"本意为雨水浸润了小城的尘土。原文是肯定句，早晨的雨打湿了尘土,而许渊冲将肯定转化为否定"No dust is raised",同时,不在地名上犹豫,直接删去翻译为"road"。这样的译文一气呵成,虽然信息缺失倒也无伤大雅。第二句属于场景描写。许渊冲将"柳"作为主语,原本是"客舍青青",在译文中却成了"willows"的陪衬。古人赠柳,寓意有二:一是柳树极容易成活,借柳送友意味着无论友人漂泊何方都能生根发芽,枝繁叶茂,它是对友人的一种美好祝愿;其次,"柳"与"留"、"丝"与"思"、"絮"与"绪"谐音。折柳相赠有"挽留、思念"之意,巧妙地通过"柳"这一物象将离情别绪融注其间。诗人用"柳"来为整个场景做了铺垫,与诗歌的送别之意相辅相成,更加烘托出友人远去、不知何时再聚的别离之情。语言是文化的载体,能够反映并促进文化的发展,同时文化的发展又影响和制约着语言的发展,两者密不可分。词汇作为语言最基本的单位,最能体现语言所负载的文化内涵。因此,翻译虽然以语言转换为基础,决不仅仅是两种语言符号之间的转换,而是将一种文化中的语言表现形式转换为另一种文化中的语言表现形式的跨语言、跨文化的交际活动。"柳"文化承载了浓厚的中国特点,寄予了诗人的思想感情,但是在译文中却很难体现出来。因此,"文化负载词"又称词汇空缺,指源语词汇所承载的文化信息在译语中没有对应语。第三句写"酒",唐朝时期,诗歌进入黄金时代,"诗人们大都嗜酒,酒已成为他们生活中不可或缺的必需品,也是他们创作诗歌时不可缺少的物质条件,诗人与酒的关系也十分密切"。(冉海河,2010)中国人爱喝酒,朋友间的饮酒可小酌,可酣畅,免不了"劝酒"即"invite"元二"drink ...... again"。最后一句解释了为什么要劝酒。读者想要深切地理解临行劝酒中所蕴含的深情,就必须先理解"阳关"。阳关位于河西走廊尽头,在今甘肃省敦煌西南,为自古赴西北边疆的要道,与"春风不度玉门关"中的玉门关相对。自从汉朝以来,这里一直是内地人外出,通往西域的必经之道。唐朝时期,国力强盛,内地与西域往来频繁,能够西行阳关之外,不论是从军保家卫国,还是出使西域,在盛唐民众心目中都是令人向往的壮举。然而,当时的阳关以西还是荒无人烟,风物与内地大不相同。朋友元二"西出阳关",虽然是一种壮举,却又不免要经历万里长途的跋涉,饱受孤独和荒凉的艰辛和寂寞。因此,在这样的场景中,"劝君更尽一杯酒",酒中浸透了诗人全部的深挚情谊,这是一杯浓郁的感情琼浆。这里面,不仅有依依惜别的情谊,而且包含着对远行者处境、心情的深情体贴,包含着前路珍重的殷勤祝愿。对于送行者来说,劝对方"更尽一杯酒",不只是让朋友多带走自己的一份情谊,而且有意无意地延宕分手的时间,好让对方再多留一刻。"no more friends will be seen"之感,不只属于行者。临别依依,要说的话很多,但千头万绪,一时竟不知从何说起。这种场合,往往会出现无言相对的沉默,"劝君更尽一杯酒",就是不自觉地打破这种沉默的方式,也是表达此刻丰富复杂感情的方式。诗人没有说出的比已经说出的要丰富得多。总之,三四两句所剪取的虽然只是一刹那的情景,却是蕴含极其丰富的一刹那。

国内不少学者如王佐良、陆谷孙、江枫、赵瑞蕻、冯亦代都曾对许渊冲的译本提出质疑,这些质疑主要集中在译文的风格和译文的忠实性上,如译文与原文是否分主次;超越原文的译文算译文还是算创作;刻意追求韵律是否会破坏忠实性;译文与原文的贴近性和译文的可读性两者之间的度如何把握等。纵观整个世界翻译史,翻译问题的论争持续不断。不同的时代环境和社会条件,批评家们从不同的视角看待作者、原文、译者、译文的作用,由于时代不同、语境不同以及受众不同,对上述诸问题的反应众说纷纭,莫衷一是,纷争此起彼伏、不断演化。这种纷争倒是可看成许渊冲在当代翻译界的重要影响,他之所以成为谈论的中心人物,不仅他有着浪漫主义的人文个性,更是大家看重许渊冲对翻译的看法。狂狷耿介之士乃文人骚客本色,有真人然后有真知乃是千古真理。在翻译界,许渊冲的真人真知反而让人敬佩有加,其个性如其译风在中国译坛独树一帜,熠熠生辉。

第七节　小　结

善始者实繁,克终者盖寡。新时期的翻译家不仅执着于中外文学互译,而且取得了辉煌的成就。他们从翻译实践起家,将欧美文学精品引进了华夏大地,惠及一代代人,而且将中国文学推向了世界:向世界说明中国,向世界阐释中国。这些翻译家走在了时代的前头,他们著书立说创立了一系列翻译新论,从独特的角度为中国文艺思想的发展不断融入新的内容,不仅提高了译者和译文的地位,同时也把文学翻译变成了翻译文学。现当代翻译家在国内外翻译界有着极其重要的影响,必将载入中国翻译史册。

这一时期的翻译家见证了新中国的成立,经历了从无到有的艰难跋涉,以及十年的曲折,但是这些人从未失去文人的风骨,从未放弃对国家对人民的热爱。他们用手中的笔,心中的热爱,参与了祖国的建设,文化的繁荣。他们从长期的文学翻译实践中提炼出各自的翻译理论,为后人提供了理论指引。对于翻译文学,翻译家们强调重塑作品的文学性,肯定了产出精品译文的关键在于发挥译者的主体性。新时期的翻译家站在诸如严复等前人的肩膀上,为"信、达、雅"三原则赋予全新阐释。优秀的译者不仅具备严谨的工作态度,保障译文在思想内容上对原文保持忠信,同时发挥语言和艺术的创造力,使译作在表达上符合译入语的艺术审美价值。作为中国传统译论的继承者和发扬者,现当代的翻译家可谓是成功地使中国文化走出去的先行者。在新时期扩大对外传播、讲好中国故事的背景下,翻译家的特色翻译思想无论是对我国当代文艺思想的创新发展,还是对当下中国文学"走出去"的翻译实践都有重要的现实意义。

第六章 结 语

在中国翻译史上,历代翻译家们毕生呕心沥血,孜孜不倦地投身于翻译实践,潜心于中国传统翻译理论的研究,默默推动文艺思想的发展。近现代翻译家的文艺思想以实践为基础,具有共同的历史和文化渊源,它们根植于中国的悠久文化,以中国古典文论、古代哲学和古典美学为其理论基础和基本方法,它们既相互独立又彼此联系,构成一条贯穿中国文艺思想的长轴。在支离破碎的晚清民初,翻译家成为中西文化交流的先驱,不论他们是不通外文从未走出过国门,还是精通多国语言,为东方文明代言,他们拥有同样一颗爱国的心,为启蒙救国奔走呼喊。从旧民主主义革命时期到新民主主义革命的胜利,面对百废待兴的时局,翻译家脚踏东西文化,为国求索光明的火种,体现了一颗颗拳拳赤子之心。他们的翻译作品和翻译思想都与救国图存有关,表现了当时爱国知识分子报国救国、希望国家强盛的迫切心情。不同身份的翻译家在中国文艺思想界和知识界影响巨大,他们的翻译作品中流露出的文艺思想也成为当时主流思想的重要组成部分。

新中国成立以来,许多翻译家站在历史的高度,强调介绍世界各国的文学是光荣而艰巨的任务,新中国的翻译事业走上了有组织、有计划、有目标的道路,结束了以前全国翻译工作无组织的混乱局面。1954 年茅盾在中国作家协会召开的第一届全国文学翻译工作会议上作了总报告——《为发展文学翻译事业和提高翻译质量而奋斗》,指出:

文学翻译工作必须有组织有计划地进行,总结了新文学运动以来的翻译经验,提出必须把文学翻译工作提高到艺术创造的水平,并且再次强调加强文学翻译工作中的批评与自我批评和集体互助精神,培养新生力量,并将这些作为达到上述目标的具体步骤。

20世纪70年代,翻译工作势头强劲,外语院校、外语研究等相关活动如雨后春笋般展开,相关学术会议和研究更加深入。随着改革开放的深入和现代化进程的发展,翻译内容更加丰富,研究视角也更加多样化。进入新时代,党的文艺方针政策非常明确,依然要坚持先进文化的前进方向。构建社会主义核心价值体系,是建设中国特色社会主义文化的本质要求。马克思主义文艺思想需要根据不同的历史发展条件不断中国化,中国特色社会主义文艺思想既坚守文艺"以人民为中心"的根本立场,又要充分尊重文艺发展规律。翻译工作者与新中国同呼吸共命运,与新时代同发展共奋进。他们博古通今,德业竞进,学贯中西,中外求索,不断提高自身的翻译水平,同时心怀家国,放眼世界,以服务国家为己任,推动建设繁荣和谐的社会主义翻译工作。王佐良在《严复的用心》中说:

翻译,特别是文学翻译对于任何民族文学、任何民族文化都有莫大好处。不仅是打开了若干朝外的门窗,还能给民族文学以新的生命力。如果去掉翻译,每个民族的文化都将大为贫乏,整个世界也将失去光泽,宛如脱了锦袍,只剩下单调的内衣。

——《译境》

翻译可以增加本民族的文化对其他民族的吸引力和感召力,在世界经济全球化的今天,想要在社会上站稳脚跟就必须要时刻掌握领域内的最新动态,而翻译在这一进程中起到十分重要的作用。翻译作为一种社会性行为,是两种文化之间交流的重要桥梁。翻译可以帮助更多的人了解到其他国家的文化以及社会发展现状,也能够更好地将本土文化向其他国家与地区进行传播。随着经济全球化的日益加重,学习其他国家的人文思想对于我们在全球范围内的社会活动极为重要,能够更好地拓展我们自我的思想。与此同时,我国许多文化精粹也迅速流向其他国家,对丰富其他国家人民的精神文化生活起到了积极作用。随着我国社会主义经济的迅猛发展,人们的生活节奏越来越快,世界经济全球化日益密切,翻译在社会领域中的作用也日益增强,在加强我国和其他国家科技政治交流的同时,还加速着我国与其他国家之间的文化交流。翻译作为我国和其他国家之间沟通以及文化交流的重要桥梁，具有显著的社会性。翻译文学体现出的本质思想属性正是对差异的包容，对多样性的开放，对交流和对话的积极态度和行动，其文艺思想是关于文明内容的跨文化言说、叙述和阐释。通过翻译作品，我们要注重对中华传统思想、价值和伦理观念的挖掘和总结，还要注重对中国现代化文明成果的言说和叙述。"传统与现代互鉴"也就是应时代需求，对中华传统文明进行现代阐释。同时，要注重文明之间的"双向互动"和"求同释异"，积极参与跨文化的中外文明对话，积极地将自己的文艺思想"出去讲、讲出去、讲进去"。翻译工作者在中外文明交流互鉴中能够发挥很大的作用，他们对中华文明和思想有着体认式的熟悉，精通中外语言，了解不同国家人民的文化和思维习惯，在日常工作和生活的跨文化交流、沟通和协商中也培养了文明互鉴的思维和国际交流的能力，成为中外文明交流互鉴的一支重要力量。

2021年9月，北外校庆80周年之际，习近平总书记给北外老教授回信，希望北外：

继续发挥传帮带作用，推动北外传承红色基因、提高育人水平，努力培养更多有家国情怀、有全球视野、有专业本领的复合型人才，在推动中国更好走向世界、世界更好了解中国上作出新的贡献。

12月，习近平总书记在中国文联第十一次全国代表大会中国作协第十次全国代表大会开幕式上指出：

文化是民族的精神命脉，文艺是时代的号角。新时代新征程是当代中国文艺的历史方位。广大文艺工作者要深刻把握民族复兴的时代主题，把人生追求、艺术生命同国家前途、民族命运、人民愿望紧密结合起来，以文弘业、以文培元、以文立心、以文铸魂，把文艺创造写到民族复兴的历史上、写在人民奋斗的征程中。要树立大历史观、大时代观，把握历史进程和时代大势，反映中华民族的千年巨变，揭示百年中国的人间正道，弘扬以爱国主义为核心的民族精神和以改革创新为核心的时代精神，弘扬伟大建党精神，唱响昂扬的时代主旋律。要从时代之变、中国之进、人民之呼中提炼主题、萃取题材，展现中华历史之美、山河之美、文化之美，抒写中国人民奋斗之志、创造之力、发展之果，全方位全景式展现新时代的精神气象。

习近平给广大文艺工作者提出五点希望：

一是心系民族复兴伟业，热忱描绘新时代新征程的恢宏气象；二是坚守人民立场，书写生生不息的人民史诗；三是坚持守正创新，用跟上时代的精品力作开拓文艺新境界；四是用情用力讲好中国故事，向世界展现可信、可爱、可敬的中国形象；五是坚持弘扬正道，在追求德艺双馨中成就人生价值。

随着世界各国间的交流不断增进，"用外语讲好中国故事"成为在全球化背景下树立良好国家形象的重要手段，也是中国文化国际传播的重要渠道。因此，这也成为翻译工作者的神圣使命。习近平总书记在中国文联第十一次全国代表大会、中国作协第十次全国代表大会开幕式上发表重要讲话，强调：

中国人民历来具有深厚的天下情怀，当代中国文艺要把目光投向世界、投向人类。以文化人，更能凝结心灵；以艺通心，更易沟通世界。广大文艺工作者要有信心和抱负，承百代之流，会当今之变，创作更多彰显中国审美旨趣、传播当代中国价值观念、反映全人类共同价值追求的优秀作品。要立足中国大地，讲好中国故事，塑造更多为世界所认知的中华文化形象，努力展示一个生动立体的中国，为推动构建人类命运共同体谱写新篇章。要坚守中华文化立场，同世界各国文学家、艺术家开展交流。要重视发展民族化的艺术内容和形式，继承发扬民族民间文学艺术传统，拓展风格流派、形式样式，在世界文学艺术领域鲜明确立中国气派、中国风范。

一百年前，通过翻译，大量外国文学作品进入中国。一百年前，通过翻译，《共产党宣言》进入中国。那时，虽然偶有中国文学走入西方国家，但是总体趋势依然是"翻译世界"。作为学习型大国，由于自身的需要和文明互鉴的必要，"翻译世界"还会继续。

进入 21 世纪以来，一个新的现象开始出现，这就是把中国的文化、历史、经济、时政、技术、生活各个领域对外翻译。今年这种现象已经成为一种大势所趋，力度越来越大，我们把这种现象称作为"翻译中国"。

从"翻译世界"到"翻译中国"是一种历史的必然。对于中国，这是国力提升的反映，对于广大中国译者来说，则是一种时代的使命。

"翻译中国"的兴起是由中国特定的文化背景、特有的文明史，以及今天我们面对的特殊国际环境所决定的。国际上有人需要了解中国,要跟中国交朋友、做生意,常来常往,自然有了解中国各个方面的需求。这种来自多渠道的了解需求随着中国的复兴变得越来越迫切,"翻译中国"自然成为一股潮流。

——黄友义,2021

翻译有助于消除不同语言文化表达形式造成的障碍,实现民族精神相通。当前,对于"中国梦"的对外解说已经成为翻译工作的主旨。解读"中国梦",要积极主动地用国际化语言讲述中国故事,讲述与外国人的切身利益有关的中国故事,传播内在的文艺思想,是未来每一个翻译工作者的重任。

文学,是人类自由安放灵魂的栖息地,是世界不同国家、不同民族,乃至全人类心灵的吟唱,表现人类最真挚、永恒的情感,满足人类对美好生活的追求,为人类提供语言的韵律之美,解释普遍人性中真、善、美、诚、信、义等高贵品质。

——孙宜学,摆贵勤,2019

文化无形而又有形,中国文学就是传承和发扬中华优秀文化的有形载体之一。文化多元是世界文化生存发展的常态。当前,在"一带一路"的倡议下,中国文学走出去更具有主动性,通过适当的国际化途径,让中国的文艺思想在世界民族语境中更广泛地被认知、被推崇,建构并扩大中国文艺思想的国际传播和影响力,是中国翻译家义不容辞的历史责任,也是与当今中国日益提升的文化影响力相匹配的文化格局的重要组成部分。中国文艺思想一方面要找到与世界不同民族文化的相同之处,同时要给予对中华文化的深刻理解,以中华文化自信的强大底气,推动中华文艺思想精髓惠及世界。

参考文献

［1］Appiah, K.A.*Thick Translation*.Post-Colonian Discourse: A Special Issue,1993(16).

［2］Hermans,Theo.eds.*The Manipulation of Literature: Studies in Literary Translation*[M].London: Croom Helm,1985.

［3］Huxley , Thomas Henry . *Evolution and Ethics and Other Essays* [M].London: Macmillan and Co,1894.

［4］Chun-Chan, Yeh.*Three Seasons and Other Stories*[M].London:Staples Press,1946.

［5］Hung-Ming, Ku 春秋大义 *The Spirit of the Chinese People* [M]. Peking:The Peking Daily News,1915.

［6］Hung-Ming , Ku . *The Discourses and Sayings of Confucius* [M].Montana:Kessinger Publishing,2010.

［7］Lefevere Andre, *Translation/History/Culture:A Sourcebook*[M].New York and London:Routledge,1992.

［8］LinYutang . *Six Chapters of a Floating Life* [M]. Beijing : Foreign Language Teaching and Research Press,1999.

［9］LinYutang. *The Wisdom of Laotse*[M].New York : Modern Library/Random House,1948.

［10］Richards,I.A. *"Toward a Theory of Translating"* in Arthur F.Wright (ed.).*Studies in Chinese Thought*[M]. Chicago:Univeristy of Chicago Press,1953.

［11］Robinson, Douglas.*Western Translation Theory: From Herodotus to Nietzsche*[M].Manchester: St.Jerome Publishing,1997.

［12］Tcheng-Ki-Tong. *Contes chinois* [M]. Paris: Calmann L é vy, 1889.

［13］Tsao Y u .Thunderstorm . Trans .Wang Tso – Liang and A.C.Barnes [M].Peking:Foreign languages Press,1978.

［14］Wellek, Rene&Austin Warren.*Theory of Literature*[M].New York:Harcourt Brace&Company, 1956.

［15］Yang,Xianyi&GladysYang.*Selected Stories of Lu Xun*[Z].Beijing:Foreign Languages Press,2008.

［16］Yang, Hsien-Yi and Gladys Yang. *A Dream of Red Mansions*［M］.Beijing: Foreign Languages Press,1978.

［17］Yeh. *Chun-Chan, Three Seasons and Other Stories*［M］.London: Staples Press,1946.

［18］安徒生.安徒生童话全集［M］.叶君健,译.北京:中国城市出版社,2009.

［19］巴尔扎克.高老头(重译本)［M］.傅雷,译.上海:平明出版社,1951.

［20］巴金.一点感想［J］.翻译通报,1951(5).

［21］采诗.杨宪益的未竟之路［J］.读书,2013(1).

［22］曹禺.雷雨日出［M］.北京:人民文学出版社,2009.

［23］查尔斯·兰姆.穷亲戚［J］.高健,译.名作欣赏,1983(1).

［24］查尔斯·兰姆.兰姆经典散文选.胡家峦［M］.长沙:湖南文艺出版社,2000.

［25］陈福康.中国译学理论史稿［M］.上海:上海外语教育出版社,2000.

［26］陈季同.黄衫客传奇［M］.李华川,译.北京:人民文学出版社,2010.

［27］陈平原.中国现代小说的起点——清末民初小说研究［M］.北京:北京大学出版社,2005.

［28］陈太盛.西方文论研究专题［M］.北京:北京大学出版社,2008.

［29］陈毅.语重心长谈外语学习——记陈毅副总理对外语学生的一次谈话［J］.外语教学与研究,1962(1).

［30］党争胜."三化"并举译"长恨","三美"齐备诗如"歌"——许渊冲英译《长恨歌》赏评［J］.外语教学,2008(1).

［31］傅雷.翻译经验点滴［A］.中国翻译工作者协会翻译通讯编辑部.翻译论文集(1949—1983)［C］.北京:外语教学与研究出版社,1984(b).

［32］傅雷.傅雷文集·书信卷［M］.合肥:安徽文艺出版社,1998a.

［33］傅雷.傅雷文集·文学卷［M］.合肥:安徽文艺出版社,1998b.

［34］傅雷.翻译经验点滴［A］.傅雷谈艺录［C］.天津:天津人民出版社,2016.

［35］高华丽.中西翻译话语研究［M］.杭州:浙江大学出版社,2013.

［36］高健.论翻译中的一些因素的相对性［J］.外国语,1994(2).

［37］高健.语言个性与翻译［J］.外国语,1999(4).

［38］高健.英国散文精选［M］.上海:上海译文出版社,2010.

［39］哥尔斯密.威克菲牧师传［M］.伍光建,译.北京:人民文学出版社,1958.

［40］辜鸿铭.中国人的精神(英文)［M］.北京:外语教学与研究出版社,1998.

［41］顾俊玲,黄忠廉.胡庚申译学思想生成考［J］.外语研究,2023(6).

［42］郭沫若.郭沫若论创作［M］.上海:上海文艺出版社,1983.

［43］郭齐勇.中国文化精神的特质［M］.北京:生活·读书·新知三联书店,2018.

[44]哈代.德伯家的苔丝(译者后记)[M].孙法理,译.南京:译林出版社,2006.

[45]韩子满.试论方言对译的局限性——以张谷若先生译《德伯家的苔丝》为例[J].解放军外国语学院学报,2002(4).

[46]何其莘,仲伟合,许钧.笔译理论与技巧[M].北京:外语教学与研究出版社,2010.

[47]胡经之.西方文艺理论名著教程(上)[M].北京:北京大学出版,2013.

[48]胡适.胡适译短篇小说[M].长沙:岳麓出社,1987.

[49]胡适.中国的文艺复兴[M].北京:外语教学与研究出版社,2001.

[50]胡适.四十自述[A].胡适.胡适文集(自述卷)[C].长春:长春出版社,2013.

[51]胡文仲.缅怀王佐良先生[J].外国文学,2016(6).

[52]黄苗子.奇文不可读《杨宪益传》小序[A].邹霆.永远的求索——杨宪益传[C].上海:华东师范大学出版社,2001.

[53]黄兴涛.旷世怪杰:名人笔下的辜鸿铭,辜鸿铭笔下的名人[M].上海:东方出版中心,1998.

[54]黄友义.译者的担当——从《杨宪益翻译研究》说起[N].光明日报,2019-05-26.

[55]黄友义.从"翻译世界"到"翻译中国"对外传播与翻译实践文集[M].北京:外文出版社,2022.

[56]季美林.《中国翻译词典》序[A].林煌天.中国翻译词典[C].武汉:湖北教育出版社,1997.

[57]蒋盛楠.你所不了解的中国人精神——读辜鸿铭《中国人的精神》[J].科学大众(科学教育),2012(4).

[58]柯平.关于中国目录学史研究的几个问题[J].图书馆建设,2023(1).

[59]老舍.谈翻译[J].文艺报,1957(5).

[60]雷音.杨宪益传[M].香港:明报出版社,2007.

[61]李德军.布瓦洛《诗的艺术)论析[J].外国文学研究,1991(4).

[62]李红霞,张政."Thick Translation"研究20年:回顾与展望[J].上海翻译,2015(2).

[63]李华川.晚清一个外交官的文化历程[M].北京:北京大学出版社,2004.

[64]李荣启.文学语言学[M].北京:人民出版社,2005.

[65]李伟民.中国莎士比亚翻译研究五十年[J].中国翻译,2004(5).

[66]李伟民.论朱生豪的诗词创作与翻译莎士比亚戏剧之关系[J].华南农业大学学报(社会科学版),2009(1).

[67]廖七一.当代西方翻译理论探索[M].南京:译林出版社,2002.

[68]梁启超.绍介新著《原富》[A].牛仰山,孙鸿霓.严复研究资料[C].福州:海峡文艺出版社,1990.

[69]林煌天.中国翻译词典[Z].武汉:湖北教育出版社,1997.

[70]林太乙.林语堂名著全集(第二十九卷)[M].长春:东北师范大学出版社,1994.

[71] 林太乙.林语堂传[M].西安:陕西师范大学出版社,2002.

[72] 林以亮.翻译的理论与实践[A].中国翻译工作者协会.翻译研究论文[C].北京:外语教学与研究出版社,1984.

[73] 林语堂.我这一生:林语堂口述传[M].南京:江苏人民出版社,2014.

[74] 林语堂.从异教徒到基督徒[M].谢绮霞,工爻,张振玉,译.长沙:湖南文艺出版社,2016.

[75] 铃木虎雄.中国诗论史[M].南宁:广西人民出版社,1989.

[76] 刘军平.莫道桑榆晚 飞霞尚满天——记著名翻译家许渊冲的翻译生涯[J].中国翻译,1996(5).

[77] 刘军平.西方翻译理论通史[M].武汉:武汉大学出版社,2009.

[78] 刘军平,罗菁.叶君健翻译思想及其特征探微——纪念著名翻译家叶君健先生诞辰100周年[J].中国翻译,2014(6).

[79] 刘军平.后严复话语时代:叶君健对严复翻译思想的拓新[J].外语与外语教学,2015(6).

[80] 刘隆惠.谈谈文艺作品风格的翻译问题[J].1961(11).

[81] 刘宓庆.新编当代翻译理论[M].北京:中国对外翻译出版公司,2009.

[82] 刘文嘉."北极光"奖获得者许渊冲:翻译改变世界[N].光明日报,2014-08-04.[72] 刘晓飞.论《第十二夜》的狂欢化特征[J].文教资料,2009(26).

[83] 刘彦奎,李建华.高健翻译思想与传统美学的关系探讨[J].湖北民族学院学报(哲学社会科学版),2012(2).

[84] 刘跃荣.见闻札记[M].北京:中国书籍出版社,2007.

[85] 柳鸣九.纪念翻译巨匠傅雷[J].中国翻译,2008(4).

[86] 龙泓燕."三美"原则下的《清明》英译本对比研究[J].海外英语,2017(7).

[87] 鲁迅.鲁迅全集:2卷[M].北京:人民文学出版社,1973.

[88] 鲁迅.故事新编[M].杨宪益,戴乃迭,译.北京:外文出版社,2000.

[89] 陆荣椿.郑振铎在中国新文学建设中的贡献[J].文艺理论与批评,1989(6).

[90] 罗曼·罗兰.约翰克利斯朵夫[M].傅雷,译.合肥:安徽文艺出版社,1946.

[91] 罗书华.作为救赎力量的林纾翻译小说[J].广东社会科学,2013(6).

[92] 骆寒超.秋风和萧萧叶的歌·序.朱生豪,宋清如[M].北京:人民文学出版社,2003.

[93] 马祖毅.中国翻译简史:"五四"以前部分[M].北京:中国对外翻译出版公司,1998.

[94] 迈克尔·斯卡梅尔.布隆斯伯里中的一个中国人[J].邵鹏健、李君维,译.《读书》,1982(5).

[95] 茅盾.春蚕[J].现代(上海1932),1932(1).

[96] 茅盾.秋收[J].申报月刊,1933a(4).

[97] 茅盾.残冬[J].文学(上海1933),1933b(1).

[98]茅盾.秋收(续)[J].申报月刊,1933c(5).

[99]茅盾.伍译《侠隐记》和《浮华世界》[A].茅盾文学杂论集(上集)[C].上海:上海文艺出版社,1981.

[100]毛泽东.新民主主义论[A].毛泽东选集(第二卷)[C].北京:北京人民出版社,1991.

[101]倪婷婷.跨文化语境下的"表演":叶君健的外语创作[J].首都师范大学学报(社会科学版),2018(1).

[102]欧阳友珍.论杨宪益文学翻译思想[J].江西社会科学,2014(12).

[103]铁凝.讲述"中国故事"的先行者——纪念叶君健百年诞辰[J].党建,2015(2).

[104]钱钟书.林纾的翻译[A].薛绥之,张俊才,林纾研究资料[C].福州:福建人民出版社,1982.

[105]钱钟书.钱钟书散文[M].杭州:浙江文艺出版社,1997.

[106]秦建华.高健翻译研究[M].北京:中国社会出版社,2004.

[107]秦建华.翻译研究的多维视野[M].北京:外语教学与研究出版社,2017.

[108]邱菽园.客云庐小说话[A].阿英,晚清文学丛钞·小说戏曲研究卷[C].北京:中华书局,1960.

[109]瞿秋白.瞿秋白文集(文学篇)第三卷[M].北京:人民文学出版社,1989.

[110]冉海河.从唐诗看唐代的酒文化[J].青岛酒店管理职业技术学院学报,2010(10).

[111]饶雪雁.描述翻译理论视角下张谷若翻译观及实践探析[J].哈尔滨职业技术学院学报,2019(3).

[112]任生名.杨宪益的文学翻译思想散记[J].中国翻译,1993(4).

[113]赛珍珠.赛珍珠序[A].林语堂《吾国与吾民》[M].黄嘉德,译.林语堂名著全集(第十二卷)长春:东北师范大学出版社,1994.

[114]莎士比亚.莎士比亚全集(九)·哈姆莱特[M].朱生豪,译.北京:人民文学出版社,1978.

[115]申丹.论文学文体学在翻译学科建设中的重要性[J].中国翻译,2002(1).

[116]施康强.文学翻译:后傅雷时代[A].文汇报,2006-10-16.

[117]施建伟.林语堂研究论集[M].上海:同济大学出版社,1997.

[118]斯托夫人.黑奴吁天录[M].林纾,译.北京:商务印书馆,1920.

[119]宋韵声.跨文化的彩虹——叶君健传:纪念叶君健诞辰100周年[M].沈阳:辽宁大学出版社,2014.

[120]孙芳琴.试论《卖花女》剧本中俚语与强调句之译法[J].贵州师范大学学报(社会科学版),1998(8).

[121]孙宜学,摆贵勤."一带一路"与中国当代文学走出去[M].上海:同济大学出版社,2019.

[122]孙致礼.再谈文学翻译的策略问题[J].中国翻译,2003(1).

[123]泰戈尔.飞鸟集[M].郑振铎,译.北京:外语教学与研究出版社,2010.

[124]托马斯·哈代.还乡[M].张谷若,译.北京:人民文学出版社,1994.

[125]托马斯·哈代.德伯家的苔丝[M].张谷若,译.北京:人民文学出版社,1957.

[126]托马斯·哈代.无名的裘德[M].张谷若,译.天津:百花文艺出版社,1981.

[128]王逢鑫.难忘的第一堂翻译课[J].中华读书报,2004(3).

[129]王栻.严复集(第三册)[M].北京:中华书局,1986.

[130]王晓农.妙笔灵动 珠联璧合——王宏印《哈姆雷特》新译本特色和创新研究[J].西安外国语大学学报,2014(2).

[131]王运熙,顾易生.中国文学批评史(下册)[M].上海:上海古籍出版社,1985.

[132]王振平.论文学翻译的创造性与叛逆[J].西安外国语大学学报,2016(1).

[133]王正仁,马海良.一个勤于翻译的"老人"——记翻译家高健先生及其语言个性理论[J].中国翻译,2004(3).

[134]王佐良译.英国诗文选译集[C].北京:外语教学与研究出版社,1980b.

[135]王佐良.英国诗选[M].上海:上海译文出版社,1988

[136]王佐良.翻译:思考与试笔[C].北京:外语教学与研究出版社,1989.

[137]王佐良.论诗的翻译[M].南昌:江西教育出版社,1992.

[138]王佐良.译境[M].北京:外语教学与研究出版社,2016.

[139]威廉·柯柏.痴汉骑马歌[M].辜鸿铭,译.上海:商务印书馆,1935

[140]吴慧坚.重译林语堂翻译综合研究[M].广州:花城出版社,2012.

[141]吴俊.林琴南书话[C].杭州:浙江人民出版社,1999.

[142]吴欣.伍光建译著特色及其影响评述[J].合肥工业大学学报(社会科学版),2010(2).

[143]吴周文.文体自我性:散文家个人的生命形式[J].天津社会科学,2022(5).

[144]伍蠡甫.伍光建翻译遗稿·前记[M].北京:人民文学出版社,1980.

[145]习近平.在文艺座谈会上的讲话[N].人民日报,2015-10-15.

[146]习近平在中国文联第十一次全国代表大会、中国作协第十次全国代表大会开幕式上发表重要讲话_滚动新闻_中国政府网[EB/OL].(www.gov.cn)

[147]夏罗德·布伦忒.孤女飘零记[M].伍光建,译.北京:商务印书馆,1935.

[148]夏志清.重会钱锺书纪实[J].新文学的传统,1972(10).

[149]萧伯纳.恺撒和克莉奥佩特拉·卖花女[M].杨宪益,译.上海:上海人民出版社,2019.

[150]谢天振,李小均.那远逝的雷火灵魂——跨文化沟通个案研究丛书[M].台北:文津出版社,2005.

[151]许钧.傅雷的精神世界及其时代意义[M].上海:中西书局,2011.

[152]许渊冲.美化之艺术[J].中国翻译,1998(4).

[153]许渊冲.文学翻译与翻译文学[M].北京:北京大学出版社,2003.

[154]许渊冲.逝水年华(增订版)[M].北京:外语教学与研究出版社,2011.

[155]许渊冲.文学翻译与中国文化梦[J].中国外语,2014(9).

[156]亚历山大·小仲马.巴黎茶花女遗事[M].林纾,王寿昌,译.北京:商务印书馆,1981.

[157]严复.论世道之亟[A].王栻.严复集(第1册)[C].北京:中华书局,1986.

[158]严复.《群己权界论》译凡例[A].王栻.严复集(第1册)[C].北京:中华书局,1986.

[159]严复.《国闻报》缘起[A].王栻.严复集(第2册)[C].北京:中华书局,1986.

[160]严复.与张元济书(一)[A].王栻.严复集(第3册)[C].北京:中华书局,1986.

[161]严复.《民约》平议[A].王栻.严复集(第2册)[C].北京:中华书局,1986.

[162]严复.与熊纯如书[A].王栻.严复集(第3册)[C].北京:中华书局,1986.

[163]严复.遗嘱[A].王栻.严复集(第2册)[C].北京:中华书局,1986.

[164]严复.读经当积极提倡[A].王栻.严复集(第2册)[C].北京:中华书局,1986.

[165]严复.与《外交报》主人书[A].王栻.严复集(第3册)[C].北京:中华书局,1986.

[166]严复.译《天演论》自序[A].牛仰山,孙鸿霓.严复研究资料[C].福州:海峡文艺出版社,1990.

[167]严复.《天演论》译例言[A].牛仰山,孙鸿霓.严复研究资料[C].福州:海峡文艺出版社,1990.

[168]姚先林.《哈姆雷特》的"独白"语言话语评析[J].语文建设,2015(23).

[169]杨守森.柏拉图、亚里士多德的文艺观比较谈——兼与汝信、黄药眠诸先生商榷[J].外国文学研究,1987(7).

[170]杨宪益.略谈我从事翻译工作的经历与体会[A].金圣华等.因难见巧:名家翻译经验谈[C].北京:中国对外翻译出版公司,1998.

[171]杨宪益.我有两个祖国:戴乃迭和她的世界[Z].桂林:广西师范大学出版社,2003c

[172]杨自俭,刘学云.翻译新论[M].武汉:湖北教育出版社,1994.

[173]叶君健.外国文学作品欣赏丛书(总序)[J].外国文学研究,1981(1).

[174]叶君健.安徒生名作欣赏[M].北京:中国和平出版社,1999.

[175]叶匡政.杨宪益的翻译智慧是一座富矿[J].2009(11).

[176]叶念伦.叶君健与安徒生童话[J].湖南科技学院学报,2006(3).

[177]曾朴.胡适文存三集(卷8)[M].北京:首都经济贸易大学出版社,2013.

[178]曾天山,王定华.改革开放的先声——中国外语教育实践探索[M].北京:外语教学与研究出版社,2018.

[179]张柏然.中国传统译论的美学辨[J].现代外语,1997(2).

[180]张德禄,刘汝山.语篇连贯与衔接理论的发展及应用[M].上海:上海外语教育出版社,2018.

[181]张谷若.谈我的翻译生涯[A].巴金.当代文学翻译百家谈[C].北京:北京大学出版社,1982.

[182]张玲.我心中的翻译家父亲[A].孙迎春.张谷若翻译艺术研究[C].北京:中国对外翻译出版社,2004.

[183]张申府.什么是新启蒙运动[A].丁守和.中国近代启蒙思潮(卷下)[C].北京:社会科学文献出版社,1999.

[184]张秀娟.郑振铎文艺思想探析[J].晋阳学刊,2019(3).

[185]张振玉.翻译学概论[M].上海:译林出版社,1992.

[186]赵文婷.柏拉图文艺理论研究综述[J].黑龙江生态工程职业学院学报,2016(6).

[187]赵学德.朱生豪莎剧翻译的中国古典情怀[J].暨南学报(哲学社会科学版),2013(10).

[188]赵毅衡.对岸的诱惑:中西文化交流记[M].成都:四川文艺出版社,2013.

[189]赵宇霞.基于语料库的傅雷翻译风格新探:语言与情感的融合[J].外语电化教学,2022(2).

[190]郑振铎.文学与革命[J].文学旬刊,1921(9).

[191]郑振铎.郑振铎全集[M].石家庄:花山文艺出版社,1998.

[192]周发祥等.二十世纪中国翻译文学史(十七年及"文革"卷)[M].天津:百花文艺出版社,2009.

[193]周兴陆."文学"概念的古今榫合[J].文学评论,2019(5).

[194]周作人.人的文学[J].新青年,1918(12).

[195]朱宏达.翻译家朱生豪的诗[J].杭州大学学报,1986(4).

[196]朱尚刚.诗侣莎魂[M].上海:华东师范大学出版社,1999.

[197]朱生豪.莎士比亚戏剧选[M].武汉:长江文艺出版社,2010.

[198]祝一舒.试论许渊冲翻译思想的前瞻性[J].外语教学,2017(1).

[199]邹霆.永远的求索——杨宪益传[M].上海:华东师范大学出版社,2001.

后　记

　　为本书终稿画上圆满句号之时,已到寒冬凛冽。回望整个写作过程,诸多感慨涌上心头。从初稿到终稿看似只有一年时间,实际上经历了做梦—逐梦—圆梦的周折。

　　2019 年,我出版了《唐诗艺译理论研究》一书,深感才疏学浅、眼界不够宽广、时间仓促等缺憾,于是,下决心要深挖翻译家的翻译艺术及思想。带着这个梦想,我一边从事教学工作,一边查阅文献,收集资料。随着研究的深入,越来越发现自己能力有限,需要更进一步提升自己的科研能力,于是,2021 年赶赴北京外国语大学做了一名访问学者,师从彭萍老师,兼修高翻学院任文老师的课程。彭老师讲课,就像春日林间小溪潺潺,又如炎炎夏日的清泉石上流,有时又像冬日围炉夜话的温暖,又像抚琴一曲,悠扬悦耳。彭老师爱笑,从不给学生 push 的感觉,但是却很坚定。真正的学者都是纯净的,所以可爱而年轻。彭老师提到两个词非常震撼,"知识分子""文化",也许我们已经忘记第一个词很久了,我想这个称呼应该是最大的褒奖吧。一位好老师,胜过万卷书,那我太幸运了,拥有无数卷书。在北京外国语大学的一年时间里,参加了文秋芳老师和王文斌老师的硕博研讨会,跟着许家金老师学习语料库的构建与运用,听张虹老师的学术写作课以及多位名师从不同维度对外语教育的解读与提升。在这段时间里,我更加深刻地感受到作为外语人重任在肩。

　　2022 年秋,访学圆满结束,我开始初拟提纲。因为心怀重任,所以我想从回顾先贤的翻译作品开始,追寻他们的脚步,听他们讲述彼时的风云变幻以及满腔壮志,以期为今天的我们指引明确的方向。世界各国虽然语言不同,但是思想却是相通的。虽然思维方式不同，但是自我发掘、自我突破的愿望是相通的。可见，虽然东西方地理位置相距遥远，文艺思想却殊途同归。东西方文艺思想在各自的世界里发展演进，在沟通交流、互相学习中汇入人类长河，形成既有人类普遍共性，又有各自特点的文艺思想。文艺思想是人类社会意识形态的表现，反映一定时代和历史条件下人类生活的方方面面，最终体现在文艺作品中。本书主要研究近现代翻译家的文艺思想，因此，首先要以翻译家所处的社会历史背景为关照，沿着他们各自的成长轨迹，从每个人的个人生平中找到影响他们思想变化的内外因素；其次，通过梳理翻译家的成果，发现他们的翻译或创作偏好，以及每个人擅长的领域；再者，在分析翻译家的翻译文学时，从他们的语言特点、翻译理论和技巧策略中看到独属于每个人的文艺思想。在整个写作过程中，我得到了许多老师的帮助。选择近代翻译家代表人物时，北外的彭萍老师建议"始于中外交流，终于东西汇通"。因此，这一时期的人物首选外交翻译家陈季同，然后是致力于为民启智、带来新思想和新文化的林纾、严复以及伍光建，最后一位是在东西方极负盛名的辜鸿铭。分析严复"译事三原则"时，中北大学的张思洁老师横向比较了"信达雅"与泰特勒三原则，更加坚定了我对中国译学发展和文艺思想的自信。本书在选择文学作品时，除了耳熟能详的英汉互译作品外，还摘录分析了许多法语作品，原山西大学外国语学院院长王正仁老先生发表了关于翻译文学的独到见解，并且建议我不要只看热度较高的翻译家，其实山西省内也有许多著名的译者。所以我在第五章重点介绍了一生奉献给山西外语事业的高健先生，山西大学的贾顺厚老师还特意赠我一本高健先生的《英美散文一百篇》。我们在做翻译相关的研究时，往往忽略儿童文学的译介，山西大学的荆素蓉老师建议我在书中对影响中国儿童文学发展的叶君健进行分析，有助于我们更好地理解我国儿童文学的变迁。在分析许渊冲翻译文学时，彭萍老师建议我一定要对这位"北极光"般闪耀的老先生多花些时间，他在我国古典诗词英译方面的贡献无人可比。

春有百花秋有月，夏有凉风冬有雪。努力且上进，自律且自由的日子里，陪伴我的是数不清的学术论文和研究专著。我广泛阅读来自不同视角的翻译研究论著，如《翻译美学》《典籍英译》《社会翻译学》《生态翻译学》《知识翻译学》《语料库翻译学》

等,对翻译的横向发展有了较广泛的了解,但是如果仅限于翻译研究,又觉得不足以体现家国情怀和外语学人的关系。于是,我又开始仔细分析翻译大家如何在翻译作品中体现他们的翻译思想,如鲁迅的"硬译"、茅盾的"风韵译"、郭沫若的"以诗译诗"、傅雷的"神似"、钱锺书的"化境"等。在这个过程中,我越来越热爱中国文化和传统,仰望历史的星空深感自己的渺小。每一位翻译家都在自己所处的社会背景下以一己之力在中国翻译文学史、中国文化史、中国历史上书写了意义非凡的一笔。

沿着学术前辈的道路,深受翻译研究学者的感染,在各位老师的帮助下,我继续自己的写作梦想。可是,这两年经历了工作调动的起落,一定程度上影响了书稿的进度,但是好在从未止步。不仅如此,我选定的翻译家都是文学家,勤于文学创作。在朔州文艺家协会主席边云芳老师的指点下,我开始跳出翻译的藩篱,从宏观角度看翻译家的文学创作以及翻译文学,找到他们作品中体现出的文艺思想,然后回溯其文艺思想的渊源。这样,我又开始广泛涉猎文艺思想著作。起初,我有些迷茫,甚至时而觉得困难重重。每到想偷懒时,我会去看望老师,感谢山西大学(本科毕业院校)的老师、北京林业大学(硕士毕业院校)的老师、北京外国语大学(访学期间)的老师,以及通过各种学术交流会认识的老师,是他们不断鼓励我前进,也是他们给我安慰与动力,让我在俗事繁多的日子里得以坚持梦想。

书稿完成时,已是北国万里雪飘。窗外,白雪皑皑;屋内,思绪万千,正如山西大同大学外国语学院张晓世院长所说,"外语人有着有趣的灵魂"。作为外语人的一员,虽然这本书字里行间透着自己的肤浅和感性,愧对诸位老师的教导,但如果我的梳理能够对翻译文学及文艺思想有所触动,能对中国的翻译研究增添些许话题,那将是我最大的荣幸。

本书在撰写的过程中,参考了国内外众多专家学者的研究成果,这些著作和论文均尽可能在"参考文献"中列出,但是,由于本人才疏学浅,在引用格式和引用内容上如存在疏漏之处,敬请谅解。

2023 年冬

于塞外小城